T0244004

Isabel Preysler, reina de corazones

ISABEL PREYSLER, REINA DE CORAZONES

Paloma Barrientos

Papel certificado por el Forest Stewardship Council®

Penguin
Random House
Grupo Editorial

Primera edición: mayo de 2024

Printed in Spain – Impreso en España

ISBN: 978-84-666-7803-2
Depósito legal: B-5.896-2024

Compuesto en Comptex & Ass., S. L.
Impreso en Rodesa
Villatuerta (Navarra)

BS 7 8 0 3 2

A Julia y Daniel,
por ser mis referentes de vida

Índice

Nota introductoria de la autora
al prólogo de Francisco Umbral

Han pasado más de treinta años desde que Francisco Umbral escribió el prólogo de *Reina de corazones*, una biografía de Isabel Preysler que ahora he actualizado con las peripecias y trayectoria de la protagonista y de los colaterales que han formado parte del organigrama de su vida. Muchas veces la dama formó parte de las llamadas «negritas» de sus ácidas columnas diarias en *El País*. Unas veces eran favorables y en otras mostraba la cara B, que podía ser descarnada. Lo hacía con los personajes del mundo social, del político, del empresarial y de todo lo que se moviera. Tenía debilidades y fobias. Isabel no entraba en la segunda categoría, sino que estaba en el término medio; no fue el caso de alguno de sus maridos, como Miguel Boyer, que sí fueron objeto de su afilada pluma. Trato muy diferente le dispensó al marqués de Griñón, por el que siempre sintió cariño.

Se preguntarán qué razón hay para dedicar algunas páginas de este libro a ese gran prólogo. Esta es, ni más ni menos, que su lectura puede resultar chocante para el lector del siglo XXI: lo que en 1991 no suponía ningún escándalo ahora puede causar extrañeza, sobre todo algunas frases sacadas de contexto. ¿Se podían haber eliminado estas páginas al contener expresiones políticamente incorrectas en 2024? La respuesta es claramente «no». He preferido que se pueda leer sin censura y sin prejuicios. Así lo hizo Isabel Preysler en su momento y no recriminó al escritor ninguno de sus adjetivos; es más, cuando se encontraban se saludaban.

Umbral era Umbral y no tenía que pedir perdón por lo que escribía y decía públicamente. Su famosa frase «He venido a hablar de mi libro», pronunciada en un programa de Mercedes Milà cuando esta, en vez de preguntarle acerca de su último trabajo, le preguntaba por otras cuestiones, es hoy un clásico. Desde el año 1993 en que la pronunció, se utiliza para encarrilar el tema de las conversaciones, tanto en el mundo público como en el doméstico. ¡La cantidad de veces que he escuchado a personajillos televisivos soltar esa frase sin saber de qué boca salieron...!

A quien esté leyendo estas líneas y no haya tecleado ya «Francisco Umbral» en el buscador de su ordenador, he de decirle que fue una de las figuras más relevantes de la literatura española del siglo XX. Recibió algunos de los galardones más prestigiosos de España, entre ellos el Premio Cervantes y el Premio Príncipe de Asturias.

Siempre fue un *outsider*, un verso suelto que no se dejaba engatusar por nadie, ni se dejaba impresionar por exclusivas tardes de café y pastas o cenas con servilletas de hilo bordadas. Nunca acudió ni al chalet de la calle Arga ni a la mansión de Puerta de Hierro. Prefería su dacha, como él llamaba al chalet de Majadahonda donde escribía y recibía a sus amigos. Cuando no le gustaba alguna de las muchas obras que le enviaban desde todas las editoriales, las tiraba a la piscina. La buena de María España, su mujer, y el jardinero se dedicaban a pescar esa literatura que Umbral desdeñaba y consideraba delictiva. María España era una fotógrafa espléndida con la que trabajé muchos años para la revista *Tiempo*. Con ella y con Queca Campillo. Gracias a esa relación conocí más de cerca a Francisco Umbral, que siempre fue afable, generoso e, incluso, maestro y corrector. Al leer el manuscrito me dio varios consejos que seguí al pie de la letra. Lo dije en cada entrevista que se me hizo y lo repito ahora.

Como decía al principio, han pasado tres décadas desde que le pedí a Umbral que prologara esta biografía que escribí por encargo de Ediciones B. Antes de convertirse en libro fue un cuadernillo de «Lecturas de verano» de la revista *Tiempo*.

En aquellos años de esplendor del Grupo Zeta que fundó Antonio Asensio, uno de los hombres más visionarios del mundo de los medios, los periodistas nos desplazábamos donde estuviera la noticia. En este caso a Manila (Filipinas), donde Isabel Preysler nació. Y hasta allí viajamos para descubrir sus orígenes que, como no puede ser de otra forma, marcaron su infancia y juventud. A los dieciocho años viajó a España para no volver y se convirtió en la reina de corazones. En su haber afectivo cuenta con tres maridos y un novio Nobel de Literatura. Su futuro amoroso por ahora está sin escribir. El tiempo será quien nos dirá si su corazón volverá a estar ocupado o no.

Por mi parte, solo deseo que los lectores de ahora y de siempre puedan adentrarse en la fascinante vida de la reina de corazones. La edición original que se publicó hace tres décadas ha sido revisada y mínimamente modificada (solo en aquellos casos en que la información estaba obsoleta o era necesario contextualizarla) para que pueda entenderse desde el presente. A su vez, también se han actualizado los datos de la vida de Isabel Preysler, de sus amores y sus hijos y, asimismo, se han resaltado algunos de los momentos más icónicos de los treinta años que han transcurrido desde que se publicara el libro por primera vez, en el ya lejano 1991. De ahí los tres capítulos finales, que complementan, enriquecen y renuevan esta historia que, quizá, nunca pase de moda.

Prólogo
por Francisco Umbral (1991)

El conato sociológico de Isabel Preysler es algo que no se ha estudiado despacio, porque los periodistas tienen que hacer sociología urgente de periódico y los sociólogos de cátedra siguen dándole vueltas a la incidencia de la criminalidad en la democracia o de la democracia en la criminalidad, que tampoco se sabe.

En cualquier caso, uno hubiera querido siempre escribir despacio sobre la Preysler, pero he aquí que se nos anticipa Paloma Barrientos, una de las más gentiles «comadres» de nuestra jet, y lo hace con femenina bizarría y primor puntual en la sintaxis, que es como deben escribirse estos libros para que peguen. Isabel Preysler, hoy señora de Boyer, irrumpe en la sociedad española por arriba gracias a sus matrimonios, y ha llegado a ser el personaje más codiciado por la prensa del corazón, y por todo el marujeo nacional que consume esa prensa, contra la que yo no tengo nada, y que quizá quede como crónica fiel de estos años, que ya me decía una vez mi entrañable Carlos Saura que el franquismo no se estudiaría en el futuro por sus películas en clave, sino por el *landismo* y la comedia cinematográfica madrileña: por el costumbrismo, en fin.

¿Qué elementos favorecen la irrupción de IP en las altas clases españolas? Tres en principio, a saber:

- exotismo,
- hermetismo y
- poliandria.

«Exotismo» es una palabra pariente de «erotismo», y no solo fonéticamente. La persona extranjera, extraña, exótica, alcanza mayor fascinación sobre nosotros que la usadera y cotidiana. A la persona Isabel Preysler la han llamado la China (dice Paloma Barrientos que por iniciativa de su primera suegra, madre de Julio Iglesias). Sea como fuere, quiere decirse que estamos necesitados de exotismo, de novedad, de sorpresa, y potenciamos lo poco que nos llega, llamando «china» a una mujer que solo es filipina, o sea que sus antepasados fueron «españoles». En este Madrid de marquesas marchitas y galanes ambiguos, la China se instala como un biombo, pues ya dijo alguien que si a un chino se le encarga un biombo, le saldrá un biombo chino.

Nuestra jet provinciana se fascina con IP. La conocí en una fiesta de Pitita Ridruejo, y ya en la presentación comprendí que, más que los intelectuales españoles, le interesaban los ministros españoles. No me estimulan eróticamente las razas chinoides (todos somos racistas en la cama, aunque no lo sepamos); mis preferencias van hacia las musas rubias y transparentes del norte de Europa o de Estados Unidos. Por eso me resulta difícil de entender, personalmente, el tornado «Isabel», que ha sido un verdadero tornado amoroso entre los nacionales.

Este libro de Paloma Barrientos (Palomita, a quien he visto saltar audazmente al periodismo de primera línea, a la trinchera de la actualidad crítica) me ha ayudado mucho a entender el caso IP, el tornado Isabel. Libro tejido de anécdotas, como una alfombra de nudos, nos da como sin querer las claves: IP es la mujer diferente, «lo esencialmente otro», que es como don Antonio Machado definía ese oscuro objeto del deseo.

Hermetismo: el hermetismo de IP, que habla poco y discreto en sociedad, resulta sedante y atractivo para cualquier español acostumbrado a las lenguaraces mujeres nacionales, que en una cena de gala te cuentan su operación de apendicitis, sus partos y sus problemas con el alicatado de los baños. Comprendo que los cantantes/aristócratas/ministros/políticos que han tenido la fortuna de compartir una cena con IP, hayan conocido al fin la relajación de una mujer que sabe escuchar (o hace como que), porque a los hombres nos gusta que nos escuchen.

El hermetismo es una consecuencia del exotismo/orientalismo de IP, y consiste en practicar la fascinante elocuencia del silencio. Escribió alguien que nadie es capaz de resistir la terrible interrogación del silencio. Y menos un hombre español importante, que solo se realiza contándole sus batallas a una bella compañera de mesa (la legítima, como es de rigor, ya ni le escucha).

Por lo que vamos leyendo en esta biografía apresurada y minuciosa de Paloma Barrientos, IP, aparte de sus encantos físicos, ha fascinado a los españoles con su hermetismo, y el hermetismo supone a su vez tres cosas: misterio, silencio sedante, capacidad de escuchar. Todo lo que un español de la polifacética gama que hemos reseñado necesita para enamorarse. Así han ido cayendo.

Poliandria: la divorciada ya tiene un misterio especial para los españoles, como antaño la viuda joven. Es la mujer que ha conocido varón, y esto inquieta y suscita al macho ibérico, especie a extinguir como la capra hispánica. Se supone que necesita sustituir al muerto o al huido. Hasta ahora, según me informo eruditamente por este libro de Barrientos, IP ha tenido tres maridos españoles y varios hijos e hijastros. Caso de poliandria que no se encuentra todos los días entre las nacionales, y que nos hace imaginar en esta mujer infinitas sabidurías, plurales culturas del amor, la vida, la sociedad, el hombre y los pleitos. Fascinante.

IP se ha convertido en un trofeo, como el vellocino de oro (que no era sino un sexo femenino, en su origen) que hay que arrebatarle al dueño. Pero ella, intuitivamente consciente de todo esto, va enlagunando su vida en un remanso de hogar e intimidad, de silencio y cotidianidad. Si don Miguel Boyer siguiera su carrera política y llegase a presidente del Gobierno, IP sería presidenta con toda naturalidad. Pasaría de la Porcelanosa a los protocolos en las cortes de Europa. Sin embargo, parece que es ella quien disuade a su marido del avatar y la procela política. Quiere decirse, quizá, que la madre y esposa va adueñándose de la oriental errática y poliándrica.

Paloma Barrientos ha escrito un libro/reportaje, una biografía trepidante, una cosa urgente, viva, acuciante. Paloma Barrientos ha abierto su ironía femenina y su talante respingón de cronista contra la Preysler. Parece que hoy solo se pueden hacer libros contra alguien. Me gusta el resultado final, pero repito que se me escapa, quizá por causas generacionales, este periodismo agresivo, que sin duda da brillantez al libro, pero que en el caso de la Preysler no comparto.

Creo haber razonado en este prólogo, por aproximación, el éxito social de IP en España, entre los hombres, maridables o no, y entre las mujeres que compran la prensa sentimental. Se dice que IP figura en el número uno del hit social sin haber hecho nada, salvo anunciar baldosas. Yo creo, por el contrario, que ha traído a este Madrid provinciano una manera de ser y estar de la que tenemos mucho que aprender. La sabiduría viene del Oriente, como la luz, y el modelo femenino que propone IP no estaría de más que lo siguieran muchas de las españolas que soportamos a diario en casa y en la calle: discreción, hermetismo, suave corroboración del hombre que tienen al lado, y poco más.

Ya digo que no es mi sueño de mujer, aunque *siento* sus encantos, y también trato de comprender por qué la Prensa en general, y este libro en particular, son agresivos y críticos con IP: la novedad primero duele y luego se agradece, como el sexo mismo. IP era irritante para una sociedad provinciana y altiva. Hoy es princesa de la nada sin ningún esfuerzo. No la juzgo personalmente. Genéricamente, creo que representa (como Yoko Ono en lo suyo) un éxito del Oriente lentificado, del asiatismo lacónico, sobre nuestras sociedades histeroides, crispadas, encrespadas de griterío visual e imágenes estentóreas. Paloma Barrientos explica irónicamente la carrera vital de IP. Yo añoro a IP como un paisaje lineal de biombo japonés. Claro que sin leer este apasionante libro no habría podido llegar a tan contradictoria y dulce conclusión. Uno es que pasó ya de la mujer/gincana y está en la mujer/biombo.

PARTE I

MANILA

Según los partes meteorológicos de aquellos días, el nacimiento en Manila de María Isabel Preysler Arrastia, el 18 de febrero de 1951, no vino acompañado de ningún signo externo que demostrase que la recién nacida había sido elegida por los dioses para brillar cual astro del firmamento. No hubo ciclones ni lluvias torrenciales, ni tan siquiera el Sol gravitó sobre su órbita, eco, en opinión de los entendidos, de un acontecimiento milagroso. Isabelita, la tercera de seis hermanos de una familia de clase media a secas —no media-alta como sostienen algunos cronistas—, tampoco trajo un pan debajo del brazo como les pasa a los niños de alto standing. Isabel no estrenó cuna, ni faldones, ni trajecito de cristianar. Tan solo un baberito bordado por la abuela indígena Teodorica, que tenía mucha mano, como ya veremos más adelante, para la costura. Heredó el ajuar de recién nacida de sus hermanos mayores, Victoria y Enrique, como era y es preceptivo en las familias donde los gastos superan los ingresos del cabeza de familia. Carlos Preysler Pérez de Tagle, el padre de nuestra heroína, no tuvo demasiada suerte en su vida profesional. La bola de la fortuna nunca se posó en su casillero y la mayoría de las empresas que iniciaba tarde o temprano se iban al traste. A su hija, sin embargo, le ha ocurrido todo lo contrario. Con el tiempo, todo lo que han tocado sus dulces manos de porcelana se ha convertido en oro. Hago un inciso por si alguien piensa que esta afirmación es una exageración o una licencia literaria. En absoluto, y quien dude que se tome la molestia de preguntar al marqués de Griñón.

Hasta que Isabelita no entró en su vida, los afamados vinos de Carlos Falcó no solo se comercializaban mal, sino que únicamente se cataban en la mesa del marqués y sus parientes, por aquello de la solidaridad familiar. La marquesa, con sus buenos haceres, consiguió colocar los caldos en el sitio que se merecían.

Tan conocida es esta cualidad de Isabel Preysler que en los salones de su Manila natal los envidiosos la han rebautizado con el apelativo despectivo de *gold-digger*. Traducido literalmente significa «buscadora de oro». Pero esto no ocurrió hasta muchos años después, cuando Isabel Preysler dejó de ser la bella hija de Betty y Carlos para convertirse en una dama con tres maridos y contratos publicitarios supermillonarios.

Nuestra Cenicienta vino al mundo en un hospital del barrio de San Lorenzo, muy cerca de la calle Ponce, donde vivió la familia Preysler-Arrastia hasta que por motivos de triste recuerdo —la muerte del primogénito— cambió de domicilio. San Lorenzo era una zona relativamente buena, pero a años luz de las elitistas urbanizaciones Forbes Village o Dasmariñas, que son las versiones filipinas de La Moraleja o Puerta de Hierro, en Madrid, y Pedralbes, en Barcelona. La familia Preysler-Arrastia no se podía permitir grandes lujos ni dispendios, por lo que el bautizo de la criatura se celebró, como dirían ahora las crónicas sociales, «en la más estricta intimidad».

Al decir de algunos filipinos que los han tratado, papá Carlos y mamá Beatriz, Betty para los amigos, son personas bastante sencillas. No así el controvertido Carlos Preysler Arrastia, o Charlie júnior, como se le conoce, con antecedentes policiales y clave «P-624» en la Brigada Antidroga, según un reportaje de la revista *Tiempo*, que nunca fue desmentido por Isabel Preysler, tan amiga en su momento de querellarse con todo bicho viviente. Estos paisanos de la niña Isabel, que han compartido vecindad, aseguran lo siguiente: «Son una pareja muy normal, que no presumen de nada. Es cierto que si lo intentaran la gente se reiría de ellos, como ya lo hacen de Charlie cuando dice que su hermana mayor es la mujer más importante de España. En Manila nos conocemos todos y sabemos de dónde viene cada cual. Por eso resulta absurdo presumir de un pasado glorioso cuando los antepasados paternos fueron campesinos españoles que llegaron con lo puesto a Filipinas y los maternos, indígenas que cultivaban la caña de azúcar, en Lubao, una provincia al norte de Manila».

Evidentemente, y sin menospreciar a sus humildes ancestros, resulta interesante relatar esa historia jamás contada por la protagonista de este libro. Sin este pasado, sería difícil entender la carrera imparable de Isabel Preysler Arrastia hacia el Olimpo de la popularidad hasta conseguir ser la mujer más amada y odiada en su país de adopción. En el mismo instante en que se percató de que con su arte innato de la seducción —«en menor escala también lo poseyó su abuela Teodorica»— podía comerse el mundo, Isabelita decidió desandar el camino que en 1860 y 1895 iniciaron, respectivamente, sus bisabuelos paternos Joaquín y Natalia Preysler, y el navarro Valentín Arrastia, padre de su abuelo Enrique.

Los primeros Preysler llegaron a España de Centroeuropa a principios del siglo XIX como simples emigrantes. Se instalaron en Andalucía, en las provincias de Jaén y de Cádiz, trabajando como temporeros de la aceituna en los latifundios de las grandes familias hidalgas; en Jaén, en los campos de Arroyovil, en las propiedades de los antepasados de Carmen Martínez Bordiú. En 1831, se instala en Cádiz la rama Preysler que más tarde emigraría a Manila. Ese mismo año, el 10 de octubre, nace en Madrid la primogénita de Fernando VII y María Cristina de Nápoles, la futura Isabel II. La egregia dama fue la que otorgó el primer título de marquesa de Griñón a María Cristina Fernández de Córdova, bisabuela de Carlos Falcó, segundo marido de Isabel Preysler Arrastia.

Un siglo antes de que nuestra protagonista viniera al mundo, el destino ya se estaba ocupando de introducir en la coctelera de la vida los ingredientes primordiales que harían de Isabelita la emperatriz de la cuatricromía nacional.

Los bisabuelos Joaquín y Natalia Preysler se percatan un

buen día de que su condición de recolectores de aceituna no les va a proporcionar nunca perspectivas alentadoras. Después de trabajar de sol a sol, el jornal solo les permite vivir al día. El cabeza de familia decide entonces emigrar a las colonias de ultramar. La bisabuela Natalia no quiere marcharse, pero no teniendo ni voz ni voto, el único camino que le queda es preparar el ligero equipaje para iniciar un viaje sin retorno que tiene como punto final un lugar al oeste del océano Pacífico, cercano a China y rodeado de aguas turbulentas.

Para la joven pareja la vida en Filipinas no es, como esperaban, de color de rosa. Nace Carlos, el primer hijo, y luego la bisabuela Natalia se queda de nuevo embarazada. En la plantación de tabaco de Tugegarao, bisabuelo Joaquín tiene que trabajar el doble para alimentar a su prole, aumentada con la llegada de Fausto. El segundo hijo del matrimonio se convertiría con el tiempo en el abuelo de niña Isabel.

La familia Preysler prospera con los años. Poco a poco y a base de mucho esfuerzo, el hombre de la casa consigue que le nombren capataz de la hacienda, la máxima autoridad, después del amo y del administrador. Cuando la vida parece sonreír a los antepasados paternos de Isabelita, bisabuelo Joaquín debe enfrentarse en duelo a un oponente que ha maltratado su orgullo español. Como resultado del altercado el caballero Preysler pasa una temporada a la sombra, en la prisión de Fuerte Santiago.

No fue el único de la saga filipina que tuvo problemas con la justicia. Muchísimos años después, los tres hermanos varones de nuestra estrella, Enrique, Joaquín y Carlos, también tuvieron que vérselas con la policía. El mayor murió en Hong Kong víctima de un paro cardiaco. En el apartamento donde falleció se encontró heroína y utensilios para inyectarse el polvo de la muerte. El segundo de los varones también tuvo escarceos con la droga, pero consiguió desengancharse a tiempo. Carlos, el pequeño, se lleva la palma en este sentido; tiene asignada, como hemos dicho al principio del capítulo, una clave individual en el ordenador del Departamento Antidroga. Según una información aparecida en la revista *Tiempo*, la última referencia que constaba en el archivo de datos del National Bureau of Investigation, estaba fechada el 7 de marzo de 1985. En ese informe se lee: «Orden de arresto contra Carlos Preysler Arrastia, nacido en Manila el 17 de marzo de 1954, por: quebrantamiento de condena; atraco a mano armada y violación de una mujer». En las anotaciones marginales del documento, el juez responsable del caso escribió: «Distribuida su fotografía y sus huellas, interesa su búsqueda y captura. Individuo muy peligroso, suele ir armado».

Pero aún falta un siglo para que sucedan estos desagradables acontecimientos familiares, incluida la detención de tía Estela, en 1990, por pertenecer a una red de narcotraficantes. El bisabuelo Joaquín Preysler, recobrada la libertad, se instala definitivamente en Manila, donde encuentra un empleo como contable en la Sociedad de Tranvías de Filipinas, propiedad de Jacobo Zobel.

Como dato anecdótico cabe señalar que ciento seis años después Isabelita Preysler adquiriría, para decorar la habitación de su quinta hija, Ana Boyer Preysler, muebles infantiles por valor de doscientas mil pesetas en una tienda llamada El Osito Azul. El establecimiento, ubicado en el madrileño barrio de Salamanca, es propiedad de las hermanas Zobel, tataranietas del patriarca Jacobo. Según información del periodista Jesús Mariñas, Isabel nunca pagó el mobiliario infantil, aduciendo: «Bastante publicidad os he dado, vuestra tienda ha salido en todas las revistas». La bella filipina pagaba con esta moneda a las herederas de Jacobo Zobel, el hombre que había empleado en 1886, en uno de sus negocios, al bisabuelo Joaquín Preysler cuando este, recién salido de la prisión, no tenía ni para un grano de arroz. Cambió de trabajo un par de veces hasta que se asentó definitivamente como administrativo en la empresa Inchausti, de capital vasco, donde al final de su vida profesional fue sustituido por su hijo Fausto. El abuelo de Isabel, que contrajo matrimonio con Carmen Pérez de Tagle, pasó por la vida sin pena ni gloria. Su único mérito fue engendrar a Carlos Preysler, padre amantísimo de nuestra dulce protagonista. Al igual que su progenitor, papá Carlos nunca brilló con luz propia; pero esto forma parte de una historia más cercana que merece capítulo aparte.

Aún quedan por relatar los orígenes de la familia materna de Isabel Preysler Arrastia, cuyos genes indígenas han definido, sin lugar a duda, la personalidad misteriosa, sensual y pasional que caracteriza a nuestra protagonista.

Tres años antes de que se firmase el Tratado de París, por el cual Filipinas dejaba de ser colonia española para convertirse en un protectorado *made in USA*, desembarcaba en Manila un campesino navarro llamado Valentín Arrastia, cuyo único equipaje era su gran atractivo personal y unas ganas inmensas de hacer fortuna. Contratado por una empresa española cuya casa matriz se dedicaba en Navarra a la explotación de espárragos y en ultramar a la caña de azúcar, bisabuelo Valentín pronto se convirtió en el jefe de los colonos y en el galán de la plantación. Su poder de seducción dejaba a las indígenas indefensas y caían rendidas en sus brazos a cualquier hora del día. Eso sí, ninguna se desmayaba, como cuentan las malas lenguas envidiosas que le sucedió a su bisnieta la primera noche de amor que pasó con el ministro de Economía y Hacienda.

El capataz Arrastia pronto se vio desbordado por su abundante prole, que por cierto nunca reconoció; solo dio apellidos al único varón que engendró y al que puso por nombre Enrique. Así llamaron también los padres de Isabelita a su primogénito, perpetuándose el nombre en el segundo vástago que Julio Iglesias tuvo con la reina del papel cuché.

Continuando con el árbol genealógico, Valentín Arrastia pronto hizo suyo el castizo refrán «A río revuelto, ganancia de pescadores». Las guerras nacionalistas habían obligado a los terratenientes a guarecerse en la capital por miedo a revanchas campesinas. Así, bisabuelo Valentín, que pasaba olímpicamente de la contienda, se encuentra de la noche a la mañana dueño y señor de los campos de azúcar e inicia su escalada social, que culmina con el fin de la guerra. Como nadie le pide cuentas, se queda con lo que no es suyo, y el aguerrido navarro envejece en sus territorios de Lubao, rodeado de sus nietos y de su espectacular nuera. La bellísima Teodorica Ramos, aparte de ser una gran costurera, fue quien transmitió a su nieta, la sin par Isabel, la virtud de encender pasiones entre el personal masculino. Precisamente a esta hacienda de Lubao era adonde se trasladaban en los meses sofocantes del verano tropical —marzo, abril y mayo— papá Carlos y mamá Betty con toda su tribu. Cuando la bella porcelana dejó de ser una niña para convertirse en una atractiva jovencita, cambió la plantación de azúcar provinciana y aburrida, donde solo había pobres indígenas, por las residencias veraniegas de sus amigas pudientes, en la zona de Baguío, la versión filipina de la Marbella de brillo y esplendor de los años ochenta. Pero mientras fue tierna infante, Isabelita —mejor dicho, Chábeli, pues así la llamaban familiarmente hasta que se cansó del apelativo, que más tarde heredaría su primogénita— se lo pasaba estupendamente jugando entre las cañas de azúcar. Una mañana le dijo resueltamente a su progenitor:

—Papi, he cumplido once años y no quiero que me volváis a llamar Chábeli. Mi nombre es Isabel.

Carlos Preysler Pérez de Tagle no tuvo más remedio que ceder a los deseos de su volcánica hija. Cuando algún despistado la requería con el sobrenombre infantil, nuestra protagonista volvía la cabeza como si el diminutivo no fuera con ella.

Desde muy pequeña la musa de la jet demostró un gran carácter y una fuerte personalidad, que enardecía a la abuela Teodorica. Su nieta no solo había heredado sus rasgos orientales, sino su misma personalidad arrasadora. Por eso siempre fue su preferida y en quien verdaderamente puso todas sus esperanzas. Isabelita era la única que se quedaba ensimismada cuando Teodorica les narraba en tagalo la subyugante historia de su vida; en las noches tropicales, bajo un cielo cuajado de estrellas y rodeada del rumor de los cañaverales, la mujer rememoraba un pasado que nada tenía que envidiar a los lacrimógenos culebrones televisivos que tanto apasionan a nuestras amas y amos de casa. Contaba cómo se había enamorado de abuelo Enrique, el hijo del señor, y acerca de la oposición de sus padres campesinos, que con mucha prudencia, pero con poca imaginación, veían en el romance de su bella hija con el incipiente señorito una fuente de desdichas.

—Teodorica, el amito Enrique no es para ti. Tus amores solo pueden traer complicaciones. Apártate de él.

Pero la abuela de Isabel sabía que sus armas de mujer eran mucho más poderosas que los impedimentos que podían presentarse, y que de hecho se presentaron cuando decidieron convertirse en marido y mujer. Una de las condiciones que exigió bisabuelo Valentín, quien por otra parte nunca fue racista, era que Teodorica abrazase la fe católica, para casarse como Dios y la Iglesia mandan, es decir, ante un altar y con la bendición divina.

Enrique Arrastia y Teodorica Ramos fueron muy felices y tuvieron una amplia descendencia que vio la luz, como era preceptivo, en la plantación. En sus nueve partos —siete hembras, Estela, Tessy, Baby, Lili, Elvira, Mercy y mamá Beatriz, y dos varones, Valentín y Francisco— abuela Teodorica solo contó con la ayuda de la servidumbre. Pero esto no supuso ningún problema para la prolífica nativa que estaba acostumbrada, desde muy pequeña, a ver nacer criaturas en los campos de azúcar. Estos alumbramientos tenían muchas veces a la naturaleza como único testigo; pero no fue el caso de Teodorica, convertida ya en dueña y señora de la plantación de Lubao.

Cuando las niñas se fueron haciendo mayores, Enrique y Teodorica pensaron que lo mejor que podían hacer con ellas era enviarlas a Manila a estudiar. Mejor dicho, a que aprendieran buenos modales, labores y administración de un hogar, lo único que les sería útil en el futuro. Los abuelos de nuestra heroína opinaban que los conocimientos intelectuales eran una pérdida de tiempo, que solo servían para llenar de pájaros las preciosas cabecitas de sus hijas.

Mamá Betty, por aquello de ser la primogénita, fue la primera en dejar la plantación. Interna en el colegio de las madres benedictinas, solo salió para casarse con Carlos Preysler; igualito a lo que años después le ocurriría en España a su niña Isabel, aunque la diferencia entre madre e hija era abismal. Mientras Beatriz Arrastia era una joven provinciana sin ningún tipo de veleidades sociales y con poco conocimiento del sexo contrario —papá Carlos fue su primer y único novio—, Isabelita disfrutó en Manila de una cohorte de admiradores y más tarde, en España, de tres maridos y sucesivos amoríos.

Las hermanas de mamá Betty tampoco se quedaron cortas a la hora de coleccionar cónyuges y amantes. Tía Lili era una experta jugadora de póquer, se casó primero con el rico empresario indígena Joe Matute, al que abandonó por Jobo Martínez, gobernador del Banco Central de Filipinas. Tía Elvira, otra belleza oriental, tuvo como en el famoso tango tres maridos, a los que dejó en la estacada cuando ya no le servían. Tía Baby y tía Estela, dos y uno respectivamente; esta última, además, pasó una temporada en la prisión militar de Manila, Camp Karingal, acusada de tráfico de drogas y de tenencia ilícita de armas, y en julio de 1990 la pillaron con las manos en la masa cuando actuaba de intermediaria en la venta de diez kilos de heroína con un grado de pureza del 86 por ciento. Durante la acción policial resultaron muertos los traficantes coronel Rolando de Guzmán, vicejefe del mando militar de Luzón Norte, y el mayor Franco Calanog, amigos de tía Estela, al presentar resistencia e intentar fugarse. La tía de nuestra dulce porcelana tuvo más suerte, salió con vida, pero tuvo que pasar varios años a la sombra. Actualmente, en Filipinas, a los traficantes de drogas se les aplican penas muy duras.

Por su parte, tía Tessy se fugó a España con el marido de su mejor amiga, dejando en Filipinas a sus respectivos hijos y a los desesperados cónyuges. En la casa madrileña de Tessy Arrastia y Miguel Pérez Rubio viviría, muchos años después, niña Isabel. El destino, de todas formas, le jugó una mala pasada a la díscola tía materna: el caballero Pérez Rubio, responsable máximo de la campaña electoral de Cory Aquino, decidió cambiar a la madura compañera de tantos años por una jovencita lisonjera de muy buen ver. La única de las hermanas Arrastia que, junto con mamá Betty, llevó una vida sentimental discreta ha sido tía Mercy.

Cuando enviudó de Boy Tuason heredó una gran fortuna que le permitió mantener un nivel de vida elevado, relacionándose con las grandes familias filipinas. Mercy Arrastia, gracias a sus buenos contactos, consiguió que el pequeño negocio inmobiliario que regentaba mamá Betty produjera beneficios. Conocidos de la familia aseguran que Mercy y Betty eran las mejores del clan.

«En determinados círculos de Manila se critica mucho a Isabel Preysler —se afirmó en su momento—. Ella vive como una reina en Madrid y su madre se pasa el día en la calle intentando vender casas. Mercy es la única que le echa una mano, aunque también va a lo suyo. Nosotros las llamamos "Balinbig". Es un fruto filipino muy rico cuyo exterior nada tiene que ver con el interior. Utilizamos ese término para definir a la gente aduladora y chaquetera».

Efectivamente, tía Mercy, al igual que muchos filipinos pudientes, apoyó la dictadura de Marcos mientras duró y le bailaron el agua a la entonces presidenta Cory Aquino.

Pero volvamos a nuestra historia: cuando Carlos Preysler decide pedir la mano de la joven Betty Arrastia se encuentra con la oposición frontal de Teodorica y abuelo Enrique, que deseaban para su primogénita un buen partido. El chico era muy buena persona, pero sin oficio ni beneficio.

—¿Y cómo vas a mantener a tu mujer y a los hijos que Dios os mande? —preguntaba insistente abuelo Enrique.

—Llevo la contabilidad de varias empresas —cascabeleaba papá Carlos.

La realidad era muy distinta; dichas empresas no eran más que pequeños comercios de ultramarinos, cuyos dueños, chinos emigrantes, no eran capaces de controlar. Por estos trabajos el futuro padre de niña Isabel recibía un dinero exiguo. Se casaron a finales de 1944, casi al término de la Segunda Guerra Mundial, durante la ocupación japonesa de Filipinas. La boda fue secreta y se presentaron ante los respectivos padres cuando ya no había remedio. Para la familia de Carlos Preysler esta boda fue un drama porque consideraban que aceptar en la familia a una mestiza era un paso atrás. El primo Fausto aún recuerda las lágrimas que derramó Carmen Pérez de Tagle. «Para ellos era un paso atrás, ya que pensaban que la mezcla de sangres no favorecía en absoluto el progreso de la raza. Eran muy racistas».

Con el tiempo las cosas cambiaron y, aunque nunca vivieron en la opulencia de la que nuestra protagonista tanto ha presumido, pudieron mandar a los hijos a colegios de pago, disponer de servidumbre —también es cierto que el servicio doméstico provenía de la plantación de Lubao— y mantener un estatus de clase media con los altibajos típicos derivados del hecho de que papá Carlos no tenía un empleo cualificado. La infancia y la adolescencia de Isabel Preysler transcurrieron sin problemas. La familia, compuesta por seis hijos —entre ellos, un par de gemelos—, vivía en una casa prefabricada de la calle Ponce, de una sola planta, con cuatro dormitorios, dos baños, un cuarto de estar-comedor y un pequeño jardín, donde Isabel se pasaba las horas entreteniendo a sus hermanos pequeños, Carlos, Beatriz y Joaquín. Los dos mayores, Victoria y Enrique, iban a su aire y pasaban bastante de niña Isabel. Por la mañana, muy tempranito, mamá Betty, ayudada por el ama china, preparaba a los niños para el colegio. Isabel, con diez años, se las apañaba sola. Siempre era la primera en despertarse y nunca se hacía la remolona. ¡Una joya de criatura!

En el colegio de la Asunción, Isabel Preysler nunca destacó en los estudios, pero sí en cambio en «administración del hogar» y en conducta, y siempre se la presentaba como un ejemplo a seguir, sobre todo ante las más díscolas. «Aprended de María Isabel. Nunca la tengo que reprender. Vosotras os quedaréis castigadas sin recreo, y tú, Isabel, serás la encargada de cambiar las flores a la Virgen». Este era un privilegio que solo se otorgaba a las niñas buenísimas; las del montón y las contestatarias tenían que permanecer encerradas en la sala de estudio mientras niña Isabel, hacendosa y pulcra, disponía en los distintos búcaros los ramilletes de orquídeas o de aves del paraíso que alegraban la imagen de la Virgen.

Algo se le debió de pegar de la figura divina de tanto ponerle flores, o al menos así lo pensaban las religiosas que la elegían, año sí y año también, para representar a la Madre de Dios en el nacimiento navideño. Sus hermanas y amigas tenían que conformarse con hacer de pastoras o de criado del rey negro mientras ella se convertía en la estrella indiscutible de las veladas colegiales.

«María Isabel era una niña muy dócil, muy recta, disciplinada y religiosa, que iba todos los días a misa. Nunca tuvimos problemas con ella —recuerda una exreligiosa del colegio de la Asunción que ahora regenta en Manila un restaurante de lujo, después de casarse con el dueño del establecimiento, chino para más señas. A la educadora de la niña Isabel lo único que la sorprende es la imagen frívola que de ella da la prensa española—. Tengo familia en España, y cuando vienen a visitarme suelen traer revistas. En casi todas aparece María Isabel divirtiéndose en fiestas y cócteles. La verdad es que no me explico cómo ha podido cambiar tanto. Era una jovencita con unas convicciones religiosas muy fuertes, que incluso quiso ser misionera».

Efectivamente, nuestra heroína no solo pensaba salvar negritos y marcharse a tierras lejanas emulando al padre Damián, sino que durante una época ejerció de catequista en los barrios míseros de Manila. A los catorce años, en plena pubertad, sus compromisos religiosos pasaron a ocupar un quinto plano y niña Isabel, que ya advertía que con solo una mirada conseguía derretir al sexo contrario, empezó a frecuentar las *parties* que se organizaban en las «casas bien» —Araneta, Laxon, Rojas, Ismael, Zobel— de Forbes Park o los bailes de juventud del elitista Manila Polo Club, de la mano de sus primos ricos, los hijos de tío Joaquín y Fausto Preysler. Para pertenecer a esos clasistas clubes era imprescindible ser rico, pero además era necesario demostrar clase suficiente como para no hacer el ridículo en los impresionantes reductos de la inexpugnable y conservadora clase alta filipina.

El hecho de que papá Carlos y mamá Betty no pudieran permitirse el lujo de pagar las elevadas cuotas de los diferentes clubes no fue impedimento para Isabelita. Ella, con su elegancia personal, su simpatía arrolladora y su saber estar, pronto consiguió ser el centro de atención. Los cachorros de la jet filipina suspiraban por su compañía, y aquel que tenía la inmensa suerte de ser elegido por niña Isabel como *chevalier servant* no reparaba en gastos a la hora de satisfacer todos los caprichos de la bella porcelana. Los novios, o mejor dicho, los *flirts* de Isabelita se sucedían con tanta frecuencia como las estaciones del año. A Bobie Santos le sustituyó Louis Ismael, y a este uno de los vástagos de los millonarios Laxon. Después vendrían Gregorio Araneta, Charlie López, Edwars Finland y un largo etcétera. Tanto cambio de pareja dejaba a mamá Betty estupefacta, aunque en el fondo estaba encantada del éxito social de su criatura. Papá Carlos, que dicho sea de paso pintaba poco en la educación de las hijas, centraba sus esperanzas en su primogénito Joaquín. Cuando este murió en extrañas circunstancias en Hong Kong, se dedicó en cuerpo y alma a los otros dos varones, Carlos y Enrique, que como hemos visto tampoco le dieron buenos resultados.

Cuando mamá Betty le iba con historias de su «porcelanita», Carlos Preysler Pérez de Tagle siempre encontraba una excusa para evitar el castigo.

—Carlos, tendrías que hablar con Isabel. Llega todos los días tardísimo.

—Mira, Betty, la niña sabe muy bien lo que hace porque es muy responsable.

—Sí, pero el salir tanto no beneficia su reputación. Me ha dicho tu hermano Fausto que en el club de golf se comenta la libertad que damos a las niñas.

—Pues déjales que murmuren. Está claro que les roe la envidia por lo lista, guapa y cariñosa que es Isabel.

Pero mamá Betty, viendo que en esta vida todo tiene su límite, obligó a intervenir al cabeza de familia cuando nuestra estrella inició relaciones con un joven playboy de fatal reputación: Juni Kalaw —el causante de que Isabelita tuviera que emigrar a España, a casa de los tránsfugas tía Tessy y tío Miguel Pérez Rubio— se quedó prendado de Isabel cuando esta desfiló en un pase de modelos benéfico, organizado por Imelda Marcos en el Sheraton de Manila. Esta afición desconocida de nuestra protagonista le valió más de una reprimenda de mamá Beatriz. En aquella época, que una joven bien considerada se dedicara, aunque fuera solo esporádicamente, a este menester estaba muy mal visto por los biempensantes manilenses. Las modelos, casi todas ellas de baja extracción social, tenían fama de ser mujeres fáciles que vendían sus encantos por una cena de lujo o un corte de seda.

Por eso, que niña Isabel paseara su cimbreante cuerpo por una pasarela tenía a mamá Betty al borde del infarto. De la mano de sus amigas Perlie Arcache y Lorna Limjuco, nuestra protagonista inició una aventura semiprofesional que terminó el mismo día que sus progenitores decidieron enviarla a España. En escasas ocasiones volvió niña Isabel a probar fortuna como modelo. Entre ellas destacan dos, en la primavera de 1983, separada ya de Julito Iglesias, en un desfile benéfico organizado por María Teresa de Vega, la dueña de Ascott. La entonces marquesa de Griñón paseó su palmito acompañada de su hija Chábeli. Y la otra, sin ningún tipo de repercusión, pues la señorita Preysler era una auténtica desconocida, un año después de su llegada a España, como relata el periodista José Pastor, que cubrió el acto para el diario *Ya*:

> En mayo de 1970, cinco señoritas de la alta sociedad madrileña —Chata López Sáez, Marta Oswald, Mariola Martínez Bordiú, su prima Isabel y Piluca Ardid Villoslada— y una desconocida filipina, exhibieron siete vestidos en un desfile de modelos realizado con una tela denominada «azul Picasso» y presidido por la marquesa de Villaverde y su primogénita. Isabel Preysler nos llamó la atención enseguida. Era una chica que apenas hablaba con sus amigas, que observaba detenidamente a cuantos asistíamos a la reunión y que sabía posar, al contrario del resto de las jóvenes presentes. Al desfilar se detenía muy inteligentemente en el sector donde estaban los fotógrafos, y no se perdía ninguno de los flashes de los reporteros gráficos.

Pero aún quedaba muy lejos el «azul Picasso». Aquella tarde que enamoró con sus movimientos al crápula Kalaw en la pasarela del Sheraton, Isabelita marcó su destino. A partir de ese día las entradas y salidas con el playboy fueron constantes. Abandonó a sus amistades del colegio y solo vivía para y por su nuevo amor.

Cuando mamá Betty se dio cuenta de que la situación se le iba de las manos decidió imponerse por la fuerza. Después de una conversación de varias horas con su esposo, ambos pusieron punto final a una historia sentimental que podía dejar por los suelos la reputación de su hija.

—Isabel, está decidido. Te marcharás dentro de una semana a España, con tus tíos.

Nuestra Cenicienta lloró amargamente en la soledad de su habitación. Nadie era capaz de entender sus sentimientos. Solo Juni Kalaw. Su príncipe azul prometió rescatarla, como si fuera un caballero andante, en la primera oportunidad que se le presentase.

—Cariño, dentro de poco viajaré a Madrid y nadie podrá separarnos.

—Juni, me moriré de pena en España.

—Mi vida, telefonearé todos los días.

Al cabo de poco tiempo el enamorado sustituyó a la bella princesa por una escultural modelo. Isabelita, por su parte, descubrió en Madrid una vida llena de emociones y sensaciones nuevas. Su amor, Juni Kalaw, pronto quedó arrumbado en el baúl de los recuerdos. La exótica porcelana iniciaba una nueva vida a miles de kilómetros del país que la vio nacer, pero la ascensión de la bella filipina al Olimpo de la popularidad es ya materia de otro capítulo.

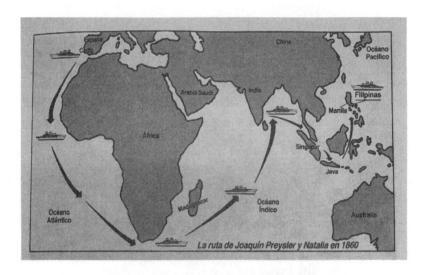

La ruta de Joaquín Preysler y Natalia en 1860

Joaquín y Natalia Preysler, bisabuelos paternos de Isabel, partieron de Cádiz con rumbo a Filipinas en 1860.

Una foto de estudio tomada en Manila, cuando Isabel tenía quince años y aún iba al colegio.

Fotografía que se incluía en la biografía de Isabel Preysler en la revista *Tiempo*.

A la derecha de la foto, Isabel Preysler con minifalda
en una fiesta social a las que tan asidua era la joven.

Meses antes de trasladarse a Madrid por «consejo» paterno,
nuestra heroína posaba así de sensual.

Louis Ismael: de su mano Isabelita entró
en el ambiente de la buena sociedad manilense.

Isabel fotografiada en Manila cuando tenía diecisiete años
y sus actividades sociales empezaban a preocupar a sus papis.

Sus pinitos como modelo profesional horrorizaban
a la conservadora y católica mamá Betty.

Sus tíos Tessy Arrastia y Miguel Pérez Rubio acogieron en esta casa
del paseo de la Castellana de Madrid a la desconsolada sobrina.

Seis señoritas de la alta sociedad madrileña, entre las que se encontraban
Mariola Martínez Bordiú, su prima Isabel, Piluca Ardid, Chata López Sáez
y una desconocida filipina, en un desfile benéfico.

Beatriz Arrastia, madre de Isabel Preysler. Vivía en Manila
y pasaba temporadas en Madrid con su hija y sus nietos.

Isabel Preysler en Manila, antes de viajar a España.

PARTE II

BODA

Cuando Isabel conoce a Julio, en la primavera de 1970, el cantante ya era superpopular en España. Fuera también se hablaba de él, como el nuevo Charles Aznavour; una exageración, porque Julito, lo que se dice voz nunca la ha tenido. Tres años antes de conocer a la bella filipina Julio Iglesias triunfa en el festival de Benidorm con *La vida sigue igual*. Después vendría Eurovisión, donde el cantante representa a España con *Gwendoline*, un tema dulzón y monótono que Julito dedica a Jane Harrington, una novieta inglesa con la que más tarde compartiría cartel en la película biográfica que para él crea Leonardo Martín.

Menos mal que Julio se dio cuenta a tiempo de que su camino hacia la gloria no estaba en el séptimo arte y nunca más, después de *La vida sigue igual*, volvió a colocarse a las órdenes de un director de cine. Los cinéfilos le estarán inmensamente agradecidos por esta sublime decisión.

Viajes continuos por Europa, galas por toda la Península, premios —el diario *Pueblo* le designa en 1969 «Popular del año»—, contratos y más contratos y un segundo elepé que graba en Londres le llevan de la ceca a la meca.

Recién llegado de Londres, donde compartía cena y desayuno con su inglesita del alma, recibe una llamada telefónica de Juan Olmedilla. El caballero, perejil de todas las salsas de aquellos años, organiza una fiesta en su casa en honor de la gran bailaora Manuela Vargas.

—¿Te esperamos esta noche o tienes algo mejor que hacer?

—Juanito, estoy agotado, acabo de llegar de Londres y la verdad es que no me apetece nada salir.

—Venga, no seas plomo. Pégate un duchazo, te espabilas y vienes. Además, van a venir las niñas más guapas de Madrid.

—Bueno, ya veremos, pero no te aseguro nada.

Efectivamente, esa noche asistían al *party* de Juan Olmedilla lo más granado de cada casa y los mejores partidos femeninos de la buena sociedad madrileña. Carmencita Martínez Bordiú, Chichina Salas —hija del que fuera director del Museo del Prado—, Chata de López Sáez, Caritina Lapique —más tarde rebautizada Cary—, Silvia Aznar, Pilar Lladó, Fermina Fernández Castaños, Solín Castiella, Piluca Ardid y Mari Luz Barreiros formaban, junto con Marta Oswald y las hermanas Meye y Marta Mayer, la pandilla de niñas bien, fijas en cualquier sarao. Meye Mayer —fallecida en 2010— se casó con Bebé Medinaceli, del que más tarde se separaría para unirse con un socialista. Como diseñadora, se dedicó a hacer camisones y lencería fina en Carmona; por cierto, esta ropa interior, incluidas sábanas y toallas bordadas, era la preferida de la Preysler y de muchos socialistas de la llamada *beautiful people*. Por su parte, la relación con Marta Oswald —que no faltó nunca a los grandes acontecimientos de la vida de la musa del papel cuché, ya fueran bodas, bautizos, o comuniones…— se ha enfriado. Marta, hija de un importante hombre de negocios, vivía en Puerta de Hierro y fue la primera «íntima» de Isabel cuando esta llega a Madrid, y se constituyó en su Pigmalión, papel atribuido erróneamente a Carmencita Martínez Bordiú en múltiples ocasiones. La verdadera amistad con la que fuera de Rossi se inició como consecuencia de vivir, ya casadas, una con el duque de Cádiz y otra con Julio Iglesias, en el mismo bloque de la calle San Francisco de Sales.

Isabelita, por supuesto, también estaría presente en el festejo al que acudiría el «todo» Madrid. Desde aquella fría madrugada de febrero de 1969, en que llegó a la capital del Reino procedente de Manila para instalarse en paseo de la Castellana 151, la casa de sus tíos ricos, Isabelita había prosperado lo suficiente para ser invitada a esta *soirée*.

Con la melena al viento y embutida en un vestido mini estampado con cuello alto y hombros al descubierto, Isabelita era la viva estampa de la belleza exótica. Julio Iglesias nada más verla se quedó impresionado, y eso que ya se estaba acostumbrando a estar rodeado de beldades y a no ser el «patito feo», como le había ocurrido durante toda su adolescencia al ser comparado con su apuesto hermano Carlos. El cantante aún no las enamoraba solo con mirarlas, como luego sucedería, pero sí empezaba a tener un cierto gancho con las damas. Por eso, al anfitrión Juan Olmedilla le resultó extraño verle sin compañía femenina.

—¿Qué haces aquí tan solo? ¿No has cazado nada aún?

Julio, impávido ante las bromas de su amigo, seguía con la vista fija en el salón contiguo.

—Oye, Juanito, ¿quién es esa chavala tan espectacular?

—¿Quién va a ser? Hay veces que pareces tonto; es Carmencita Villaverde, la nieta del Caudillo.

—No, hombre, si digo la que está hablando con ella, con Jaime Rivera y con Luisito Valdenebro.

—¡Ah, esa!, pues Isabel Preysler. Es filipina y está estudiando en las Irlandesas.

—¿Por qué no me la presentas?

—Espera un momento que voy a decirle al criado que ponga más bebidas. Ahora mismo vuelvo y os presento. De todas formas, te aviso, tiene fama de «estrecha».

Cuando volvió Olmedilla junto a Julio, la bella filipina se había marchado con su íntima Marta Oswald. El cantante se quedó con un palmo de narices. «Otra vez será», se dijo. Y verdaderamente nunca pensó que el siguiente encuentro, mejor dicho, la segunda aparición de la filipina en su vida, le causaría tanto impacto como para casarse con ella ocho meses después, el 20 de enero de 1971, en la capilla del pequeño pueblo toledano de Illescas.

Tía Tessy y Miguel Pérez Rubio, los familiares maternos de Isabel, en cuya casa se había instalado cuando llegó de Filipinas, estaban muy bien relacionados: eran amigos íntimos de los embajadores de Filipinas en Madrid y acudían habitualmente a todas las recepciones que se organizaban, tanto en la propia embajada como en las mansiones de las grandes familias madrileñas. Lo que estas desconocían era que tía Tessy y tío Miguel no estaban casados. La pareja, después de abandonar en Manila a sus respectivos cónyuges e hijos, decidieron vivir en España su propia historia de amor alejados de las críticas y los chismorreos. Unas críticas que en la corte habrían sido feroces de haberse sabido el estado civil del supuesto matrimonio ejemplar. La sociedad madrileña de aquellos años, que funcionaba a toque de familia, municipio y sindicato, no permitía tales «liberalidades». Solo se aceptaban los *affaires* sentimentales de Cristóbal, marqués de Villaverde, que para eso era yerno del Generalísimo.

Isabelita, como sus tíos, tampoco se salvó de la quema, y algunas de sus «amistades» filipinas, muertas de envidia por el éxito que siempre tenía con los chicos, quisieron ver en su viaje una huida. En los selectísimos clubes —Manila Polo, Yacht-Club, Wack-Wack Club de Golf— o en los jardines de las elitistas urbanizaciones —Forbes Park y Dasmariñas Village— las mentes calenturientas y ociosas daban a entender que el viaje a España no se debía exclusivamente a una simple interrupción de los castos amores de Isabelita y el playboy Kalaw, sino que se pretendía hacer «desaparecer» por una temporada a la díscola Isabel tras sufrir un aborto.

Chismorreos de vecindad que nada tenían que ver con la realidad. Y así lo explica una compañera de estudios filipina, que pasó de ser «niñita de oro» a convertirse en defensora a ultranza de los derechos humanos, tan pisoteados por la dictadura del matrimonio Marcos. Más tarde, esta misma dama trabajó codo a codo con Cory Aquino en su campaña electoral. «La verdad es que ha pasado mucho tiempo, pero algo me suena. Creo que intentaron crucificar a Isabel diciendo que había abortado, pero en aquella sociedad tan hipócrita esto era muy normal. A quien no le inventaban un romance con un hombre casado, le imaginaban un embarazo. ¡Eran así! Su único tema de conversación era descuartizar y dejar por los suelos la imagen de cualquier persona que no les cayera bien».

Tía Tessy, enterada de estas calumnias, le dijo a su recién llegada sobrina que no se preocupara y que intentara pasarlo lo mejor posible:

—Isabelita, mi amor, la vida solo se vive una vez. Aprovéchala todo lo que puedas.

La joven de porcelana siguió siempre y al pie de la letra tan sabio consejo.

Los tíos de Isabel fueron los que presentaron a su querida sobrina a Marta Oswald. Tía Tessy organizó un té en su casa al que acudieron, entre otros, los Oswald con su hija.

—Monina, esta es Isabel, mi sobrina. Va a pasar aquí una temporada y me gustaría que le presentaras a tu pandilla.

Isabel y Marta congeniaron rápidamente. A través de ella, Isabelita se introdujo en los mejores ambientes y, al cabo de unas semanas, la exótica filipina se movía por los salones como pez en el agua. Una de las cosas que sorprendía de Isabel es que hablara tan poco de su familia. En sus conversaciones con las nuevas amistades era imprecisa y ambigua en este aspecto, dejando entrever, a veces, ciertos rasgos de grandeza en su pasado. Por delicadeza, ante su actitud de aparente modestia y timidez, los amigos no insistían y se conformaban con la historia magnificada de su peculiar familia.

Los días pasaban felices y tranquilos para Isabel. Por la mañana acudía al colegio de las Irlandesas, en la calle Velázquez esquina López de Hoyos, donde sus tíos la habían matriculado en el curso de secretariado internacional Mary Ward. Unos cursos que servían de muy poco, pero que tenían a las «niñas bien» entretenidas mientras las monjas de clausura del Pardo terminaban de bordar los ajuares de boda. En el caso de Isabelita se trataba, por una parte, de perfeccionar el castellano ya que, aunque lo hablaba en su casa de Manila, todos sus estudios habían sido hechos en inglés, y por otra, para tenerla ocupada intelectualmente al menos durante unas cuantas horas. Pero la joven estudiante se aburría soberanamente y esperaba ansiosa a que dieran las dos de la tarde para llegar a su casa y quitarse la falda escocesa de tablones, la camisa crema y el jersey verde del uniforme, pero sobre todo los zapatones y las medias marrones que, según decía, no la favorecían nada.

En el domicilio de doscientos metros cuadrados del paseo de la Castellana, la futura consorte del cantante tenía habitación y cuarto de baño propios. Allí se pasaba las horas muertas practicando su deporte preferido: cuidar su cuerpo para ser la más bella del baile. Con el tiempo, y cuando su poder adquisitivo se reflejó en la Visa Oro, ir de compras se convirtió también en otro de sus hobbies.

Cambiar de peinado para que el espejo le mostrara, igual que a la madrastra de Blancanieves, qué estilo le sentaba mejor, probar maquillajes, sombras y barras de labios diferentes, pintarse y despintarse las uñas, embutirse en vestidos, faldas o pantalones, intercambiados muchas veces con sus amigas, sobre todo con Marta Oswald y Chata López Sáez, eran algunos de sus entretenimientos mientras esperaba a que llegase la tarde-noche para salir con su pandilla.

En estas estaba cuando recibió una llamada telefónica de Julio Ayesa, amigo de Julio y conocido suyo:

—Soy Julio, ¿tienes algo que hacer esta noche?

—Aún no he hablado con las «niñas» y no sé qué plan tienen para hoy.

—¡Ay, mona!, qué pesada eres. Siempre estás con lo mismo. Pues para que te enteres, «todos» vamos a ir a la Casa de Campo: los Terry dan una fiesta en su pabellón. Así que ya puedes ir arreglándote para no llegar tarde como siempre. El día que te cases vas a necesitar una semana —concluyó Julio Ayesa con sorna.

A propósito, la impuntualidad de Isabel es algo consustancial en ella. No lo hace, como dicen sus detractores, para llamar la atención, ahora que ya es la reina del papel cuché; en absoluto. Desde el mismo momento en que empezó a ser una jovencita independiente, la tranquilidad pasmosa que tiene Isabel Preysler para arreglarse ha sacado de quicio a sus tres maridos y a las amistades más cercanas. Carmen Rossi, que ha sufrido durante mucho tiempo la falta de puntualidad de su amiga, se desespera con ella. «Yo me pongo nerviosísima cuando veo que voy a llegar tarde a alguna cita; ella, en cambio, va a su aire. Tiene una noción del tiempo diferente a la nuestra, típicamente oriental. Entiende la vida de otra manera y piensa que por qué se va a angustiar por el tráfico o por lo que sea. La verdad es que en este sentido la admiro. Desde luego, Isabel nunca tendrá un infarto ni sufrirá de estrés».

Miguel Boyer, un hombre puntualísimo, se desesperaba al igual que Carmen Rossi con las tardanzas de madame cuando salían juntos:

—Isabel, por favor, date prisa. Vamos a llegar tarde, como siempre.

—Mike, no seas pesado; ¿preferirías que fuera hecha un desastre?

Nada más colgar a Julio Ayesa, la futura reina de los mares se pone en contacto con sus amigas del alma.

—Palacio del Pardo, ¿dígame?

—La señorita Carmen, por favor. De parte de la señorita Isabel.

—Un momento, le paso con la Residencia.

—Isabel, dime.

—Me ha llamado Julito Ayesa para invitarme a la fiesta de Tomás Terry. ¿Vas a ir tú?

—Sí, porque va a estar Fernando Baviera.

—¿Y con el Rivera qué pasa? ¿Os habéis vuelto a enfadar?

—Ya me contarás si voy a quedarme guardando ausencias después del numerito que ha organizado en Barcelona.

—Ya sabes cómo son los hombres. Hoy te adoran y mañana Dios dirá.

—Pero esto ha sido inadmisible. Dejarse ver en el Liceo con una fulanita, siendo oficialmente mi novio, me parece la gota que rebosa el vaso.

—Venga, no le des más vueltas.

Después de media hora de sesuda conversación intrascendente, Carmen queda en pasar a recogerla con el mecánico de doña Carmen, Jesús, padre del que después sería el presidente del Atlético de Madrid, Jesús Gil.

Cuando Isabel cuelga el teléfono se dirige a sus dominios y enciende la radio. Por el transistor *Made in Hong Kong*, regalo de su padre, oye como quien oye llover una canción interpretada por un tal Julio Iglesias. Abre el armario y de un vistazo supervisa todo su ropero. Aún no se ha decidido por el modelito que lucirá en la fiesta de los Terry. Al fin, después de tres cuartos de hora de quitarse y ponerse conjuntos, se decanta por una especie de sari, en seda, color verdoso. Se retoca, y mientras se mira por enésima vez en el espejo de cuerpo entero del armario llama a la puerta la tata filipina, por supuesto, y le dice en inglés:

—Señorita Isabel, que dice el portero que la señorita Carmencita la está esperando.

Isabel se perfuma, ¡siempre lo hace en el último momento!, y baja con su habitual parsimonia al encuentro de la nieta de Franco.

Poco imaginaba, la que más tarde llegaría a convertirse en la «princesa del alicatado hasta el techo», que esa noche en el recinto ferial de la Casa de Campo el destino le pondría en bandeja al padre de algunos de sus cinco hijos. Como diría el futurólogo Araciel, «el destino está escrito desde mucho antes de nacer». Por cierto, el conocido marqués, fallecido en 1999 y experto en adivinar el porvenir a un gran número de famosos, nunca acertó con Isabel Preysler. Mientras publicaba en un diario madrileño que la bella filipina y el cantante se llevaban de fábula, la señora ya había encontrado recambio en el marqués de Griñón. Y otro tanto le pasó con Carlos Falcó. El aristócrata-adivinador explicaba a todo aquel que le quisiera escuchar lo siguiente: «El matrimonio pasa una mala racha debida a la conjunción de los astros. Pero esto pasará rápido porque son nubes pasajeras. Su unión perdurará y se afianzará con los años. Tendrán otro hijo, un varón, y serán muy felices». Los astros le jugaron una mala pasada al marqués de Araciel. Ni Venus se cruzó con Saturno ni Marte apareció en el horizonte. Carlos Falcó se quedó compuesto y sin mujer, Miguel Boyer había expropiado a Isabelita para uso y disfrute particular. Pero esto ya es otra historia, que más adelante relataré con todo lujo de detalles.

En el barrio de Argüelles donde vivía con sus padres, un Julito Iglesias nervioso y repeinado también se preparaba, sin él saberlo, para iniciar un nuevo capítulo de su vida. Al cantante ya le habían confirmado sus amigos que la bella filipina acudiría al festejo. Tres días antes, su amigo Juan Olmedilla le había telefoneado para invitarle de nuevo a otro sarao. La verdad es que el cantante estaba un poco harto del «figureo»; sabía que dejarse ver era importante para su carrera, pero volver día sí día no a las tantas de la madrugada no favorecía su inspiración. «Para conectar con las musas hay que estar despejado», repetía el Pepito Grillo particular del intrépido cantante cuando alguno de sus amigos le tentaba a irse de farra. Además, sus viajes de fin de semana a Londres para ver a su novieta inglesa le tenían bastante agotado. Cuando sonó el teléfono, a punto estuvo Julio de no acudir a la famosa reunión de los Terry.

—Julio, soy Olmedilla. Me imagino que el sábado vendrás a la Casa de Campo.

—No lo sé. Ya sabes que los viernes por la noche tomo el avión a Londres para ver a Jane. Además, tengo que dar los últimos toques a la grabación del disco.

—Pues te lo pierdes. Te aviso que si vas te encontrarás con una sorpresa.

—¿Con cuál?

—No te lo pienso decir, pero te aseguro que, de no ir, te arrepentirás.

Julio Iglesias, picado por la curiosidad, no sabe si su amigo está de broma.

—Venga, Juanito. No seas coñazo. Pareces una meiga con tanto misterio. Y te recuerdo que estoy muy liado como para pasarme el día colgado al teléfono.

—Me acaba de confirmar Julio Ayesa que la chica que tanto te gustó la noche en que organicé en casa el homenaje a Manuela Vargas va a estar en el *happening* de los Terry.

—¿La filipina?

—Sí, Isabelita Preysler. Viene con Carmencita Villaverde y un grupo de amigos. ¿Cuento contigo?

El cantante no lo pensó dos veces. Dejó a la inglesita colgada. Seguramente Jane Harrington pasaría el fin de semana comiendo *corn flakes* o tomando el sol en Hyde Park. Hasta dos meses después, cuando la amistad se había convertido en algo más serio, la seductora Jane no se enteró de que su Julio del alma había cambiado su amor por las dulces maneras de una porcelana china. Julio apareció en la fiesta mucho antes que Isabelita. Mientras combatía los calores de junio con un jerez, pensaba que sus amigos le habían engañado. «Como sea una gracia de Olmedilla y de Ayesa, los mato».

Le parecía extraño que Carmen Martínez Bordiú, Marta Oswald y Chata López Sáez, amigas íntimas, según le habían dicho, tampoco estuvieran. «A ver si en el último momento han cambiado de planes y yo estoy aquí como un pasmarote esperando a unas convidadas inexistentes», se decía el cantante, muerto de aburrimiento. Ni tan siquiera los comentarios jocosos del entonces jugador del Real Madrid Pedro de Felipe, que siempre ha sido muy ocurrente, le hacían gracia. Estaba dispuesto a marcharse. «Si me acuesto pronto, mañana domingo cojo el primer vuelo que haya para Londres», pensaba.

En estas estaba cuando de pronto surge la aparición. Rodeada de un grupo de amigos de ambos sexos y con Carmen Martínez Bordiú de capitana, la reina de los mares acababa de traspasar el umbral del pabellón de los Terry. El anfitrión les regaña al tiempo que exclama:

—¡Qué pesados sois! ¿Cómo es que habéis tardado tanto?

—Es que hemos pasado antes por Balmoral a recoger a estos y ya nos hemos tomado una copa allí.

—Por cierto, ¿sabéis quién estaba en una mesa con la querida?

Julio, al que nunca le ha gustado el cotilleo, se va a otra esquina sin enterarse —tampoco le importa, la verdad— de la identidad del que van a despellejar los ricos herederos.

Al cabo de un rato aparece Juan Olmedilla con Isabel Preysler.

—Isabelita, te presento a Julio Iglesias, ya sabes, el cantante.

Cuando Juan iba a decirle a la bella filipina que Julio se moría de ganas de conocerla, una mirada suya le puso en guardia y no hizo el más mínimo comentario.

—Bueno, jóvenes, os dejo y que os divirtáis.

Isabel Preysler y Julio Iglesias hablaron de banalidades durante un rato; después se unieron al grupo y continuó la fiesta flamenca hasta las tantas. Lola Flores se arrancó a bailar y a cantar armando la marimorena.

En aquellos años estaba muy mal visto que una chica joven se dejara acompañar a su casa por un varón que acababa de conocer. Cuando Isabel decide que ya es hora de poner punto final a la juerga nocturna, advierte que Carmen ha desaparecido con Fernando Baviera. Julio le dice que él se encarga de dejarla sana y salva en su domicilio.

—Si quieres, te llevo.

—Bueno, pero también tienes que acompañar a mis amigas.

Maldita la gracia que le hacía al cantante convertirse en chófer de un grupo de pánfilas señoritas de la buena sociedad, pero las reglas del juego eran esas y no tenía más remedio que aceptarlas. Aún le quedaba un último cartucho por quemar, que consistía en dejar primero a las amigas y por último a ella.

Cuando enfilaban el paseo de la Castellana, la que con los años llegaría a convertirse en la reina del baldosín le dice con voz angelical:

—Como pilla de camino, gira a la derecha y me dejas a mí la primera.

Su gozo en un pozo. Estaba visto que no era su día, mejor dicho, su noche. Mientras la acompañaba al portal y batía palmas para avisar al sereno —cuarenta años atrás solo los padres de familia y los varones mayores de edad tenían llavín del portal—, el cantante le pidió el teléfono. Isabelita, que ya dominaba las artes de seducir y buscaba, quizá inconscientemente, «jugar» con el incipiente ídolo, no se lo dio. La verdad es que tampoco estaba demasiado interesada en el desmañado caballero. Otra cosa hubiera sido si a la bella oriental Julito le hubiese hecho «tilín», pero como no era el caso le dio las gracias por su gentileza y le dijo adiós.

—¿Nos vemos otro día?

—No creo, porque me marcho a Filipinas.

No era verdad, pero la joven se dio cuenta de que esa era la única forma de que la dejase en paz. Las amigas seguían en el coche e, impacientes, tocaban el claxon.

—Julio, no seas paliza. Deja a Isabel y llévanos a casa.

Antes de convertirse en «periodista» aguerrida y entrevistadora de lujo, Isabel Preysler, ya marquesa de Griñón, contaba en 1981 en la revista *¡Hola!* este encuentro con el hombre que más tarde se convertiría en su marido. En esas pseudomemorias, donde recogía solamente la parte bonita de su vida, Isabelita relataba a sus incondicionales lectores: «Cuando me presentaron a Julio me pareció un chico simpático, educado y con aspecto muy agradable, aunque en aquella época no era tan guapo como ahora».

Sin decirlo claramente, la sutil escritora dejaba entrever que en el primer encuentro Superjulio no la había impresionado lo más mínimo. Julio, en cambio, estaba empezando a perder la cabeza por la espléndida chavala. Consiguió el número, mejor dicho, lo encontró en el listín telefónico. «Alguien, no recuerdo quién, me dio su segundo apellido. Como un loco me puse a buscarlo en la guía, pero no lo encontré. El número estaba puesto a nombre de su tío. Así que me dediqué a telefonear a todos los inquilinos de Castellana 151. En uno, al fin, me dijeron que efectivamente la señorita Isabel Preysler vivía allí. Me dio mucha vergüenza y colgué».

Julio vuelve a Londres, donde estaba grabando su segundo elepé. Desde allí decide llamar a Isabel e impresionarla un poco.

En aquellos años no había aún centralitas automáticas y todas las llamadas desde el exterior a España debían pasar por operadora; «larga distancia», se denominaban.

—Isabel, soy Julio, te llamo desde Londres.

—¡Hola!, me alegro de oírte.

A pesar de que habían pasado escasamente tres semanas desde la fiesta de los Terry, Isabel y Julio estuvieron hablando media hora. Al cantante la llamada le salió por un pico, pero lo dio por bien empleado pues, al fin, había conseguido una promesa de la joven para verse los dos solitos y sin carabinas cuando él regresara de la capital de Inglaterra.

El día D a la hora H el cantante pasó a recogerla. No subió al piso porque por el momento solo eran dos amigos que empezaban a conocerse. En casa de tía Tessy y tío Miguel, el servicio andaba revolucionado porque las tatas filipinas eran enfervorizadas fans de Julio Iglesias, no así su «señorita», que se decantaba por la música anglosajona y norteamericana tipo Beatles, Diana Ross… La verdad sea dicha, ni antes ni después de casada, la señora de Iglesias demostró interés por los temas musicales de Julio, aunque, con el tiempo, se convirtió en una crítica excepcional; así lo corrobora Toncho Navas, exjugador de baloncesto del Real Madrid y secretario personal del ídolo durante muchísimos años: «Crítica directa, diría yo. Normalmente, si habla con Julito sobre los hijos, comentan los discos. Puedo asegurar, porque lo he vivido muy de cerca, que se agarra unos cabreos importantes si ella le dice que no le gustan algunos de sus temas».

Pero aún estamos en la primera cita de Julio e Isabel, que solo tiene diecinueve años y unas ganas inmensas de pasarlo bien. Tía Tessy no dio importancia a esta salida de su sobrina, estaba acostumbrada a las pasiones que esta suscitaba. Sin ir más lejos, un sobrino de unos amigos, los embajadores filipinos, estaba «coladito» por Isabel y demostraba su encandilamiento con continuos ramos y centros de flores que Isabelita desdeñaba olímpicamente.

Ya era mediados de junio y, como hacía mucho calor, Isabel eligió para la ocasión un trajecito de piqué suelto, acabado en ondas, con estampado de flores en tonos azules, comprado en Fancy, de la calle Serrano. Dio un beso a sus tíos, cogió el bolso y bajó a encontrarse con el cantante.

—No vuelvas tarde, mi amor —le recomendó su tía mecánicamente, más por costumbre que por interés real.

Desde la terraza, el servicio miraba embobado al nuevo *partenaire* de su señorita. No se habían atrevido a decirle que les trajese un autógrafo del ídolo; la «señorita» Isabel era un tanto especial y a lo mejor se enfadaba con ellas, mejor era dejarlo.

La pareja se dirigió directamente hacia el cine Carlos III, en la calle Goya, número 5, donde Juan Pardo, ya separado de Junior, daba un recital. Precisamente una íntima amiga filipina de Isabel, la modelo Pearlie Arcache, se casó más tarde con un hermano de Junior.

Después del concierto los dos amigos o, mejor dicho, la amiga y el enamorado, porque ya Julito bebía los vientos por ella, deciden reponer fuerzas en California 47, una cafetería del barrio de Salamanca que estaba de moda entre el «pijerío» nacional y donde se tomaban las mejores tortitas con nata de todo Madrid.

Después de que Julio saludase a unos conocidos se sentaron en un rincón.

—¿Qué vas a tomar?

—Un sándwich de jamón y queso y un batido de fresa.

—Pero ¡eso es muy poco! ¿No te apetece un plato combinado? Aquí los hacen estupendamente.

Con el trato, Julito se daría cuenta de que Isabel comía, y come, como un pajarito. Salvo las pastas y los arroces, cocinados al estilo filipino, que le gustan mucho, y los dulces en todas sus variantes, Isabel no es nada exquisita en cuestiones gastronómicas.

Cuando terminaron, y por iniciativa de Julio Iglesias, dieron un paseo hasta acabar en Gitanillos, una discoteca que regentaba Carlos Goyanes, novio de Marisol. Se encontraban allí algunos amigos de Isabel, que se quedaron un tanto sorprendidos al verla en compañía del cantante de moda. La seductora filipina no había contado nada a sus amigos porque, para ella, el asunto con Julio no era nada serio.

—¡Hija!, así que ahora te ha dado por Julito.

—Qué va, no seas tonta. El pobre ha insistido tanto que no he tenido más remedio que decirle que sí. La verdad es que es muy gracioso y tiene unos golpes divertidísimos.

Isabel, que siempre ha tenido unas «amigas» estupendas, recibe el aviso de una de ellas:

—Oye, me imagino que sabrás que cuando va a Londres vive con una chica inglesa.

—Claro que lo sé, me lo ha contado él mismo.

—No te enfades. Te lo digo porque los tíos tienen mucha cara.

La princesa de porcelana, que con el tiempo lo sería de Porcelanosa, intuía, con ese sexto sentido oriental, que el muchacho que esa tarde la había sacado a pasear se estaba enamorando de ella.

Después de esa primera salida, hubo muchas más, hasta que llegaron a ser diarias, siempre que el trabajo profesional del cantante lo permitía. Hablaban continuamente por teléfono; tanto es así que tía Tessy empezó a vislumbrar que la amistad entre los dos jóvenes era ya una relación bastante seria. Ignoraba que al tercer día Julito ya se le había declarado a su sobrina. La futura «periodista» lo narraba así en la revista ¡Hola!: «Recuerdo perfectamente sus palabras. Me dijo: "Esto no es una declaración y no pienses que te lo estoy pidiendo, pero quiero decirte que eres la mujer perfecta que hubiera imaginado yo para casarme"».

El verano tórrido y calurosísimo de Madrid interrumpe momentáneamente la relación de los dos tortolitos. Isabel no vuelve a Manila, entre otras cosas porque ya se ha percatado de que en su país natal no tiene nada que hacer. En Madrid, gracias a sus nuevos amigos y a los tíos ricos que la han introducido en los mejores ambientes, Isabelita ha conseguido colocarse en los primeros lugares del escalafón social. En Manila, lo sabe muy bien, su futuro no sería tan brillante como en España. Tal vez consiguiera «pillar» a un marido millonario, pero dada la fama que le habían «colgado» sus «íntimas» orientales, lo más seguro es que tendría que contentarse con un hombre del mismo talante anodino que su progenitor. En estas divagaciones estaba cuando su tía Tessy le comunica que ya es hora de marcharse de vacaciones.

—Isabel, cariño, vete preparando el equipaje, que nos vamos a Málaga.

—Tía, pero si aún quedan muchos amigos en Madrid —implora la sobrina, intentando retrasar el viaje.

—Querida, ya sabes que al tío le sienta muy mal tanto calor.

A Isabel no le apetece nada encerrarse en Guadalmar, un barrio costero no muy lejos de una Marbella que empezaba a despuntar, pero que aún no había alcanzado sus años gloriosos como destino de la jet internacional. Sus amigas, además, veraneaban en el norte, que era mucho más chic y elegante. San Sebastián —a nadie se le ocurría llamarla Donosti, so pena de acabar con sus huesos en la cárcel—, con su playa de Ondarreta y el monte Igueldo, era, junto con Fuenterrabía, Zarauz, Laredo y Comillas, lugar preferido de la gente bien de Madrid. Carmencita Martínez Bordiú, que por supuesto no invitaba a su amiga ni a pasar tan siquiera un fin de semana, veraneaba rodeada de su familia y de toda la corte del Pardo, primero en el pazo coruñés de Meirás, para finalizar en el palacio de Ayete, de San Sebastián. Julio Iglesias tenía comprometido con galas todo el verano y se tira de los pelos cuando su «amor» le comunica la mala noticia.

—Bueno, chiquitaja, ya veremos cómo lo arreglamos. Desde luego no estoy dispuesto a que te olvides de mí tan fácilmente.

El cantante se escapaba siempre que podía al pueblecito pesquero. Los tíos de Isabel, viendo que la cosa ya iba totalmente en serio, deciden hablar con su sobrina. Al fin y al cabo, los padres de Isabel se la habían encomendado y no querían, sobre todo tía Tessy, que Isabel cometiese ninguna tontería. Según cuentan narradores de la «historia no oficial», Isabelita se comprometió físicamente antes de tiempo. No ese verano, pero sí tres meses después, en diciembre, cuando en Madrid hacía un frío que pelaba.

Isabelita y Julio se dieron calor mutuamente sin darse cuenta de que la cigüeña acecha en todas partes.

Esos meses anteriores al gran día, es decir, a la boda, Julio Iglesias había iniciado su periplo americano. Desde Puerto Rico, México, Chile o Argentina, llama poco menos que a diario a Isabel. En una de estas conferencias ella le comunica la «buena noticia» y el cantante se queda helado. En sus cálculos no entraba el comprometerse tan rápidamente.

Los «íntimos» de Julio de aquella época se quedan de piedra cuando se enteran, a través de Enrique Herrero, un hombre dedicado en cuerpo y alma al *show business*, que el incipiente ídolo piensa pasar por la vicaría.

—Enrique, ¿te acuerdas de la chica con la que estoy saliendo?

—Sí, claro, la filipina, ¿no?

—Sí, pues está embarazada.

—Oye, ¿no pensarás casarte?

—Mira, Enrique, la verdad es que no me esperaba esta noticia, pero estoy enamoradísimo de ella.

—Tú verás, es tu vida.

Cuando el cantante vuelve a España, la noticia de la boda prácticamente no la conoce nadie. El siguiente en enterarse es su gran amigo Toncho Navas, miembro del equipo de baloncesto del Real Madrid, como ya hemos señalado, y durante muchos años secretario personal del cantante. Los dos jóvenes han sido invitados a Cádiz para formar parte del jurado de Miss España, el mismo año en que Noelia Alfonso se alzó con el cetro de Miss Europa. Mientras la pareja espera a que aparezcan las más bellas por la pasarela, Julio Iglesias le confiesa a su gran amigo:

—Toncho, te voy a decir una cosa que aún no la sabe prácticamente nadie. Sé discreto porque ni tan siquiera se lo he dicho a mi familia. Me caso.

—¿Cómo dices?

—Que sí, que me caso.

El jugador de baloncesto no entendía nada y pensaba que era otra de las *boutades* de su amigo. Julio era muy enamoradizo, pero nunca había llegado tan lejos con sus aventuras sentimentales.

—¿Y con quién te casas, si se puede saber?

—Con Isabel.

La rapidez de la boda sorprendió a propios y extraños, pero no a doña Charo de la Cueva, madre de Julito, que pronto intuyó, según afirman amistades de aquella época, que el urgentísimo enlace se debía a que la cigüeña ya estaba en camino. Un conocido de la pareja sostiene:

—Ahora un «bombito» no importa nada, pero en aquellos años sí, y muchas «niñas bien» se casaban por el famoso «sindicato de las prisas».

El drama en la casa de Julio fue tremendo. Doña Charo llorando y rezando por las esquinas; el doctor Iglesias, con menor dramatismo que su mujer —otra cosa hubiera sido si en vez de primogénito hubiera sido primogénita la que le hiciese abuelo—, intentando buscar salidas que no había, pues Julio estaba dispuesto a casarse con su «chiquitaja» del alma; así la llamó hasta que se separaron.

En Manila, papá Carlos y mamá Betty ya estaban al corriente de la situación. Tessy Arrastia telefoneó a su hermana y le dijo quién era el futuro hijo político.

—Es un chico de buena familia. Su padre es médico y su madre muy religiosa. Le queda una asignatura para licenciarse en Derecho y ha estudiado en Inglaterra.

—Pero ¿no es cantante? —inquiere preocupada mamá Betty, que por supuesto detesta que su bella porcelana se vaya a desposar con un artista, ella que deseaba con toda el alma que su Isabelita hiciera una buena boda.

«¡Un aristócrata español sí que hubiera sido un excelente partido!», pensaba la señora Preysler mientras escuchaba las historietas de su hermana. No imaginaba que con los años este deseo suyo se haría realidad, que su dulce flor oriental se convertiría en marquesa de Griñón. Tía Tessy le explicó a su hermana que, efectivamente, Julio era en ese momento un cantante de moda, pero que no pensaba seguir en la profesión toda la vida.

—Son locuras de juventud. Julio le ha dicho a Isabel que dentro de dos años se retira, que montará un despacho para ejercer la abogacía. No te preocupes, Betty, que la canción es algo pasajero.

A los dos años de su llegada a Madrid procedente de Manila, Isabel se casaba, el 20 de enero de 1971, un mes y dos días antes de cumplir los veintiún años. La boda, igual que la vida posterior de la reina del baldosín, estuvo rodeada de gran publicidad. En esta ocasión por la popularidad del novio.

Ocho meses después del primer encuentro en la fiesta de los Terry, Isabel y Julio se unían ante Dios y ante los hombres en el complejo hotelero, con capilla incluida, que el restaurador José Luis poseía en el pueblo toledano de Illescas. El lugar estuvo de moda entre el artisteo durante varios años. Allí también contraerían matrimonio Massiel y el doctor Recatero, y Manolo Santana con Mila Ximénez. Con el tiempo las tres parejas se fueron al traste. De nada valieron las promesas de amor eterno que allí se juraron, y lo que Dios ató en Illescas lo desató el tiempo y el aburrimiento.

Las semanas anteriores a la boda fueron una verdadera locura para Isabel, que no daba abasto con tanto preparativo. El traje nupcial, regalo del novio, como es costumbre en las familias bien, fue obra del modisto Pedro Rodríguez. Su compañera de pandilla, Carmencita Martínez Bordiú, que por cierto no asistió al bodorrio, al igual que muchas de las supuestas «íntimas», fue quien la recomendó al gran costurero. Si no hubiera sido por ella, la novia se habría tenido que conformar con un traje hecho en serie. En la ceremonia y en el festejo nupcial no hay caras conocidas: esa noche el desaparecido diario *Pueblo* entregaba en Madrid, en el transcurso de una fiesta multitudinaria, los galardones a los «Populares» de ese año; la jet set, que les admite en sus salones como simples «estrellas» invitadas, no está presente. Aparecen algunos astros del deporte, como Toncho Navas o Pedro de Felipe; los periodistas Matías Prats y Jesús Álvarez, séniors —sus famosos hijos aún llevaban pantalón corto—; el presidente del Real Madrid, donde Julio había jugado en los juveniles, Santiago

Bernabéu, y pare usted de contar. Eso sí, un centenar de fotógrafos y cronistas, y miles de admiradoras del futuro Superjulio, cuyo club de fans fletó varios autobuses para estar junto a su ídolo el día más feliz de su vida. De la familia de la novia solo estuvieron mamá Betty, tía Tessy y tío Miguel, y la rama pobre de los Preysler que vivía en España, representada por el tío José María y sus hijos Mari Carmen, Fausto, María León y María Elena. La ausencia de papá Carlos sorprendió a los invitados. La explicación oficial dada por la familia era que Carlos Preysler se encontraba delicado de salud y que el viaje Manila-Madrid, tan largo y con tantas escalas, podía perjudicarle. Las malas lenguas afirmaron, en cambio, que los progenitores de la dulce contrayente podían costear solo un billete de avión.

La novia, blanca y radiante, llegó al altar de la mano de su tío y padrino José María Preysler, hermano mayor de su padre, mientras se escuchaba la consabida marcha nupcial. A Isabelita le habría gustado que una escolanía de voces blancas cantara en la ceremonia, pero tuvo que conformarse con voces grabadas previamente en un magnetófono. En el altar, Julio Iglesias y su madre, Charo de la Cueva, que ejercía de madrina —bastante a disgusto, por cierto—, esperaban la llegada de la novia. A la que iba a convertirse en suegra de la bella filipina no le hizo nunca gracia esta boda, y así lo aseguraban antiguas amistades del cantante: «A Charo nunca le agradó Isabel. Mientras duró el matrimonio no tuvo más remedio que aguantarse y poner buena cara, pero realmente nunca fue santo de su devoción. Charo siempre ha sido una persona muy especial, muy conservadora, muy religiosa. Eso de que su hijo mayor se tuviera que casar porque había un proyecto de bebé le descolocó los esquemas. Además, Isabel, aunque por supuesto nunca sería capaz de reconocerlo, intentó apartar a Julio de su familia y de sus amigos. Julio nunca ha querido hablar de este tema, pero los amigos del colegio desaparecimos todos. Isabel le apartó de su vida anterior».

Con esa sutileza que posee para trastocar las situaciones según su conveniencia, Isabelita afirmaba en sus memorias todo lo contrario: «Conocí poco a sus amigos, más bien salía él con los míos».

Muchísimos años después y ya casada con Miguel Boyer, al que política y socialmente se le había crucificado por estar junto a ella, la emperatriz del azulejo comentaba, en una reunión femenina en su casa de Arga 1, los remordimientos que perseguían al exministro de Economía: «El pobre Miguel está hecho polvo con las mentiras que la prensa se inventa sobre mí. Hace unos días, mientras estábamos cenando me dijo: "Isabel, no te preocupes. Ya sé el daño que te están haciendo, pero es el precio que tienes que pagar por haberte casado conmigo"».

Estos dos ejemplos son un botón de muestra del poder innato de seducción que siempre ha tenido Isabelita, consiguiendo incluso que lo negro se vuelva blanco si ese es su deseo. Pero ese 20 de enero todo era felicidad. Ningún adivino, de esos que tanto proliferaron después, vaticinaba nubarrones en el horizonte, sino todo lo contrario. Años y años de felicidad rubricados por la bendición del sacerdote don José Aguilera, el mismo que había casado años atrás al inseparable amigo de Julio, Alfredo Fraile.

La cena, precedida de un cóctel —todo ello pagado por el doctor Iglesias— y servida por el gran restaurador José Luis, fue elegida personalmente por Julio y su dulce novia. El menú, para más de doscientos invitados, se compuso de una crema de langosta, lenguado a las dos salsas, tournedó a la trufa con champiñones y, de postre, en vez de flan Dhul, como en el anuncio, una tarta de varios pisos que los recién casados cortaron mano sobre mano. Todo muy fino, elegante a la par que discreto. La fiesta duró hasta mucho después de que los novios se trasladaran al hostal del Almirante, en Medina de Rioseco, donde pasaron su primera noche de amor, mejor dicho, su segundo encuentro «nupcial». El primero había sido el causante de que la futura Chábeli ya estuviera en camino.

Dos días después la pareja se pierde en Canarias para disfrutar su luna de miel. En aquellos años, bañarse en pleno invierno era el no va más. Los paraísos perdidos tipo Isla Mauricio, Seychelles o las playas del Caribe —ahí pasaría Isabelita su luna de miel siendo marquesa de Griñón—, no existían aún en las agencias de viajes.

En la playa de Maspalomas, al sur de Gran Canaria, los enamorados se juran amor eterno e Isabel, con su maravilloso encanto personal, no consigue arrancarle a su marido la promesa que desencadenaría una batalla —la única— perdida desde el principio por la bella filipina y que acabaría con el matrimonio.

—Cariño, lo que más desearía es que dejaras de cantar.

—Chiquitaja, ya hemos hablado muchas veces de ese tema. No te preocupes ahora de esas cosas. Tenemos toda la vida por delante y ya habrá tiempo de tomar decisiones. Ahora estoy en un buen momento y gano bastante dinero.

—Cuando empezamos a salir en serio también me dijiste lo mismo.

—Isabel, vamos a dejar el tema porque, al final, siempre acabamos cabreados.

La luna de miel dura una semana. Isabel y Julio, que se alojan en la misma habitación que en su día ocupara Neil Armstrong, el primer hombre que pisó la Luna, disfrutan de su particular universo. Baños en la piscina, paseos al atardecer por la inmensa playa de Maspalomas y cenas románticas a la luz de un farolillo mientras la orquesta interpreta *Strangers in the Night*. Aunque el cantante ya era bastante popular y tenía numerosos admiradores de ambos sexos, aún no se utilizaban sus canciones, como ocurre actualmente, como música de fondo. La luna de miel le sirve también al incipiente ídolo para nutrir su inspiración, según declararía años después en sus memorias.

Como el álamo al camino es la primera canción que compone soñando exclusivamente con su amada porcelana. Pienso —es una apreciación totalmente subjetiva— que si Julio Iglesias se hubiera dedicado a vaticinar el porvenir, habría tenido un éxito espectacular. La letra de la sentimentaloide canción termina con una estrofa en la que el enamorado compositor le confiesa a Isabelita:

Y aunque sé que te he perdido,
que ya nunca te tendré,
en mi alma guardo un sitio
por si tú quieres volver.

Cuando regresan cargados de regalos para todos, como si fueran los Reyes Magos, en Madrid hace un frío de mil demonios. Los recién casados se instalan en un piso alquilado en la calle Profesor Waksman, a un tiro de piedra del domicilio de soltera de Isabel y a cien metros escasos del estadio Santiago Bernabéu. En este mismo estadio cantó muchos años después un Julio convertido ya en ídolo de masas ante un público entregado y emocionado. Isabelita, ya era marquesa de Griñón, no acudió, pero sí lo hicieron Chábeli, Julio José, Enrique más Tamarita y la jet doméstica representada por las «marisas», «carys» y «beatrices». El pisito no era nada del otro mundo comparado con los palacios y las mansiones de sus amigas, pero recibía mucho sol y estaba muy bien situado. Isabel Preysler, que siempre ha sido como una esponja, capaz de empaparse de todo lo bueno que la rodeaba, decora el nidito con gusto y estilo. De algo tenían que servir las enseñanzas de sus buenas amigas de la alta sociedad.

Los días pasan y la feliz pareja entretiene el poco tiempo que le queda libre al cantante con cenas familiares y salidas esporádicas con amistades de Isabel, por supuesto... En una de estas cenas de matrimonios, la filipina vuelve a coincidir con Carlos Falcó, separado hacía escasamente un año de Jeannine Girod, que acude a la fiesta más solo que la una. La anfitriona los presenta:

—Carlos, quiero que conozcas a Isabel, la mujer de Julio Iglesias.

—Chichina, guapa, ya nos conocemos.

—Sí, en la fiesta que dieron hace un año los Valdenebro.

—¡Menuda memoria tenéis los dos! Bueno, os dejo, que tengo que ocuparme de los demás invitados.

El marqués y su futura consorte volverían a coincidir en diversos lugares, pero ninguno de los dos demostró, en aquellos primeros encuentros sociales, la más mínima atracción. Con Miguel Boyer, en cambio, sucedió todo lo contrario. La primera vez que se vieron en casa de Mona Jiménez, en mayo del 82, Isabel se quedó totalmente embelesada ante la personalidad del futuro ministro, aunque no se liarían oficialmente la manta a la cabeza hasta tres años después. También se cuenta que la atracción por Mario Vargas Llosa fue asimismo instantánea.

Volviendo a nuestra historia, esta primera época se convierte en una prueba para el orgullo y el amor propio de Isabel Preysler Arrastia. Ha pasado de ser una desconocida que se movía como pez en el agua en la alta sociedad a ser simplemente la «esposa del cantante». Y esto no la complace. Como tampoco el que cada vez que les invitan a una fiesta los anfitriones, invariablemente, terminan pidiendo:

—Julio, cántanos algo.

Y Julio toma la guitarra y canta porque le gusta y porque le conviene, mientras a Isabel se le cambia la cara. Muchas de las peleas conyugales, en los primeros meses de matrimonio, se iniciaron precisamente por esta cuestión:

—Chiquitaja, ponte muy guapa que hoy tenemos fiesta.

Indignada, pero sin perder la compostura, porque ella, pase lo que pase o caiga quien caiga, nunca parece perder los estribos, responde:

—¿Cuándo te darás cuenta de que te invitan para que les diviertas gratis?

—Eso son historias tuyas. El embarazo te está volviendo muy maniática.

—Me saca de quicio que siempre tengas que cantar. Y cuando invitan a un médico, ¿por qué no le piden que opere?, ¿por qué no sueltan un toro en el salón cuando convidan a un torero?

—Si te vas a poner así, no vamos. A mí me da igual... son tus amigos, no los míos. Ya deberías saber que a mí ese ambiente de cursis no me interesa nada.

Isabel, bella y reluciente, acompañaba a su amo y señor a los *happening* de Madrid y colocaba la mejor de sus sonrisas cuando alguien le sugería al cantante que les amenizase la velada, porque siempre ha sido una actriz magnífica. Lo que no sabían los invitados ni los anfitriones es que la esplendorosa porcelana iba archivando en su memoria todos estos desplantes hasta que al cabo de los años consiguió ser la mujer más fotografiada y asediada del panorama nacional. Por otra parte, los amigos de Julio de aquellos años aseguran que Isabel Preysler cambió radicalmente a partir de su boda.

«Es como si ya tuviera el pasaporte, la garantía de la seguridad. Se sintió señora, gran dama y empezó con sus sutiles desplantes. Por ejemplo, Isabel criticaba siempre que podía a su cuñada Mamen, la mujer de Carlos Iglesias, porque la consideraba de menor categoría».

Esta misma persona relata que un día Isabel le hizo esperar en el recibidor de la vivienda, en vez de pasarle al salón, mientras llegaba el cantante.

«Julio y yo hemos sido íntimos toda la vida, pero cuando se casó con Isabelita las cosas cambiaron. Un día que fui a buscarle a Profesor Waksman, me abrió la chacha filipina que tenían y me dijo que el señor no estaba y que la señora estaba descansando, que esperase en el recibidor».

Cuando aparece Julio y ve a su amigo como si fuera un simple proveedor, le pregunta extrañado:

—¿Qué haces aquí? ¿Por qué no has pasado al cuarto de estar?

—La filipina me ha dicho que me quedase en el recibidor, que ella cumple órdenes de la señora.

El amigo de Julio recuerda que el cantante llamó a Isabel y le montó un número tremendo.

«Le dijo que quién se creía que era, que ya estaba harto de tanta tontería».

También es cierto, asegura una de estas amistades, que «Isabelita ahora no se habría comportado así. Era muy jovencita y con poca experiencia. Pretendía que el universo de Julio se centrase en ella y no se daba cuenta, mejor dicho, no quiso percatarse, del gran error que cometía. Para Julio lo más importante en aquellos años, igual que ahora, era su carrera artística».

Más tarde, cuando ya la separación matrimonial era un hecho, Julio Iglesias confesaba a todo aquel que le quisiera escuchar los problemas que tenía con su media naranja: «A Isabel no le gusta lo que hago. No se interesa por mi vida, aunque como mujer oriental, como de porcelana, nunca saca a relucir lo que siente. Esta manera de ser forma parte de algo muy profundo que hay en ella, y que es su raza, su geografía. Aunque Isabel viva en Occidente no se puede olvidar que ha nacido, ha comido y se ha criado en Oriente… Se quiera o no es otra mentalidad».

En lo sustancial, el cambio de Isabel no fue tan espectacular como los amigos de Julio quieren presentarlo.

«Siempre ha sido una mujer enigmática, que no se sabe lo que le ocurre hasta dos meses después. Se le puede hacer una faena sin darse uno cuenta y enterarte al cabo del tiempo de que le ha dolido mucho. Lo cual vuelve loco a cualquiera. De pronto no entiendes el porqué de una mala cara o un mal gesto».

Sus amigas actuales también aseguran que ella disimula muy bien. Siempre es encantadora, agradable, pero nunca se sabe lo que está pensando. Puede saludar con una sonrisa y por dentro acordarse de la familia del que tiene delante. Los que la conocen bien afirman que Isabel nunca demuestra su enfado abiertamente.

«No se cabrea, se calla. Lo suyo son los silencios. Yo lo llamo "genio filipino" —comenta alguien que coincide absolutamente en este sentido con Carmen Martínez Bordiú—. Encuentro que Isabel tiene una filosofía diferente a la nuestra. Yo soy muy latina, muy apasionada; ella, en cambio, es apacible, transmite tranquilidad, pero ¡ojo! con ella: si dice "Bueno, perfecto", entonces es que va a explotar y a romperse el mundo».

Julio Iglesias no se quedaba atrás a la hora de definir el carácter de su dulce esposa:

«Frente a mi vehemencia hispánica, Isabel colocaba su pragmatismo oriental. A una voz mía contraponía siempre el silencio. Y eso era algo que me amargaba aún más. La falta de discusión, de diálogo hace que dos personas, por mucho que se quieran, acaben por no tener nada en común».

Pero incluso en los momentos críticos Isabel es capaz de aguantar el tipo, no grita ni rompe cosas, ni se le ocurre dar un portazo. Se encierra en su habitación y hasta que no se ha tranquilizado no vuelve a aparecer. Dicen las malas lenguas que en esas situaciones de gran tensión Isabel se prepara un brebaje de hierbas orientales, una especie de fórmula magistral inventada por mamá Betty, que la deja como nueva.

Mientras la pareja espera el nacimiento de Chábeli, Isabel acompaña a Julio prácticamente a todas las giras. Tras el éxito de *Gwendolyne*, que batió récords de ventas, el cantante y su gran amigo y mánager Alfredo Fraile deciden dar el salto y cruzar el charco rumbo a México. La aventura americana le costaría a Julio su matrimonio, pero por entonces, mediados de 1971, el cantante y su *troupe,* solo piensan en triunfar.

—Isabelita, nos vamos todos a México.

—¿Cómo que nos vamos?

—Sí, lo he hablado con Alfredo. Si me quedo aquí en España, nunca conseguiré nada.

—Pero ¡tienes galas contratadas! No pretenderás que nos vayamos de aventura.

—Tú déjame a mí, chiquitaja. Lo único que necesito es que estés a mi lado.

—¿Y cuándo piensas dejar de cantar y ejercer de abogado?

—Isabel, ese tema me aburre. Creo que ya lo hemos hablado lo suficiente.

Durante los primeros meses del matrimonio, incluso después del nacimiento de Chábeli, Isabelita aún se creía capaz de cambiar el futuro de Superjulio. Después se dio cuenta de que era un esfuerzo vano y entonces se dedicó en cuerpo y alma a ejercer de Isabel Preysler Arrastia.

Las primeras giras por Latinoamérica fueron un suplicio. Alfredo Fraile, fallecido en 2021 a causa del covid, las recuerda con horror.

«Éramos, sencillamente, emigrantes, las pasamos putas. Una época durísima, porque íbamos cantando de pueblo en pueblo, ganándonos al público de butaca en butaca. Furgonetas y autobuses decrépitos, hoteles y pensiones de mala muerte. Comíamos muchas veces un bocadillo en todo el día, estábamos sin un duro».

Isabelita, con su filosofía de silenciar el sufrimiento, no se quejaba a pesar de su «bombito» de cinco meses. La turné no era precisamente lo más indicado para una embarazada primeriza. Alfredo Fraile siempre ha defendido contra viento y marea a la excónyuge de su amigo:

«Esa mujer, a la que todos tienen por frívola y superficial, fue la perfecta compañera de Julio en los tiempos duros. Una mujer de cuerpo entero, fuerte y valiente. La recuerdo embarazada de Chábeli, con un calor sofocante que tumbaba de espaldas, con aquella altura que hay en México que se te pone el corazón en la boca, recorriendo desiertos en un autobús desvencijado, apenas con dinero para instalarnos en un motel decente. Y teniéndose que volver a España ella y María Eugenia, mi mujer, porque al final no podíamos ni coger dos habitaciones. Julio y yo teníamos que compartir el mismo cuarto. Isabel siempre risueña, nunca ponía mala cara, sin una queja».

Como relata Alfredo Fraile, Isabel no tiene más remedio que volver. Quedaban pocas semanas para que empezara el verano y Julio, que había firmado numerosas galas en España, pronto se reencuentra con su amor, y le promete estar a su lado el día del alumbramiento de su primer hijo.

La llegada de Chábeli, el 3 de septiembre de 1971, le pilla a Isabel de sorpresa en Cascaes. Las malas lenguas, que siempre están dispuestas, se desataron. Se dijo que Isabel Preysler se había trasladado a la ciudad portuguesa para dar a luz y evitar así los comentarios traicioneros. No era fácil colar un recién nacido de cuarenta semanas y tres kilos trescientos gramos de peso, como Chábeli, por un «ochomesino». De hecho, Chabelita, que siempre ha sido muy indiscreta, mantenía el verano del 89, en Marbella, el siguiente diálogo con un grupo de amigos, entre los que se encontraban los dueños de Archy.

—Mañana es tu cumpleaños. ¿Vas a hacer algo especial?

—Me imagino que sí, porque además hay que dar oficialidad.

—¿Cómo oficialidad?

—Sí, porque mi cumpleaños es antes, pero como a mami no le salen las cuentas hay que celebrarlo ahora.

Desconozco si se trataba solo de una broma de la primogénita. Isabelita, Julio y Chabelita son los únicos que conocen el secreto.

El cantante estaba actuando en Albacete y se traslada urgentemente al Hospital de Nuestra Señora, en Cascaes. En esta ocasión no hay reproches a pesar de que Julio tarda dos días en llegar y solo se puede quedar media hora en el hospital. Isabel, exultante con su niña, que además es clavadita a ella, se dedica enteramente al cuidado del bebé. Los genes filipinos siempre han primado sobre los hispánicos: los cinco hijos de Isabel poseen muchos más rasgos físicos orientales que latinos.

El bautizo se celebra en Madrid, y los padrinos de la neófita María Isabel son Victoria Preysler Arrastia, hermana mayor de Isabel, y Carlos Iglesias. Un año y medio después, el 25 de febrero de 1973, viene al mundo el ansiado varón. Isabel Preysler tiene que esperar dos meses para poder bautizarlo. El cantante ha vuelto a Latinoamérica, donde tiene numerosos compromisos profesionales; promete en cada llamada telefónica que pronto volverá a casa. Este retraso fue motivo de una fuerte disputa entre los cónyuges.

—Julio, creo que ya está bien. Hemos retrasado dos veces el bautizo de Julio José.

—Isabel, estoy trabajando a un ritmo de locos. No estoy aquí por gusto y tú lo sabes.

—Pues entonces elige tú la fecha porque ya estoy harta de decirle a Marta [se refiere a Marta Oswald, madrina del niño] que se vuelve a aplazar el bautizo.

—Pues le dices lo que te dé la gana. Y si no le parece bien ya buscaré otra madrina que no ponga tantas pegas.

—Bueno, perfecto. Haz lo que quieras.

Isabel dio por terminada la conversación con su categórica frase. Poco a poco se iba llenando de rencor.

El 8 de marzo de 1972, un año antes de que naciese Julio José, su amiga Carmen Martínez Bordiú, que de íntima tenía poco en aquellos tiempos, se casaba con Alfonso de Borbón Dampierre, convertido tras su boda con la «nietísima» en duque de Cádiz. Este título otorgado a dedo por el general Franco levantó airadas protestas entre los monárquicos de siempre, que intentaron ver una maniobra para colocar como rey de España al desaparecido duque. A la boda, una emulación de *Sissi emperatriz*, no fue invitada Isabelita. La verdadera amistad entre las dos damas se inicia cuando los duques de Cádiz se instalan en Madrid, después de ejercer durante un tiempo de embajadores en Estocolmo, y no antes, como se ha dicho. Los dos matrimonios vivieron, hasta poco antes de que Carmen abandonara a su marido por el anticuario Jean-Marie Rossi, en el mismo edificio de la calle San Francisco de Sales. A la nieta del Generalísimo le regaló el piso la Diputación de Madrid, como obsequio de bodas. Carmen vivía en el cuarto y los señores Iglesias, en el quinto. El doctor Iglesias compró tres pisos, uno para él y para Charo, otro para Julio e Isabel y un tercero para Carlos, el hijo pequeño, y su mujer Mamen. El padre del cantante debió de pensar que la familia que vive unida permanece unida. Máxima acuñada en aquellos años del glorioso movimiento por el padre Patricio José Payton, inventor de los rosarios multitudinarios en el parque del Retiro. Precisamente esta vecindad familiar, y cuando la separación de su hijo era un hecho, permitió a doña Charo enterarse de las nuevas amistades de su nuera. El coche del marqués de Griñón aparecía con demasiada frecuencia en el garaje familiar. Incluso Charo de la Cueva pescó más de una vez a Isabelita despidiendo, en el garaje, a Carlos Falcó. En aquel momento, según se dijo, solo eran dos buenos amigos que compartían su soledad.

El 8 de mayo de 1975, con el nacimiento de Enrique Miguel,

el tercer vástago de la pareja, se termina el ciclo reproductor Iglesias-Preysler.

Isabel Preysler dejó de acompañar a Julio en sus galas. Durante unos años se convirtió en un ama de casa ejemplar que solo vivía por y para sus hijos. Su vida social se limitaba a reuniones familiares, alguna que otra merienda femenina en casa de su vecina, la duquesa de Cádiz, y a esperar pacientemente las llegadas de Superjulio, que, por otra parte, iban distanciándose cada vez más en el tiempo. Las llamadas desde el continente americano eran lo único que aún unía a esta pareja.

En la primavera de 1976, harta de sufrir en casa, le plantea a Julio que no está dispuesta a seguir así. Desde luego, la conversación transcurre con el océano de por medio.

—Julio, ya no puedo más. No soy ni soltera, ni casada, ni viuda. Creo que lo mejor para los dos es separarnos.

—Cariño, estos momentos son cruciales para mi carrera. Ten un poco de paciencia. En un año se arreglará todo.

Con su enorme poder de convicción, el ídolo consigue aplacar a su mujer y por el momento las aguas vuelven a su cauce. Un cauce al que solo le faltaba una gota para desbordarse.

A finales de junio de 1976, Isabel se traslada con su tribu al chalet malagueño de Guadalmar. El matrimonio, ejemplar de cara a la galería, es la envidia de todos; guapos, jóvenes y con tres niños preciosos, Julio e Isabel acuden ese verano a las fiestas que organiza la jet marbellí. Los duques de Cádiz, el marqués de Griñón —perseguido en aquella época por Cristina Onassis—, Mirta Miller y su novio —un joven que moriría años después en accidente de tráfico en la llamada «Milla de Oro»— eran también asiduos visitantes de la internacional Marbella. El tiempo se encargaría de trastocar a estas parejas; el desaparecido duque de Cádiz se unió a la actriz argentina, Carmencita a Jean-Marie Rossi, Isabel Preysler al marqués de Griñón y Julio a las tres mil mujeres que en su momento declaró haber amado.

El verano se acaba y las ausencias del cantante vuelven a ser interminables. Isabel, aleccionada por Carmen Martínez Bordiú, empieza a salir más asiduamente, con el desagrado del duque de Cádiz, que no ve con buenos ojos la intimidad de las dos mujeres.

«No me gusta nada que Carmen salga tanto —comentaba—. Isabel y ella se pasan el día fuera de casa. Siempre tiene una disculpa a mano: que si tienen que ir de compras, que si a la peluquería... Además, Isabel es una mujer a la que le encanta consumir».

Efectivamente, las dos damas acuden a las mejores tiendas de Madrid, donde adquieren todo aquello que les entra por los ojos. Una conocida diseñadora recuerda que a Isabel, en aquellos tiempos, le gustaba todo lo bueno, y por lo tanto, lo más caro.

«Isabel es una mujer que se gasta hasta el último duro. Es una consumista nata y no se contenta con imitaciones. A ella le gusta todo lo bueno. Desde buenísimas alfombras a los mejores muebles, pasando por diseños de firma, joyas, lencería de seda... Tiene buen gusto y ya se sabe que lo exclusivo siempre tiene un precio».

A los seis años de matrimonio, Isabelita rumia su soledad y empieza a pensar que el futuro que le espera como consorte del ídolo no le conviene en absoluto. Para más inri, las noticias que le llegan del otro lado del mar no son nada halagüeñas. Según se desprende de confidencias de Isabel, Julio coqueteaba descaradamente con cualquier fémina que se le pusiera a tiro. Las amistades menos finas lo expresaban así: «Julio se tiraba a quien le venía en gana».

El periodista Jaime Peñafiel, que mientras duró el matrimonio de su amigo Julio Iglesias defendió a capa y espada a la dulce porcelana, reconoció en varias ocasiones las aventuras extraconyugales del cantante.

«Yo la defendí durante una época porque fue una esposa y una madre ejemplar, y eso con una persona como Julio Iglesias, que le estaba poniendo los cuernos todos los días. Aguantó carros y carretas hasta que se cansó. Luego yo me puse de parte de Julio porque era mi amigo y porque ella siempre supo que se casaba con un cantante famoso, con un donjuán. Para él las relaciones extramatrimoniales no tenían mayor importancia».

Salidas, entradas, cócteles y fiestas empezaron a llenar la agenda de la bella filipina, la famosa agenda en la que anota hasta el más mínimo detalle y que alguien, a finales de los años ochenta, encontró extraviada en el asiento de un avión e intentó vender a un semanario.

—Oiga, tengo la libreta de Isabel Preysler con anotaciones personales suyas en inglés y castellano.

—¿Y cómo sabe que es de Isabel?

—Porque viene su nombre, pero no le voy a dar más información. Quiero un millón de pesetas.

El entonces director de *La revista*, Jaime Peñafiel, mandó al mercenario con viento fresco. Nunca más se supo de la famosa agenda personal de la bella.

Cuando Enrique cumple tres años, el matrimonio de sus padres va a la deriva. Julio, anteponiendo su vida artística a todo lo demás, no se percata de lo que ocurre en la mente de su mujer. Cada vez pasa más tiempo fuera de España y la relación marital se enfría.

Los amigos del cantante, que como es natural siempre barren para casa, aseguran que «si Isabelita se hubiera instalado con sus hijos cerca de Julio, el matrimonio no se habría roto». El ídolo, que ya tenía dominado el mercado hispano, sabe que para introducirse de verdad en la discografía anglosajona necesita aposentar sus reales cerca de las grandes multinacionales del disco. Aunque con los años acabaría en Miami, primero se instala en San Juan de Puerto Rico, y al ver que el ascenso profesional no es tan rápido como había pensado, compra una casa en California. Un chalet que en un principio debía albergar a Isabelita y a los retoños. En una de las numerosas llamadas, Julio le transmite la buena nueva:

—Isabel, he comprado una casa estupenda para que os vengáis a vivir aquí tú y los niños.

La contestación de la bella filipina fue, como siempre, ambigua:

—Es mejor que esperemos un poco. Los niños son aún muy pequeños y aquí tienen sus amigos, su entorno hecho.

Julio insiste e incluso le comenta que no estará sola:

—Tu hermana vive aquí y os veréis más a menudo.

—Bueno, ya veremos.

De hecho, Isabel ordenó un traslado de enseres domésticos a la casa californiana, que nadie nunca habitó, para que Superjulio se quedara tranquilo y no diera más la paliza. Los muebles, de hecho, estuvieron muchos años en California llenándose de polvo en un guardamuebles.

Isabelita ya tenía muy claro cuál era su camino. Desde luego que entre sus proyectos inmediatos no entraba el trasladarse a California, por mucha familia que tuviera cerca. Isabel Preysler había iniciado la cuenta atrás que la llevaría a convertirse en la reina de las revistas españolas.

Mientras la relación conyugal se deteriora hasta límites insospechados, la amistad con la duquesa de Cádiz, que también va a su aire, se intensifica de tal manera que viajan juntas a todos lados. Durante un tiempo, la estancia relámpago de las dos damas en Nueva York fue tema de cotilleo en salones y peluquerías.

—¿Te has enterado de la última de la Preysler y Carmen de Cádiz?

—No, ¿qué han hecho ahora?

—Un primo mío, que está de agregado en la Embajada de Washington, las ha visto bailando en una discoteca de Nueva York hasta la madrugada.

—¿Y qué tiene de malo? ¿Por qué no se van a divertir?

—Porque estaban sin sus maridos respectivos. Carmencita estuvo bailando toda la noche con un negro y la China con un blanco.

El periodista y escritor Jimmy Giménez-Arnau confirmaría años más tarde esta aventura neoyorquina explicando que había sido la propia duquesa de Cádiz quien se lo había contado, a él y a la que era su mujer por entonces, Merry Martínez Bordiú, hermana de Carmen.

Para aderezar este impresionante cóctel de fugas, amoríos secretos, desplantes e incomprensiones conyugales, las relaciones de Isabel Preysler con su suegra se vuelven insostenibles. Dicen las lenguas viperinas que fue precisamente la madre del cantante la que la bautizó con el sobrenombre de «la China». Como es natural, mamá Charo echó toda la culpa del fracaso matrimonial a Isabel; para ella, su nuera se convirtió en la «mala» de la película.

«Si llego a saber que esa mujer iba a abandonar a mi hijo, no la hubiera dejado entrar en casa».

Charo tampoco podía aguantar, así lo confió a sus amigas, la cara dura que le echaba la familia filipina. Sobre todo la rama Arrastia, a la que, en palabras de un excolaborador de Julio Iglesias, «les encantaba hacerse los esnobs».

«La madre y las hermanas de Isabelita se venían de compras a Madrid desde Filipinas, todo pagado por Julito».

Incluso ya separados y con el marqués de Griñón como yerno, mamá Betty Arrastia llamaba a Chábeli a Arga 1, a cobro revertido, por supuesto, diciéndole:

—¡Ay, mi amor!, cuántas ganas tengo de verte, qué pena que vivamos tan lejos y el billete de avión cueste tanto.

Rápidamente, la amantísima nieta telefoneaba a papá Julio a Miami y la abuela tenía el billete Manila-Madrid-Manila.

A Isabel no le dolían prendas. Su ex tenía suficiente dinero y unos cuantos cientos de dólares no iban a mermar la economía del ídolo de la canción melódica.

«Julio siempre ha sido muy desprendido —recuerda uno de sus colaboradores— y nunca le ha molestado enviar a Isabel todo el dinero que necesitase. Pienso que al dedicarse intensamente a su profesión, el dinero era la única forma que tenía de justificar el desinterés por la educación de sus hijos».

Aunque el tema crematístico es capítulo aparte en la vida de Isabelita, el llamado «cheque Chábeli», siempre ha dado mucho que hablar. El millón de pesetas, libre de polvo y paja, ya que los colegios, clases particulares, etcétera, iban aparte, era enviado religiosamente todos los meses a Arga 1.

«Y no solo esto —relata el mismo colaborador—. El Mercedes negro maravilloso, que a veces utiliza Miguel Boyer, lo compró Toncho Navas».

Estaba el cantante en Nueva York y su hija le comentó que el coche —un Volvo— que tenían en Madrid era muy cutre y se caía a pedazos.

—Papi, nuestro coche está hecho una birria. Se estropea cada dos por tres.

—Pero si tenéis otro, un Volvo nuevo.

—Sí, pero ese es de mami.

—Pues utilízalo cuando tu madre no lo necesite.

—Papi, eso es un aburrimiento. Mami lo usa todo el día.

—Bueno, ya veremos.

Julio Iglesias, dadivoso y espléndido, encargó a su secretario personal que se ocupara del tema. Toncho Navas adquirió entonces un Mercedes, pero como resultó que Julio José, Enrique y Chábeli se trasladaron a Miami a estudiar, el cochecito lo acabaron disfrutando mamá Isabel y tío Miguel, salvo cuando los hijos volvían a Madrid.

Se dice que Isabelita supo aprovechar al máximo la fortuna del cantante-que-las-enamora a pesar de estar separada de él. Tanto a Carlos Falcó como posteriormente a Miguel Boyer estas cuestiones parecían no importarles. Todo lo que hiciera la bella filipina estaba bien y, como coinciden en afirmar sus parejas pasadas y presentes, ¡Isabel se merece todo porque es una mujer excepcional!

¡Y vaya si lo es! Como dicen en el circo, ha conseguido «el más difícil todavía»: llevarse estupendamente bien con sus exmaridos y ser, hasta la muerte de este, el descanso del guerrero de don Miguel Boyer. Todo esto por el precio de uno.

«Isabel tiene el don de seducir a todo aquel que se le acerque, ya sea varón o mujer», asegura un conocido. Tanto es así que incluso cuando ya estaba casada con Miguel Boyer y viajaba de incógnito a Miami —estos desplazamientos clandestinos demuestran que cuando Isabel no quiere que nadie le siga los pasos lo consigue— se instalaba en casa de Julio Iglesias, mejor dicho, en la mansión que el cantante había comprado a Alfredo Fraile y donde vivían los niños Iglesias con el servicio y la abuela Charo.

«La verdad es que es de risa —comentaba un colaborador de Julio—. Hay que verlo para creerlo. Alguno de nosotros nos teníamos que trasladar desde Indian Creek, la casa donde vivía Julio, al otro lado de la bahía de Miami, a esta casa, para que exsuegra y exnuera no se tirasen los trastos a la cabeza. Por parte de Isabelita no había problema porque pasaba, pero Charo se ponía frenética cada vez que la veía. "Ya está otra vez la China incordiando. ¿Por qué no se irá a un hotel en vez de molestar en esta casa donde no pinta nada?"».

Cuando nuestra heroína aparecía por Miami se instalaba en el ala destinada a los niños. Automáticamente, la madre de Julio se encerraba en su habitación, donde comía, cenaba, veía la televisión y daba órdenes al servicio. Se recluía a cal y canto en sus aposentos para no coincidir con la que ella definía como «advenediza» y *parvenue*. Palabras tomadas seguramente de algún culebrón televisivo a los que tan adicta era doña Charo.

Durante estas estancias relámpago en Miami, Isabelita no tenía que ocuparse de nada. Ni tan siquiera de sus hijos, que estaban en manos, desde dieciséis años antes, de Elvira Olivares, la Seño, que en palabras de los íntimos de Julio valía un imperio. Entró al servicio de la reina del baldosín cuando el pequeño de los Iglesias tenía dos años. Fue la que realmente educó a Chábeli, a Julio José y a Enrique, además de ser la mano derecha de Julio Iglesias. Asimismo, cabe decir que Elvira Olivares fue la que le dejó quinientos dólares a Enrique para que sacara su primer disco.

«Isabel es una mujer que siempre ha estado pendiente de sus hijos. Mejor dicho, se ha preocupado de que estén en buenas manos. La verdad es que la relación con ellos es casi perfecta. La adoran, de eso no hay duda, sobre todo Chábeli, que intenta imitarla en todo», explicaba en aquel momento un colaborador cercano al cantante.

Las nefastas relaciones con la entonces todavía suegra se

acentuaron en los últimos meses de vecindad en San Francisco de Sales. Lo que le molestaba hasta límites insospechados, como he dicho antes, era el pavoneo de la familia materna de su nuera, que ha estado considerada socialmente en Manila. Doña Charo, tanto en público como en privado, le echaba la culpa del fracaso conyugal a Isabel. No le importaba en absoluto que los correveidiles se lo contaran después a Isabel. En una ocasión el enfado fue tan grande que prometió no volver a saludar a su nuera. «He llamado a Isabel para que me trajera a los nietos y me ha dicho que están muy ocupados con el colegio, que no se les puede romper el ritmo de estudios. ¡Y Chábeli solo tiene seis años!».

Pero peor fue cuando Charo de la Cueva se enteró por el servicio de que en casa de Isabel se había celebrado una fiesta infantil y que la malvada nuera no había invitado a los hijos de Carlos Iglesias, por otra parte sus nietos preferidos. «Lo de Isabel no tiene nombre —comentaba Charo a su otra hija política—. ¿Te has enterado de que ha dado un *party* y no ha avisado a tus niños? Menos mal que vivimos casi puerta con puerta... si no, me tendría que olvidar que Julito tiene hijos».

Mamen, como siempre, intentó templar los ánimos. «Charo, no te pongas así. Si a mí me da igual. Isabel tiene sus cosas como las tenemos todos. Es una madre magnífica y se ocupa de los niños perfectamente». Charo insiste, intentando que la mujer de Carlos Iglesias hiciera causa común.

«¡Solo faltaría que no se ocupara de los niños! ¡Si no tiene nada que hacer en todo el día! No sé quién se piensa que es. Parece que ya se ha olvidado que cuando se casó le tuve que comprar el ajuar completo. ¡Hasta braguitas le regalé!».

«Venga, Charo, no le des más vueltas. Haces un drama de cualquier nadería».

Es curioso porque con el doctor Iglesias, fallecido en 2005 y que la atendió en los partos de los hijos varones, siempre se llevó divinamente. Mejor dicho, tenían muy buenas relaciones hasta que la marquesa de Griñón se casó con Miguel Boyer. Entonces Isabelita se convirtió en el hada mala. Y se lo dijo en su momento:

—Isabel, sabes que siempre te he querido mucho, que te he defendido a capa y espada, pero nunca te podré perdonar que estés con un socialista. A partir de ahora no quiero saber nada de ti.

La bella filipina, con mucho tino, le respondió:

—Pero si Miguel no es socialista.

El doctor Iglesias, al igual que doña Charo, no le perdonó nunca a Isabel el escándalo de sus relaciones sentimentales con el exministro, ni pensó que estas desembocarían en matrimonio feliz hasta que un ictus y una posterior embolia pulmonar acabaron con su vida en 2014. La madre del cantante estaba indignada con las historias que le llegaban a Miami, y así lo hacía saber a sus amistades más íntimas:

—Me dirás qué educación puede darle a los niños cuando tiene viviendo en su casa a un señor.

—¡Mujer!, no seas tan antigua. Antes estaban muy mal vistas esas situaciones, pero ahora están a la orden del día.

—Dirás lo que quieras, pero ¿qué necesidad tenía de llevarse a Chábeli a Egipto junto a ese socialista?

Efectivamente, el viaje que mamá Isabel hizo en la primavera de 1987 con Miguel Boyer, acompañada de la primogénita y de una amiga de esta, nueve meses antes de contraer su tercer matrimonio, trajo por la calle de la amargura a la conservadora exsuegra, a quien le parecía «fatal, fatal» el batiburrillo de amante-hija-amiga.

Aunque algunas de estas aventuras y desventuras ya no pertenecen a la historia reciente, resultan clarificadoras a la hora de intentar comprender la peculiar personalidad de la reina del baldosín.

Sabedora de lo poco que la quería su suegra, Isabel está en esos momentos más pendiente de solucionar su vida sentimental que de preocuparse de los comentarios de su mamá política. Las cosas están muy mal y el arreglo matrimonial muy difícil, por no decir imposible. Hartísima de la falta de comunicación, de no poder compartir absolutamente nada con el padre de sus hijos, además de haber encontrado en el marqués de Griñón, que ya subía al piso de San Francisco de Sales, un recambio para Superjulio, Isabel toma una drástica determinación —al decir de los que la conocen no es de las que cambian de parecer de la noche a la mañana—: no está dispuesta a seguir así ni a que Julio, por muy espléndido que sea, le siga tomando el pelo.

El 20 de julio de 1978, hay una llamada anónima grabada en el contestador automático del periodista Jaime Peñafiel, por aquel entonces director de la revista *¡Hola!*, en la que una dama de alcurnia, que más tarde abandonaría a su marido por «ser mariquita» —en palabras de la propia aristócrata—, acusaba a Isabel Preysler de infidelidad conyugal. Este chivatazo acelera la separación del matrimonio. El periodista e íntimo amigo del cantante declaraba: «El mismo día que Julio llegaba de Argentina, una voz de mujer me informaba de las supuestas citas clandestinas de Isabel con Carlos Falcó. Como le tenía cariño le telefoneé para contarle lo que pasaba. En menos de una hora se presentó en la redacción acompañada de la duquesa de Cádiz».

Antes de visitar al periodista, Isabel baja al cuarto piso, donde mantiene una conversación con su amiga y confidente Carmen Martínez Bordiú.

—Me acaba de llamar Peñafiel. Sabe lo mío con Carlos.

—¿Cómo lo va a saber? Yo que tú no me fiaría. Seguramente quiere sonsacarte.

—Que no, que precisamente me ha telefoneado para decirme que tenga cuidado porque alguien le ha dejado en el contestador un mensaje contándole todo.

—¿Te ha dicho quién es?

—No, porque ha disimulado la voz.

—¿Julio sabe algo?

—No, llega hoy mismo de Argentina. No creo que a nadie le haya dado tiempo de irle con el cuento. Carmen, de hoy no pasa que hablemos. Prefiero decírselo yo antes de que se entere por terceros.

—Cálmate. Vamos a ver a Peñafiel a su despacho y luego ya decidiremos. Seguramente no es tan grave como lo pinta.

Isabel y Carmen se trasladan rápidamente a la calle Miguel Ángel. Juntas escucharon mil veces la cinta acusatoria intentando reconocer la voz de la traidora. Muchos años después Isabel Preysler pagaría con la misma moneda a la chivata descubriendo sus negocios sucios.

Isabel y Carmen se marcharon. El viaje de vuelta a San Francisco de Sales transcurrió casi en silencio. Las dos amigas hablaron lo imprescindible. Isabel le preguntó a Carmen cómo estaba su madre de ánimo. Dos meses antes, en la aduana del aeropuerto de Barajas, la policía retuvo a la marquesa de Villaverde al intentar sacar de España ilegalmente un lote de monedas de oro, relojes y brillantes.

—Está muy fastidiada. En la prensa la han tratado de delincuente, pero bueno, ya está más tranquila.

En el ascensor, la duquesa de Cádiz se despide al tiempo que le dice:

—Isabel, tranquila, que todo tiene solución. Si necesitas algo me avisas.

—Gracias, pero esto solo lo podemos arreglar Julio y yo.

Isabel Preysler ya había decidido cortar por lo sano con su marido. En un rasgo de debilidad vuelve al cabo de una hora al despacho de Jaime Peñafiel. Esta vez prefiere que no haya testigos.

El periodista recuerda que más que una conversación fue una especie de desahogo.

«Estuvimos hablando mucho tiempo. De sus frustraciones, de las ausencias y el comportamiento de Julio hacia ella... Me dio la sensación, al ser yo íntimo amigo de su marido, de que quería justificarse ante mí al verse cogida en falta y de que por culpa de aquella llamada anónima su "sacrificada fidelidad" quedara en entredicho».

La charla que mantuvieron esa noche Isabel y Julio es de las pocas cosas, junto a las alegaciones presentadas más tarde para su anulación matrimonial en el tribunal de Brooklyn, que nunca han transcendido. Los amigos de Julio Iglesias aseguran que la escena, esa noche, debió de ser bastante fuerte. «Es un episodio de su vida que prefiere olvidar. Creo que nunca lo ha comentado ni con sus más íntimos. El único que en su momento pudo estar al corriente fue el doctor Iglesias. Siempre han estado muy unidos. Igual que Carlos es el preferido de Charo, Julito lo es de su padre».

Isabel Preysler, que siempre ha sido muy clara, no se anduvo por las ramas y le confesó que ya no estaba enamorada de él.

—Julio, sabes que he intentado acoplarme a tu vida. Pero la verdad es que ahora ya me resulta imposible. Durante los últimos años he compartido muy pocas cosas contigo y esto a la larga es como una losa.

Julio, instalado en el sofá beige y con la mirada clavada en una de las cinco figuras birmanas que adornaban el salón y que compró con Isabelita en Hong Kong cuando eran una pareja feliz —esas esculturas fueron el único recuerdo que Julio se llevó de su casa—, sabe que su mujer tiene razón. Su profesión ha sido lo único importante en su vida. Ha conseguido ser el número uno, pero a costa de su matrimonio, y ha pasado como visitante de lujo por la primera infancia de sus hijos.

Después de un par de horas la suerte está echada. De mutuo acuerdo, el 21 de julio de 1978, deciden anunciar su separación en una nota redactada por el cantante y Alfredo Fraile que se publicó en *¡Hola!*, el semanario que siete años más tarde también notificó la ruptura matrimonial de los marqueses de Griñón. Mientras que en el primer comunicado Julio Iglesias firmaba antes que su mujer, y esta lo hacía como María Isabel Preysler Arrastia, en el segundo, la bella filipina estampaba su rúbrica antes que el marqués de Griñón, suprimiendo el María y el apellido materno. Siete años separaban una nota de otra, los mismos que duraron ambas relaciones, pero con la diferencia de que en julio de 1978, cuando decide poner fin a su primer matrimonio, era la «mujer-del-cantante-que-las-enamora» y en el 85 la emperatriz del papel cuché.

Lejísimos quedaba para la dulce porcelana aquel 21 de febrero de 1969 en que llega a Madrid sin conocer a nadie, dispuesta a comerse el mundo y a inventarse una infancia y una juventud de brillo y esplendor que solo existieron en su imaginación.

Isabel Preysler Arrastia, como una Cenicienta del siglo xx, pretendió encontrar con Julio Iglesias su zapato de cristal y su carroza de oro fino. Con el paso del tiempo se dio cuenta de que el zapatito le venía estrecho y que las carrozas, la verdad sea dicha, solo le son útiles a la reina de Inglaterra. Nuestra heroína, que siempre ha tenido los pies en la tierra, sustituyó la carroza de sus sueños adolescentes por el BMW de Carlos Falcó, grande de España y marqués de Castel-Moncayo y de Griñón. El 23 de marzo de 1980, ciento veinte años después de que sus bisabuelos campesinos salieran precariamente de España con rumbo a Filipinas en busca de horizontes más halagüeños, su bisnieta se convertía en marquesa consorte ante Dios y ante los hombres en una ermita del siglo xviii, propiedad del novio.

PARTE III

FALCÓ

Ese mediodía, Isabel Preysler, todavía señora de Iglesias, ha llevado al colegio a su hija Chábeli. Con el abrigo puesto, la doncella le comunica que la llaman por teléfono.

—Señora, es la señorita Marta. ¿Paso la llamada a su cuarto o al salón?

—Por favor, al dormitorio.

Aunque nuestra heroína siempre ha sido muy estricta con el servicio y no les pasa una, nunca abandona sus buenos modales. En este sentido sigue el consejo de la abuela indígena Teodorica, que, antes de convertirse en la hija política del amo, sufrió en su propia carne las arbitrariedades que conllevaba el formar parte del servicio de la hacienda de Luzón.

—Isabelita, cariño, trata a los inferiores con educación pero con mano dura. Nunca de igual a igual. Te respetarán mucho más que si les das confianza. Es mejor que te teman a que te adoren.

La joven tomó al pie de la letra la consigna familiar. De ahí que las tatas, doncellas y mayordomos que han trabajado a sus órdenes tengan de nuestra reina del azulejo una imagen menos edulcorada que la que habitualmente aparece en la prensa del colorín.

—¡Hola, Marta! Me pillas en casa de milagro. He quedado con Carmen para ir de compras.

—No te entretengo, solo decirte que mañana vamos a ir al pase privado de *Fiebre del sábado noche,* la película de Travolta. ¿Por qué no te vienes?

—Me da un poco de pereza.

—Venga, no seas tonta y anímate.

—¿Pasas a recogerme?

—Estupendo, pero sé puntual. Quiero ver la película desde el principio.

—Entre unos y otros estoy cogiendo una fama tremenda...

—Isabel, guapa, no hace falta que nadie me lo diga. Eres la persona más impuntual que conozco.

Otra vez el destino, en forma de llamada telefónica, volvía a irrumpir en la vida de nuestra heroína. Recuerden que unos años antes una invitación del mismo tipo convirtió a Isabelita en la mujer de Julio Iglesias.

A la proyección privada acude un grupo privilegiado de unas veinte personas. Entre ellas estaba Carlos Falcó, marqués de Griñón. Como ya he contado en otro capítulo de este libro, Isabel Preysler conocía de su época de soltera a su futuro marido pero, a pesar de que habían coincidido en fiestas, nunca se cruzaron más de dos palabras seguidas. Hasta ese mágico día ninguno de los dos sentía el mínimo interés por el otro. La noche travoltiana cambió el curso de la historia.

Aunque oficialmente Isabelita seguía casada con el cantante-que-las-enamora, la realidad era muy distinta. Hacía ya varios meses que la relación entre Isabel Preysler y Julio Iglesias era tan fría como el helado de pistacho que tanto gusta a nuestra protagonista.

Al finalizar la proyección se organiza un grupo para ir a cenar. Isabel, que ya no era la jovencita tímida e inexperta que aterrizó en Madrid, se acerca a su futuro marido y le dice:

—Carlos, ¿vienes con nosotros a cenar?

—Lo siento, no puedo. Mañana tengo que levantarme a las seis para ir a la finca. Estamos con la siembra y el campo es el único que no puede esperar.

Nuestra dulce porcelana se siente un poco dolida. La verdad, no esperaba una negativa. En esta ocasión su exuberante belleza y su simpatía arrolladora, sus verdaderas armas de mujer, no habían sido capaces de persuadir al aristócrata.

Isabelita, que siempre gusta de estar bien documentada, pasó parte de la velada gastronómica preguntando, mejor dicho, indagando, sobre la personalidad del marqués de Griñón.

—¿Desde cuándo conoces a Carlos Falcó?

—De siempre, ¿por qué?

—Me parece encantador.

—Sí que lo es. Es una bellísima persona, pero no ha tenido demasiada suerte en el amor. Su mujer, Jeannine Girod, le dejó plantado para irse con José Enrique Varela y ahora vive con Ramón Mendoza.

—¿Qué tal es?

—¿Quién? ¿Jeannine?

—Sí.

—Tiene un fachón increíble y mucho dinero. Su padre es un magnate de la industria relojera suiza. Lo que le pierde a Jeannine es su carácter. Es muy francota, muy burra, y te ríes muchísimo con ella. Yo creo que el problema de Carlos es que es demasiado bueno con todo el mundo. Si se hubiera impuesto en su momento con Jeannine, las cosas habrían sido diferentes.

Esquemáticamente, su compañero de mesa la puso al corriente de los cuarenta y un años del tercer hijo de los duques de Montellano. Una familia emparentada con la Casa de Alba y los apellidos más ilustres del Gotha nacional, que reunía más de cuarenta títulos aristocráticos y trece grandezas de España. Mucho blasón, pero poca liquidez, aunque este detalle lo descubriría nuestra protagonista mucho más tarde. Esa noche Isabelita se quedó obnubilada ante la imponente cuna del futuro padre de su hija Tamara.

Carlos Falcó y Fernández de Córdova nació en Sevilla, en el palacio de las Dueñas, propiedad de la familia Alba, el 3 de febrero de 1937, en plena Guerra Civil. En el mismo lugar, pero en diferente ala y fecha, nació también Antonio Machado. Mientras que el niño Carlos venía al mundo entre sábanas de hilo marcadas con el escudo de la Casa y jofainas de plata, el poeta lo hacía como cualquier hijo de vecino. Hasta los nueve años, la educación del aristócrata estuvo marcada por las ideas liberales de su padre, don Manuel Falcó, experto en historia del arte, gran aficionado a la restauración y mano derecha de don Juan de Borbón, conde de Barcelona. Después estudió en el Liceo Francés y en el severísimo internado navarro de Lecaroz, donde el futuro marqués de Griñón las pasó canutas. Así lo relataba en 1986 un antiguo compañero de curso a la periodista María Eugenia Yagüe, artífice de unas minimemorias del futuro marido de Isabel Preysler:

> Lecaroz era una especie de claustro carcelario, donde la misa diaria —los domingos, dos veces—, las duchas de agua helada, la entrega de todo el dinero al ingresar en el internado y recibir la correspondencia abierta chocaban frontalmente con la idea de libertad que le habían inculcado a Carlos en su casa. Aunque no tuvo más remedio que adaptarse, le costaba mucho, como a casi todos.

Cuando acabó el bachillerato, el futuro marqués de Griñón se instaló y estudió en la Universidad Católica de Lovaina, en Bélgica, donde obtiene el título de ingeniero agrónomo. Aristócrata de sangre y caballero por naturaleza, Carlos Falcó empieza a trabajar sus tierras de Malpica, heredadas de su abuelo materno junto con el título aristocrático, ante el estupor de sus amigos y familiares. En aquellos años, que un Falcó Fernández de Córdova madrugase para ir al tajo como los obreros era una desfachatez. Muchos le calificaron de esnob, y de hacerlo por llamar la atención. En el ambiente en que se movía el hijo del duque de Montellano solo se madrugaba para ir de caza.

En 1963, el mismo año en que muere su hermano Felipe en un accidente automovilístico, Carlos Falcó se casa en la iglesia madrileña de San Fermín de los Navarros con una joven veinteañera de buena familia, Pilar Juana Girod, conocida como Jeannine, a la que había conocido en un guateque.

Los recién casados viven durante un tiempo en California, donde el cabeza de familia aprende nuevas especialidades agrícolas. Vuelven a España con un hijo varón y tres años después llegaba de nuevo la cigüeña. El matrimonio Falcó-Girod se instala en un lujoso piso de la calle Almagro, regalo de bodas de sus suegros. En 1970, un año antes de que nuestra reina de la porcelana se convirtiera en la mujer de Julio Iglesias, la impulsiva Jeannine deja plantado a Carlos Falcó para vivir su propia vida. Siete años duró su primer matrimonio y siete también su relación conyugal con Isabel Preysler. Pese a que su primera separación fue un trauma familiar, un escándalo social, poco imaginaba el marqués de Griñón, cuando cayó en los brazos de la dulce filipina, lo que iba a dar que hablar su segundo fracaso sentimental.

Hasta los campechanos habitantes del pueblo toledano de Malpica opinaron, llegando a declarar, en aquel verano del 85, que «Isabel Preysler es la culpable de todo. Ha arruinado al marqués, que es un señor bueno y educado».

Pero aún faltan muchos años para que esto ocurra. En la famosa noche travoltiana, o más bien al día siguiente, cuando el marqués de Griñón e Isabel Preysler volvieron a coincidir en una cena, se inicia la cuenta atrás del romance que llevaría a nuestra heroína a convertirse en aristócrata consorte. La hábil pluma de Isabelita lo relataba en las pseudomemorias que escribió para *¡Hola!*.

> Cuando entré en la casa vi la sorpresa pintada en el rostro de Carlos. Sonreímos divertidos por la coincidencia. No se separó de mí en toda la noche. Hablamos, entre otras cosas, del Safari Park [que Falcó tenía en una de sus fincas]. Le comenté que a mis hijos les encantaban los animales y prometió enviarme una invitación y un plano.

Lo que no cuenta nuestra Oriana Fallaci patria es que esa misma noche el marqués de Griñón la acompañó a casa, conforme a lo que declaró una amistad de aquellos años. Casualidades de la vida, en el portal coincidieron con doña Charo de la Cueva, aún suegra de Isabelita. Se despidieron como dos amigos, pero la mami del cantante se quedó con la mosca detrás la oreja.

Como los niños tenían colegio, no pudieron acudir al zoológico particular del marqués, pero la madre sí fue. Pasaron el día juntos al aire libre. Sin ningún testigo, solo los animales. De vuelta a casa, Carlos Falcó quiso prolongar la jornada.

—¿Te apetece ir al cine?

—Sí, pero elige una película divertida. Me gusta ir al cine para entretenerme, no para sufrir —explicó la dulce porcelana.

—Me han comentado que la última de Woody Allen es fantástica.

Isabelita se lo pasó estupendamente. Hacía mucho tiempo que no se divertía tanto. Como guinda a tan maravilloso día, los dos amigos deciden sellar su nueva amistad con una cena. El caballero Falcó la quiere llevar a Jockey o a Horcher, dos restaurantes de élite de la capital del Reino donde cenar cuesta un riñón y parte del otro. Convertida ya en señora de Boyer, Horcher sería precisamente el lugar elegido por nuestra estrella para celebrar onomásticas, cumpleaños y demás reuniones familiares. Pero en aquella primavera de 1978 don Miguel Boyer era un perfecto desconocido, casado con la ginecóloga Elena Arnedo y padre de dos hijos, que ejercía como director de planificación de Explosivos Río Tinto y que, hasta el verano de 1981 en que coincidió en Marbella, en el hotel Los Monteros, con la seductora filipina, nunca había oído hablar de Isabel Preysler.

—¿Dónde te apetece cenar? ¿En Horcher o en Jockey? —preguntó solícito Carlos Falcó.

—Prefiero un sitio discreto. Los periodistas siempre andan detrás de mí. Y la verdad es que no me haría gracia que me fotografiasen contigo. Ya sabes lo dados que son a inventarse historias.

El marqués de Griñón la miró incrédulo. Desconocía por completo la popularidad de su nueva amiga. Los periodistas nunca se habían ocupado de él a pesar de sus blasones y sus títulos aristocráticos. Por eso, el comentario de Isabel le pareció un tanto exagerado. ¡Ni siquiera sospechaba lo que se le venía encima!

En el discreto restaurante italiano al que finalmente fueron se contaron sus intimidades y, por supuesto, la historia de sus respectivos matrimonios, el de Carlos Falcó anulado desde hacía ocho años, el de ella a pocos meses de la quiebra.

A partir de ese día se convirtieron en inseparables. El 20 de julio de 1978 Isabel decide dar el paso y le comunica al cantante que ya no está enamorada de él, que el matrimonio no tiene sentido y que es mejor separarse. Julio accede y nuestra protagonista se convierte en una mujer libre, con carta blanca para hacer lo que le venga en gana, sin temor a que su reputación quede en entredicho. Al día siguiente Julio Iglesias e Isabel presentaban el comunicado que aparecería en *¡Hola!*. De aquellas fechas son las siguientes declaraciones de nuestra heroína, que se reproducirían casi al pie de la letra, pero con diferente protagonista masculino, cuando decidió unirse al exministro de Economía:

> No es verdad que Carlos Falcó sea la causa de mi separación. A mí me hubiera gustado seguir siendo la mujer de Julio Iglesias, pero cuando se acaba el amor hay que fingir y yo no sirvo para hacer comedias.

En 1985 diría:

> No es cierto que Miguel Boyer sea el causante de mi ruptura con Carlos y por supuesto es una tontería pensar que ha dimitido de su cargo por mí.

El verano le sirve a Isabel para conocer mejor a su futuro marido. En septiembre la suerte está echada y el incipiente flechazo se convierte en pasión, aunque ninguno de los dos se atreve todavía a hablar de boda. Isabelita, que siempre ha sido muy tradicional, espera que sea Griñón quien entre en materia. Aunque también es cierto que no le corre prisa. Está encantada con su recién estrenada libertad. Pero un día, mientras almorzaban en la casa del novio de la calle Fortuny —les era imposible ir a lugares públicos, pues se arriesgaban a que les pillara la prensa—, Falcó, como cualquier hijo de vecino, le declara sus intenciones.

—Isabel, creo que ya es hora de que te lo diga. Estoy enamorado de ti y me gustaría que nos casáramos.

—Carlos, acabo de separarme y aún no sé qué voy a hacer con mi vida. Te quiero mucho y sé que podemos ser muy felices, pero, por favor, tiempo.

—Lo único que quiero es que sepas que no puedo pasarme el resto de mi vida esperándote. Aguantaré hasta donde pueda.

A partir de la declaración de amor la pareja se ve todos los días y los fines de semana la reina del baldosín acude con sus hijos a la finca de Malpica. Varios años después la tata Humildad Rodríguez rememoraba esos momentos con cierta amargura:

—Al principio a esta señora la encontré tan dulce que me dije: «Por una vez va a haber suerte». Decía que le encantaba el campo, y me puse muy contenta porque el señor marqués es muy de estar en su finca, muy hogareño. Luego resultó ser un camaleón. Al casarse cambió totalmente y pocas veces volvió por Malpica como cuando era novia.

Humildad Rodríguez, que sentía verdadero cariño por el marqués de Griñón y sus hijos, no vaciló a la hora de calificar a la que durante siete años fue su señora:

—No sé qué tiene Isabel Preysler pero va hundiendo a todos los que están a su lado, incluido el servicio. Cuando nos fuimos a vivir a Arga, una chica que teníamos como doncella prefirió quedarse sin trabajo antes que aguantar a la señora. Decía que tenía muchas caras y que solo sabía exprimir a la gente. «Exprimelimones», la llamó, y ¡cuánta razón tenía! En Arga he visto, como un miembro más del servicio, el derrumbamiento de un hombre que sufría las humillaciones más terribles, por no hablar del desprecio absoluto de la señora Preysler hacia los hijos del marqués.

En una ocasión, aún de novios, la exótica filipina telefoneó al marqués cuando estaba cenando. El hijo mayor cogió el teléfono.

—Manolo, soy Isabel. Por favor, ¿puedes llamar a tu padre?

—Lo siento, pero cuando está a la mesa no le puedo molestar.

—Dile que me llame cuando termine.

La filipina colgó el teléfono con un mosqueo tremendo.

Se iba a enterar el niñato.

Cuando su primogénito le comunica que Isabel había telefoneado, el marqués le organiza una trifulca tremenda:

—¿Por qué no me has avisado?

—Pero, papá, si has dicho millones de veces que bajo ningún pretexto nadie se puede levantar de la mesa.

—Mira, Manolo, te voy a decir algo que no quiero volver a repetir. Mi amor por Isabel está por encima de todo. Si crees que no vas a estar a gusto con mi nueva situación, te vas a vivir con tu madre o con tu abuela. Y si lo prefieres, buscamos un internado que te guste.

—Papá, pero si yo solo he cumplido tus órdenes…

—No hay más que hablar. Y díselo también a tu hermana Sandra. No quiero que vuelva a repetirse.

Manolo, triste y cabizbajo, se percató esa noche de que la presencia en sus vidas de Isabel Preysler no iba a ser precisamente beneficiosa y así se lo comentó a su hermana y a Humildad Rodríguez:

—Me parece que con «esta» nos ha tocado el gordo de Navidad.

Premonitorias palabras. Los años de convivencia de los hijos del marqués en Arga 1 no fueron —ya lo veremos— un camino de rosas. De todas formas, Manolo y Sandra demostrarían al final que la venganza es un plato que se sirve frío. Los hijos del marqués de Griñón, desafiando las leyes de su más exquisita educación, pagaron con la misma moneda a su madrastra. La víspera de su marcha del que hasta ese momento había sido el domicilio familiar, rasgaron los sillones del salón y de la biblioteca y marcaron de punta a punta con un punzón el flamante automóvil de la filipina.

Durante un año y medio Isabelita y Carlos Falcó consiguen esquivar a la prensa. Se citan en un parking en el centro de Madrid para no levantar sospechas y también en la vivienda del aristócrata en la calle Fortuny. Las Navidades de 1979, siete meses antes de que Isabel consiguiera la nulidad de su matrimonio, los enamorados viajan en secreto a las paradisiacas Islas Vírgenes, en el Caribe, a menos de media hora de Nassau, donde varios años después el ya supermillonario Julio Iglesias se compraría una mansión de ensueño y donde niña Chábeli se escondería en julio del 85 para huir de la prensa, cuando su madre decidía separarse del marqués y unirse a Miguel Boyer. Esta escapada y otras muchas, incluido el viaje de bodas con Griñón y más tarde con Boyer, nunca fueron descubiertas por los reporteros.

Lo que en un principio pudo parecer una aventura se convierte con los meses en verdadero amor. Isabel decide entonces que su segundo matrimonio debe empezar de cero. Vende el piso de San Francisco de Sales que le dejó Julio Iglesias, instalado definitivamente en Miami y con una cuenta corriente que aumentaba a velocidad vertiginosa, por dieciséis millones de pesetas. Con esa cantidad, una exageración para aquellos años, adquiere el chalecito de tres plantas de la calle Arga, en la colonia de El Viso, donde también vivía Miguel Boyer con su esposa. Actualmente la casa, como el resto de las de la zona, está valorada en varios millones de euros. El acondicionamiento corre a cargo de Carlos Falcó. A pesar de que en múltiples ocasiones se le ha acusado de vivir a costa de su mujer e incluso de aprovecharse del dinero de Julio Iglesias, estas afirmaciones no son ciertas. El aristócrata invirtió bastante dinero y esfuerzos en adecuar su nuevo nido de amor, que debía albergar a una verdadera tribu entre niños propios y ajenos y el servicio doméstico.

Cuando en 1985 deciden separarse, el caballeroso marqués de Griñón no pidió compensación alguna y sí en cambio se convirtió en deudor de su exconsorte.

Al poco de casarse, nuestra dulce heroína se dio cuenta de que los blasones de su marido no se acompañaban de la saneadísima cuenta corriente que se le supone a un hombre de tal categoría, pero como ella no era nada interesada pasó por alto esta menudencia. Unos meses antes de que estallase el escándalo amoroso Preysler-Boyer, el aristócrata se enfrenta a graves problemas de liquidez relacionados con sus negocios vinícolas y, sobre todo, con las instalaciones del Safari Park, el zoo privado de Aldea del Fresno. En el momento de ser abandonado, Carlos Falcó tuvo que hacer frente a una hipoteca no cubierta de doscientos millones de pesetas. Por entonces se comentaba en determinados círculos financieros que Boyer había venido ayudando a Griñón a renovar sus hipotecas, hasta que se consumó el cambio de pareja. Acuciado por los bancos que le exigen el pago de los prestamos o el embargo de las fincas, Carlos Falcó no tiene más remedio que pedirle a su todavía esposa la nada desdeñable suma de 21.237.815 pesetas.

El 14 de julio de 1985 la pareja firmaba un comunicado, publicado en la revista *¡Hola!*, donde informaban oficialmente de su ruptura matrimonial. Cuatro días después, de común acuerdo también, la expareja estampaba su firma en un documento privado en el cual el marqués de Griñón reconocía mantener dicha deuda con la reina de la porcelana. Como a Isabelita no le gusta dejar nada al azar, en una de las cláusulas se especificaba que durante el primer año el deudor —Carlos Falcó y Fernández de Córdova— estaba obligado a abonar a la acreedora —María Isabel Preysler Arrastia— el interés anual del 14 por ciento de la cantidad prestada. Asimismo, se hacía constar que la deuda debía saldarse en el plazo de dos años. «Una cosa es quedar como amigos, tras la separación, y otra muy distinta que la tomen a una por prima». La seductora filipina siempre supo lo que cuesta ganar el jornal y no estaba dispuesta a regalar los millones de pesetas a nadie por muy padre de su hija que fuera el marqués de Griñón. «¡Menuda es ella para el dinero! Isabel es capaz de sacar los millones de debajo de las piedras, porque tiene un gran sentido comercial. Eso le pasa a Carlos por no hacer caso del castizo refrán "Ni sirvas a quien sirvió, ni debas a quien debió"», apostilló en una reunión social la desaparecida Rocío Falcó, hermana mayor del marqués, cuando alguien le comentó el asunto monetario. Pero no nos adelantemos.

Aquella primavera de 1980, Isabel Preysler y Carlos Falcó estaban enamoradísimos. Ella, a sus veintinueve años y con tres hijos, había encontrado en el aristócrata todo lo que Julio Iglesias no le había podido dar: estabilidad, cultura, educación y, sobre todo, clase, mucha clase. Tanto es así que decidieron dar el gran paso. El 23 de marzo de 1980, asediados por toda la prensa del corazón, se casaban en una ceremonia íntima en la ermita de la finca de Casa de Vacas. A diferencia de la primera, a esta segunda boda solo acudió una veintena de personas, entre los que se encontraban, además de la madre y los hermanos del novio, los padres de Isabel, que por motivos económicos no habían podido acudir al enlace de su hija con Julio Iglesias. Los duques de Arión, los marqueses de la Puente, la marquesa de Manzanedo y Marta Oswald, junto con los hijos de los desposados, fueron algunos de los elegidos que estuvieron presentes en tan inolvidable acontecimiento. No así Carmen Martínez Bordiú, que en aquella fecha ya había plantado al duque de Cádiz y vivía en París su pasional amor con el anticuario Rossi.

Isabelita, guapa como siempre, aunque no en su mejor día, según declararía años después la tata Humildad, vestía para la ocasión un traje corto en seda color salmón, confeccionado por el modisto Jorge Gonçalvez en exclusiva, el mismo que haría el traje de novia para María Suelves cuando contrajo matrimonio con Francis Franco, uno de los hermanos de su amiga Carmencita Martínez Bordiú. El diseño, muy sencillo, de manga larga y con encaje en la pechera, no tenía nada que ver con el típico traje de novia. A nuestra heroína le pareció ridículo vestirse de blanco y tul ilusión, símbolo de la pureza de las contrayentes, estando Chábeli, Julio y Enrique presentes. No sabían los críos, aquella tarde de marzo, que aquella no iba a ser la última boda de mami. Aún quedaba la tercera, con el sesudo exministro.

Después del oficio religioso en el que Los del Río interpretaron la *Misa rociera* y donde por cierto el sacerdote tuvo que esperar a causa de la novia, que, fiel a su costumbre, apareció en la ermita con tres cuartos de hora de retraso, se sirvió la cena. El menú nupcial fue muy sencillo: langostinos con mayonesa, ensaladas variadas y corderos de la finca; de postre, una tarta de Embassy, uno de los mejores salones de té de Madrid, donde solían merendar las infantas, regalo de la duquesa de Montellano, la segunda suegra de Isabel, quien, como la primera, tampoco tragaba a la filipina. Era una gran señora de fuerte carácter y experta escopeta que había sido «dama» de la reina Victoria Eugenia, y las veleidades de la filipina, como la llamaba en la intimidad, siempre que no estuviera delante su hijo Carlos, le parecían de un mal gusto tremendo. Las presuntas transacciones económicas que se traía con cierta revista eran algo que la señora duquesa nunca pudo entender. Ellos, los Montellano, nunca habían tenido que ver con aquel tipo de publicidad del que tanto gustaba su nuera, que parecía al principio tan discreta, tan mona y bien educada.

«Se queja de que la prensa la persigue y luego se pasa el día concediendo entrevistas o difundiendo comunicados al estilo de los presidentes de gobierno o las casas reales», comentó en una ocasión a su hijo Fernando. «Mamá, no te metas en esto. Carlos está totalmente enamorado de Isabel. Esperemos que todo vaya bien», respondió el marqués de Cubas, que muchos años después también sufrió en su propia carne el abandono de la escultural Martita Chávarri.

La noche de bodas la pasaron en Malpica. A las tantas de la madrugada se marchaban los últimos invitados después de una juerga flamenca animada, asimismo, por Los del Río. El caché de los artistas fue pagado por Fernando Falcó como regalo nupcial. Al día siguiente y después de engañar a los reporteros haciéndoles creer que tomaban un avión hacia Nueva York, la pareja se dirigió a Lisboa y desde allí a Londres para volar directamente a las Islas Vírgenes, el paradisiaco lugar donde habían sido tan felices cuando aún Isabelita era la esposa del cantante-que-las-enamora.

Como si de un mal presagio se tratase, el viaje de novios empezó con pitos y broncas. La dulce marquesa, inflexible a la hora de admitir los fallos ajenos, le montó una trifulca tremenda a su recién estrenado marido porque este, con las prisas, dejó olvidada en el taxi que les conducía al aeropuerto la cartera con todas las tarjetas de crédito.

—¡Pues ya me dirás qué hacemos!

—Tranquilízate, Isabel. Ahora mismo doy orden para que bloqueen mi cuenta.

—¡A mí eso me da igual! ¿Con qué vas a pagar el hotel? Porque me imagino que los cheques de viaje también los habrás perdido.

El marqués de Griñón, con paciencia infinita, le indica que el hotel ya está pagado de antemano, así como los pasajes de vuelta.

—Voy a llamar a mi hermano Fernando para que haga un giro a cualquier banco de allí. Isabel, no te pongas así, que en esta vida todo tiene solución.

—De verdad, Carlos, no entiendo cómo puedes tener este tipo de despistes. El día menos pensado vamos a tener un disgusto grande.

Griñón, que siempre se ha caracterizado por su extremada educación, y para no enfurecerla más, permaneció en silencio, pensando que ya se le pasaría.

Y efectivamente, pronto Isabelita volvió a ser la dulce porcelana que tiempo atrás le había encandilado con sus seductoras maneras.

El viaje de luna de miel transcurrió como el de cualquier pareja de enamorados. Baños en las cristalinas aguas caribeñas, paseos por la playa a la luz de la luna y cenas románticas con música de fondo de Julio Iglesias.

Al poco de casarse, la pareja se desplazó a Filipinas para que la tribu Preysler conociera a su aristocrático marido. Las malas lenguas cuentan que Isabelita pidió a su tía Mercy que echara mano de sus influencias para que la buena sociedad manilense los recibiese en sus salones. Las grandes familias, como Zobel, Araneta, Rojas y Laxon, pasaron de las veleidades de su compatriota y dieron la callada por respuesta. Quien sí recibió a los marqueses de Griñón en su palacio de Malacañán, gracias a los buenos haceres de tía Mercy, fue la presidenta Imelda Marcos. El demócrata Falcó, con su arraigada educación liberal, hubiera preferido eludir este ceremonial, pero no hubo manera. Ya se había dado cuenta en el viaje de bodas de que si a su media naranja se le metía algo entre ceja y ceja no paraba hasta conseguirlo.

—Isabel, no creo que sea apropiado.

—Carlos, nunca podrás imaginar lo que significa para mí que el presidente y su mujer nos reciban en palacio.

Como siempre sucedió a lo largo de sus siete años de convivencia, Griñón pasó por el aro.

Cenaron con la presidenta Imelda y al día siguiente los diarios se ocuparon de dar la noticia a toda plana, ante el malestar general de las grandes familias filipinas, que nunca habían visto con buenos ojos a la nieta de la indígena Teodorica.

«Isabel no es nada popular en Manila. En cambio Julio Iglesias sí», me comentó en una ocasión una dama de la antigua colonia española, añadiendo que «el cantante sigue siendo muy generoso con la familia de su ex».

En 1983, el superídolo actuó en Manila y tuvo el detalle de dedicarle a su exsuegra su popularísimo y lacrimógeno tema *Me olvidé de vivir*. Cuando acabó el recital, Julito Iglesias invitó a los padres, a las hermanas, a las tías de Isabel y a la anciana abuela Teodorica, que a sus ochenta y cuatro años aún seguía recortando y coleccionando todos los artículos de prensa en los que aparecía su nieto político, a cenar en el elegantísimo hotel Manila. También estuvo presente una joven filipina de llamativa belleza llamada Ana Francisco, de la que en su día se dijo que se había enamorado el cantante español. Pero como no era cuestión de caer en la misma piedra Julito la olvidó al cabo de pocas semanas.

Los años de matrimonio con Griñón le sirvieron a nuestra dulce porcelana para situarse definitivamente como una de las mujeres más admiradas y envidiadas de la cuatricomía nacional. Los ataques, insultos y encuestas donde aparecía como la figura más odiada del país, vendrían después, al liarse con Miguel Boyer. Los marqueses desarrollan en aquel primer año una intensa vida social. Viajes al extranjero para promocionar los vinos del marqués, fiestas sociales donde Isabelita brillaba cual astro del firmamento, reuniones privadas donde solo ella era el centro de atención… La llorosa filipina que llegó a España casi con lo puesto se había convertido a sus treinta años en una de las protagonistas indiscutibles de la vida social madrileña. Aparecía en las listas de elegantes, su presencia era requerida en inauguraciones, cócteles y presentaciones comerciales. Los avispados relaciones públicas pronto se percataron de que invitando a Isabelita Preysler la publicidad venía sola. Nuestra heroína, que no tiene un pelo de tonta, fue consciente de su poder y empezó a dosificar sus apariciones públicas por aquello de lo mucho cansa y lo poco agrada. Si su cotización personal hubiera sido un valor en bolsa, podría asegurar, sin miedo a equivocarme, que cualquier bróker habría comprado todas las acciones y se habría hecho de oro. Sin lugar a duda, la etapa como marquesa de Griñón fue su época más gloriosa.

Cuentan las malas lenguas que esos fueron los años en que nuestra heroína recibía regalos a mansalva. Todas las firmas comerciales, incluidas Mesara y Loewe, que representaban respectivamente sus amigas Cary Lapique y Marisa de Borbón, no reparaban en gastos a la hora de obsequiar a la reina del papel cuché. De modo que si Isabelita acudía a una de las presentaciones de joyas que organizaba su amiga Cary, en Madrid o en Marbella, no tenía que pedir nada; con solo decir que le agradaban unos pendientes, una pulsera o un collarcito, al día siguiente se recibía en Arga 1 o en su domicilio veraniego el consabido paquetito agradeciéndole las molestias que se había tomado.

Sin embargo, su ausencia en el cóctel de la firma Mesara en el verano de 1990 fue muy comentada en los ambientes de la jet marbellí. Precisamente en esa época Carlos Goyanes, marido de su amiga Cary Lapique, permanecía en la cárcel acusado de tráfico de drogas. La presencia de Isabel Preysler en el acto hubiera sido un detalle. Una manera como otra cualquiera de apoyar a su amiga en los momentos difíciles. Pero la señora de Boyer prefirió quedarse en villa Nahema jugando al Trivial. Alguien le había aconsejado que no era bueno que se la viera en determinados lugares y con determinada gente.

Al año y nueve meses de casados, el 20 de noviembre de 1981, seis años después de la muerte de Franco, la marquesa de Griñón volvía a ser madre. En el nacimiento de Tamara, a diferencia de sus anteriores partos, Isabelita no estuvo sola, el marqués de Griñón la acompañó en tan importante momento. El nuevo bebé ponía el broche de oro que faltaba para que Arga 1 se convirtiera en ejemplo de familia unida y virtuosa.

El matrimonio va viento en popa y nada hace prever los rumores que se desatarían un año después, cuando sus amores con el ministro de Economía y Hacienda se convirtieron en la comidilla de reuniones sociales, consejos de administración y cenas políticas. Hay que señalar que hasta que don Miguel no dejó su cargo público ningún medio de prensa se atrevió a publicar la historia por miedo, según se decía, a que el enamorado tomase la revancha enviando a cualquiera de sus inspectores para revisar con lupa las contabilidades empresariales. Hubo, eso sí, columnistas aguerridos, como Raúl del Pozo, primero, y Luis Cantero, después, que desde las páginas de *Interviú* lanzaban sus señales. El primero escribía textualmente el 9 de febrero de 1982, cuando el tercer marido de nuestra heroína no era aún ministro, pero sí tenía todas las papeletas de la rifa, lo siguiente: «El crecimiento de Miguel Boyer se esboza en la alcoba de Isabel Preysler». El segundo, un año después, en un artículo crípticamente titulado «Los edredones del poder», narraba, sin dar nombres, que un ministro del gabinete de Felipe González pensaba dejar su cargo por amor a una mujer oriental. Fue precisamente en ese momento cuando el ministro Morán, que ya se movía en la foto —como eufemísticamente definía Alfonso Guerra a todos aquellos políticos que dejan de contar con el beneplácito de Felipe González—, declaraba en un coloquio organizado en el Club Siglo XXI que «se podía traicionar una causa por una bella oriental», echando más leña al fuego de una de las historias erótico-políticas que más ríos de tinta ha hecho correr y que se remontaba al verano de 1982. Pero aún faltaban tres años para que el que fuera presidente de Cartera Central destapara oficialmente la caja de los truenos yéndose a vivir con la emperatriz del baldosín.

A pesar de los rumores, los marqueses de Griñón siguen siendo la pareja ideal. En octubre de 1983, Carlos Falcó, que nunca había hecho declaraciones públicas antes de su matrimonio con Isabelita, concede una entrevista a *El Periódico de Catalunya*, en la cual, cuando el periodista le pregunta si Isabel se ocupa personalmente de las tareas domésticas, el marqués contesta:

—¡Por supuesto!

—Pero ¿hace las camas y limpia el polvo?

—¡No, por Dios! —responde escandalizado—. Ella se dedica a que todo funcione a la perfección. Nuestra casa es muy complicada, porque además de la familia hay una señorita para los niños, la cocinera, un matrimonio filipino con su criatura y el policía que custodia a los hijos de Julio Iglesias. Hacer que esto marche tiene mucho trabajo y la pobre Isabel no para.

Emotivas palabras que presentaban a nuestra protagonista como una verdadera esclava del hogar. Además, llevaba las cuentas de la casa al céntimo:

—Isabel, en contra de lo que se ha dicho, no es una mujer derrochona. Todo lo contrario, yo diría que es más bien agarrada.

La entrevista finalizaba con una pregunta que daba más pena que risa:

—Marqués, ¿siente usted celos de Julio Iglesias?

—No; además, no le conozco personalmente.

Como ya he contado, el idilio entre Isabel Preysler y Miguel Boyer data de 1982. El pobre marqués de Griñón, que estaba más pendiente de las cebras de su safari, no se había enterado aún de los líos sentimentales que se traía entre manos su dulce mujer. ¡Natural que no tuviera celos de Julito! El ídolo-que-las-enamoraba-solo-con-mirarlas no tenía arte ni parte en la doble vida que llevaba su exconsorte, que se había quedado totalmente encandilada con Miguel Boyer cuando le vio por primera vez en el verano de 1982 en el hotel Los Monteros de Marbella, muchos meses antes de que Felipe González lo nombrase superministro.

Ese invierno los marqueses de Griñón se convirtieron en los perfectos anfitriones del matrimonio Boyer-Arnedo, que solía acudir a pasar algunos fines de semana a la finca toledana de Carlos Falcó, junto con Petra Mateos, secretaria y amiga del político, y Mona Jiménez, la dama peruana que consiguió reunir a todo el espectro político en sus lentejas quincenales, donde se asegura que nació realmente el amor entre el pseudosocialista y la reina de los baldosines. Estas dos mujeres fueron precisamente las que más ayudaron a la pareja de enamorados encubriendo su pasional romance. Aunque muchos años después la amistad de Mona Jiménez con los tortolitos acabaría como el rosario de la aurora, al pedirle la dama peruana un favor al entonces ministro. «Pero ¿quién se ha creído que es?», dicen que respondió displicente Miguel Boyer sin acordarse de que gracias a Mona Jiménez sus amores clandestinos habían llegado a buen puerto. A los pocos días de ser nombrado ministro, los marqueses de Griñón organizaron una fiesta en su honor en la finca de Malpica. En mayo de 1982, la revista *Protagonistas* publicó un magnífico y premonitorio reportaje donde aparecía Isabel Preysler en el tercer aniversario de las famosas lentejas, flanqueada por Mario Conde y Juan Abelló. En otra esquina el duque de Cádiz, exmarido de Carmen Martínez Bordiú, y Ramón Mendoza, novio de la exconsorte del marqués de Griñón. ¡El *Falcon Crest* nacional estaba servido! En la mesa presidencial un importante orador: el flamante ministro de Economía y Hacienda, que ya estaba bebiendo los vientos por la bella y seductora filipina. Isabelita Preysler, a la que nunca le había interesado la política, se había convertido de la noche a la mañana en una asidua de este tipo de reuniones. Los cronistas políticos, que fueron los primeros en olerse la tostada, no salían de su asombro ante las miradas lánguidas que desde la mesa principal lanzaba don Miguel a la dama de sus sueños.

—¿Te has fijado? —preguntaba un periodista amigo de Enrique Múgica, también presente en el sarao.

—¿En qué?

—En los ojos de carnero degollado que pone Boyer cuando mira a la China.

—Pero ¿tú crees que hay algo entre ellos? Si no tienen nada que ver...

—¡Hombre!, seguro no lo sé, pero no se comenta otra cosa.

—Pues se puede armar la marimorena. ¿Sabes si se ha publicado algo?

—Creo que no. Hay que andarse con tiento. Si se cabrea el ministro te manda un inspector de Hacienda y te reconvierte en menos que canta un gallo.

Cuando Tamara cumplió dos años, la relación entre sus padres empezaba a naufragar. A principios de 1983, un mes antes de que Miguel Boyer decidiese expropiar Rumasa, los rumores se desatan y en algunas revistas se publica el inminente divorcio de la pareja. Los marqueses de Griñón, como si fueran miembros de la familia real, salen al paso con una rueda de prensa donde aseguran estar más enamorados que nunca y acusan a determinados medios periodísticos de amarillismo. Años después el aristócrata le explicaría a María Eugenia Yagüe el porqué de la absurda reunión informativa:

> Fue un momento en que se produce tal presión, con llamadas continuas a la oficina, a casa, a los amigos, que no tienes más remedio que hacer algo. Era como estar en el centro de un huracán. La gente que te rodea empieza a pedir explicaciones y, como de todas formas se iba a seguir hablando, decidimos adelantarnos y así establecer una tregua con los medios.

En la rueda de prensa Isabel apareció exultante, vestida con una sencilla blusa blanca de corte romántico y una falda en tonos oscuros. Al cuello, la pequeña mariposa de brillantes, el primer regalo de enamorado de Miguel Boyer. Isabel se hizo fotos en la biblioteca, junto a su retrato pintado por Pinto Coelho, en la chimenea con fondo de jarrones chinos, sentada en el inmaculado sofá del salón. A su lado, Carlos Falcó, de comparsa.

De puertas adentro, la familia Montellano estaba indignada con aquella comedia. En realidad todo fue un pequeño respiro que duró lo mismo que un caramelo a la puerta de un colegio. Isabel Preysler y Miguel Boyer eran amantes.

Solo había transcurrido un año desde que empezara a hablarse del supuesto romance ministerial cuando Isabel Preysler y Miguel Boyer coinciden en la entrega de los premios Naranja y Limón que anualmente concede la peña periodística Primera Plana a todos aquellos personajes públicos que se han caracterizado por su simpatía o antipatía hacia los medios de comunicación. La dama y el sesudo político presiden la mesa. Se les ve relajados y animados, e incluso Isabelita gasta bromas públicamente por el ácido galardón que ha recibido el que más tarde se convertiría en padre de su quinto hijo.

—Parece mentira que le deis a Miguel el limón con lo simpático que resulta.

El señor Boyer, por su parte, no se explaya, pero asegura que aunque no es un honor recibir tal premio sí lo es, en cambio, compartir mesa con una señora como la marquesa de Griñón. Todo resultó muy fino y delicado.

Ese verano los Griñón coinciden con Miguel Boyer en Marbella. Se cuenta que Isabel bajaba con los niños a la playa del complejo turístico El Ancón y se introducía misteriosamente en el jardincito de una de las casas de la elitista urbanización, que, mira por dónde, era propiedad de un hermano de Miguel Boyer. En el verano de la separación de los marqueses, don Miguel repitió casa, mientras su amor se amuralló en El Romeral, una mansión ubicada en la carretera de Ronda y por la que Isabelita pagó medio millón de pesetas de las de 1985.

Pero aún estamos en el año de gracia de 1983. Elena Arnedo, casada con Miguel Boyer en 1964 y con el que tuvo dos hijos, Laura y Miguel, deja de acudir a los *weekends* toledanos. A diferencia del marqués de Griñón, la doctora, que era más lista que el hambre, no está dispuesta a que nadie le tome el pelo y mucho menos a hacer el paripé en plan «matrimonio ideal». Un año antes de que Isabel Preysler decidiera cortar con su segundo marido, Elena Arnedo pone de patitas en la calle a don Miguel Boyer, que se traslada con todos sus bártulos al Ministerio, para después instalarse en el domicilio paterno de la calle Velázquez.

De esa época son los *parties* que la pareja de enamorados organizaba con un reducido grupo de amigos en la zona privada del Ministerio y donde, según cuentan, Isabel actuaba como si fuera ya la señora de Boyer. Las dependencias del edificio fueron también mudos testigos de los famosos desmayos que atacaban a la enamorada en los momentos culminantes de la pasión.

Cuando el romance del ministro y la reina de la porcelana es ya un hecho, Elena Arnedo, que siempre prefirió mantenerse al margen de cualquier tipo de publicidad, se encabrita con unos reporteros que hacen guardia a la puerta de su casa de la calle Maestro Ripoll en El Viso —el mismo barrio donde vive Isabelita—, diciéndoles que no sabe nada de su consorte. «Hace un año que no vive aquí y no sé nada de sus historias amorosas. De todas formas creo que a quien tenéis que dirigiros es a ella, que está acostumbrada y le encanta salir en las revistas».

Esa fue la única ocasión en que la doctora habló. Nunca más volvió a hacer declaraciones. Vivió feliz hasta su muerte en 2015 después de haberse casado en 1986 con el arquitecto Fernando Terán, también socialista y amigo suyo de toda la vida.

Pero aún ha de transcurrir un año para que el escándalo, que ya era tema de tertulias socialistas y bailes de salón, se convierta en la primera página de diarios y revistas.

Mientras tanto, el marqués de Griñón hacía oídos sordos a todo aquel que pretendiera inmiscuirse en su vida sentimental. Su propia familia, incluso, no tuvo más remedio que callar. Un allegado del aristócrata recuerda: «Su hermana Rocío le dio un toque, pero Carlos la atajó al primer comentario. Para él su mujer seguía siendo sagrada. De todas formas nosotros nunca tomamos en serio a Isabel. La única huella que ha dejado en nuestra familia ha sido el escándalo publicitario».

Otro miembro de la rama Montellano asegura que los últimos años de convivencia fueron imposibles: «Recuerdo que Isabel, poco a poco, se fue haciendo arrogante, engreída, no hablaba más que de ella misma. El mundo tenía que girar a su alrededor, en torno a lo que ella hacía o dejaba de hacer. Carlos, que siempre ha sido una persona educadísima, llegó a estar un poco harto de los modales de su mujer. Lo peor de la historia es la imagen que, con sus silencios, presentaba Carlos Falcó. Miguel Boyer se portó muy mal con él. Se bebió su whisky, se fumó sus puros y le robó a la mujer».

En enero de 1983, el domicilio de Arga es una especie de territorio de nadie donde cada uno de los consortes va a su aire. La reina del baldosín salía de casa a las dos de la tarde y regresaba pasadas las doce. «El pobre marqués la esperaba a cenar, y se le enfriaba la comida en el plato. La señora pasaba olímpicamente de él y ni tan siquiera llamaba para avisar», recordaba en sus memorias la tata Humildad Rodríguez.

Ante el estupor de sus conocidos y del propio Carlos Falcó, nuestra protagonista decide marcharse quince días a París para —decía— perfeccionar su francés. El marqués prefirió no hacer investigaciones, pero en la intimidad llegó a comentar: «No entiendo por qué se va ahora a estudiar a París... Como si tuviera quince años. Tamara es aún muy pequeña y creo que va a echar de menos a su madre. La verdad es que Isabel a veces es imprevisible».

De aquellas fechas son unas confesiones a la revista *Garbo*, que más bien parecían una declaración de principios.

> Yo creo en el amor, pero no en el amor eterno. Lo maravilloso y superbueno no puede durar mucho. Pero, aunque dure poco, creo que merece la pena. Cuando dejas de admirar a la otra persona el amor se rompe. Hay mucha gente que me dice que yo tal vez no me he enamorado nunca de verdad y que por eso pienso así. No lo sé... Tal vez, algún día me enamore para siempre.

Nuestra dulce porcelana ya había dejado de admirar al marqués de Griñón y por eso decide irse quince días a París para replantear su vida. Marta Chávarri, casada por aquel entonces con Fernando Falcó, no tuvo pelos en la lengua a la hora de calificar la actuación de su cuñada. «Parece mentira lo que está haciendo Isabel con Carlos. Abandona a su familia en Madrid para verse con Boyer en París. ¡Es una vergüenza para todos nosotros!». Dicen que por la boca muere el pez. Marta Chávarri, flamante marquesa de Cubas, hizo tres cuartos de lo mismo varios años después, cuando dejó plantado a su marido para liarse con el financiero Alberto Cortina e instalarse en pleno Campos Elíseos en un superapartamento que pagaba el por entonces marido de Alicia Koplowitz.

Arropada por Carmen Martínez Bordiú nuestra protagonista

se instala en la capital francesa, adonde se desplaza siempre que puede el enamorado ministro. Para no levantar sospechas, Miguel Boyer se hace pasar por el señor García. El fallecido periodista Julián Lago contaba que en un restaurante parisino —La Coupole—, al que acudieron los dos tortolitos a cenar junto con el matrimonio Martínez Bordiú-Rossi, el «señor García» tuvo que aguantar carros y carretas cuando un avispado francés criticó en su presencia y muy duramente la política económica española, haciendo hincapié en la desastrosa gestión del responsable de dicha cartera ministerial. «Fue tremendo. A Miguel Boyer un color se le iba y otro le venía, pero no dijo nada. Aguantó el chaparrón como el señor García que era», recuerda una dama española residente en el país vecino que lo presenció y había reconocido al flamante ministro.

Carlos Falcó viajó un par de veces para intentar arreglar lo que ya no tenía arreglo. Aún pensaba que podía tratarse de un nubarrón y que si daba tiempo al tiempo las aguas podían volver a su cauce. Pero todo fue de mal en peor.

Ese verano los marqueses de Griñón dividen las vacaciones entre Casa de Vacas y Marbella. Isabel se escapa siempre que puede a Madrid con la disculpa de ultimar con el director de la revista *¡Hola!* los pormenores de su nueva profesión de periodista. Bajo el manto protector de los amigos, Isabelita y Miguel se ven a escondidas en un chalet de La Moraleja, donde una avispada chacha intenta vender a un semanario unas fotos de la pareja que nunca saldrían a la luz. La sombra del superministro sobrevolaba las redacciones. También se encuentran en la casa de la calle Orfila de Esperanza Goizueta, en el piso de Capitán Haya de Mona Jiménez, en un aparthotel de la calle Orense, donde también supuestamente encontrarían su nido de amor el financiero Alberto Alcocer y Margarita Hernández, en el propio Ministerio… Cualquier sitio es bueno para dar rienda suelta a la pasión que los consume.

En septiembre de 1984 acepta la propuesta de entrevistadora de lujo y firma con la revista *¡Hola!* un contrato que la convierte en la «reportera» mejor pagada del país, a razón de un millón de pesetas por entrevista.

Las críticas no se hicieron esperar. En varios diarios aparecieron columnistas de solera que con su pluma ponían a bajar de un burro a la nueva Oriana Fallaci, que además había tenido la osadía de atreverse con uno de los géneros periodísticos más difíciles, para el que es necesario contar con una buena preparación cultural. Y era del dominio público que la única cultura que poseía Isabelita Preysler era la del *Reader's Digest* y las revistas del corazón. Sus conocidos dijeron que aceptó este «reto», aparte de por la suculenta oferta crematística que suponía, por considerarlo una forma de liberarse de las tensiones de Arga y la posibilidad de no tener que estar dando cuentas al marqués de Griñón de sus idas y venidas, que hasta ese momento tenían poca justificación.

Como siempre, nuestra heroína pasó de las críticas. En una entrevista que le hice a salto de mata en un cóctel organizado por Marisa de Borbón, Isabel Preysler respondió sin inmutarse a mis irónicas preguntas:

—Isabel, ¿de cuándo le viene esta sublime afición?

—De siempre me ha gustado escribir.

—No lo hará por dinero, ¿verdad?

—Aunque no lo crea no ha sido la razón fundamental, aunque reconozco que prefiero que me paguen bien. La verdad es que siento un enorme interés por conocer al ser humano.

—¿Sabe que hay muchos periodistas de carrera que están en paro?

—Lo desconozco, pero no creo que tenga nada que ver con el hecho de que yo haga entrevistas para una revista. De periodismo he tenido, no una, sino varias ofertas. Por lo tanto esta pregunta debería hacérsela a los directores de las publicaciones, no a mí.

—Y a su marido, el marqués de Griñón, ¿qué le parece esta nueva faceta suya?

—Está encantado. Además, Carlos nunca se mete en lo que yo decido.

Efectivamente, en aquellos meses Griñón estaba más ocupado en arreglar su matrimonio con la nueva pluma del periodismo nacional que en aconsejarla profesionalmente. Miguel Boyer, que almorzaba en Arga cuando no estaba el marido en casa, se había crecido hasta el extremo de mandarle un ramo de flores el día de los Enamorados.

—¿Han traído unas flores para la señora? —preguntó ingenuo el marqués de Griñón al servicio.

—Sí, están en su habitación.

—Pero ¡si estas no son las que yo había encargado! —exclamó al verlas—. Se ve que no habría.

Al cabo de media hora llegaba el ramo de rosas rojas que el enamorado marqués había comprado. No obstante, el amante se había adelantado con su oloroso presente.

Pero volvamos al nuevo trabajo de nuestra protagonista. En la primera entrevista que realizó, precisamente a su primer marido, hubo sus más y sus menos. Cuentan colaboradores de Julio Iglesias que a Isabelita se le metió entre ceja y ceja entrevistar al cantante a pesar de que el ídolo pasaba olímpicamente de las veleidades periodísticas de su ex y consideraba, además, que no era el momento oportuno. En aquellos momentos Julio Iglesias se estaba jugando su aventura norteamericana y lo último que deseaba era dejarse entrevistar por una persona que de periodismo sabía lo que la condesa de Romanones de espías.

Llamadas a Miami del director de la publicación, de la propia Isabel y de Chábeli fueron el pan de cada día: «Papi, por favor, concédele la entrevista a mami. Está muy triste porque piensa que no se la quieres dar».

Después de muchos tiras y aflojas, de que Julito jurase en arameo ante la nueva profesión de su exmujer, se realiza la entrevista en casa de Carlos Iglesias que el semanario vende como un verdadero *scope* periodístico.

El siguiente de la lista fue el actor Gregory Peck, entrevista que fue gestionada por la exmujer de Demis Roussos, previo pago de ochocientas mil pesetas. Después vendrían Clint Eastwood, Farrah Fawcett Majors, Richard Chamberlain —que pareció haber sucumbido a los encantos de la bella filipina—, su amiga Carmen Martínez Bordiú, y Paul Newman, que se agarró un mosqueo espectacular cuando la intrépida periodista le preguntó, sin saber que ya había dirigido varias películas, si le gustaría colocarse detrás de las cámaras. Dicen que cuando llegó a Madrid le organizó una buena a la persona encargada de hacerle los cuestionarios. «Gracias a ti Paul Newman me ha tomado por una estúpida. Espero que no vuelva a ocurrir una torpeza de esta categoría», exigió la «periodista» Preysler.

En total fueron doce personajes, casi todos ellos extranjeros, a los que ella se presentaba como la exmujer del cantante Julio Iglesias. Gracias a Mona Jiménez y a Miguel Boyer, Isabelita pudo entrevistar al escritor peruano Mario Vargas Llosa. Precisamente a raíz de este encuentro dicen que se estableció entre los dos una maravillosa comunicación que aumentó con el paso del tiempo, como se verá en un capítulo posterior. Durante los tres últimos veranos, antes de contraer matrimonio, Isabel y Miguel cenaron en varias ocasiones con la pareja Vargas Llosa en Marbella, donde el escritor y Patricia, su mujer, instalados en la clínica Buchinger, se sometían a curas antiestrés y adelgazantes. A finales de 1989, y ante la crisis matrimonial que parecía amenazar a los Boyer, se llegó a decir que el candidato a la presidencia de Perú podría llegar a convertirse en el cuarto marido de la reina del baldosín. En el aeropuerto de Málaga, rodeada de toda su tribu, Isabelita lo negó categóricamente:

—En Madrid se comenta que ha retrasado usted sus vacaciones por el almuerzo que tenía con el escritor Mario Vargas Llosa.

—¡Qué tontería!

—También se dice que no le desagradaría ser presidenta consorte de Perú.

—Creo que la gente tiene mucha imaginación.

—¿No es cierto entonces que el señor Vargas Llosa y usted se impactaron mutuamente?

—Le conocí hace varios años al entrevistarle para ¡Hola!, pero la verdadera amistad la tiene con mi marido. De todas formas me parece que hay personas que tienen poco que hacer y se dedican a inventar historias que solo existen en sus calenturientas mentes. He venido a Marbella a descansar y no a hacer declaraciones sobre temas absurdos.

Por aquello de que cuando el río suena agua lleva, Patricia, la mujer del escritor peruano, aconsejó a su marido que evitara ciertos encuentros.

—No creo que te beneficie que tu nombre esté en los corrillos de chismosos.

Después de este inciso, retomo la historia donde la dejé, a poco menos de un año del segundo fracaso sentimental de Isabel.

Desde que se convirtió en marquesa de Griñón, Isabelita acudía, como era preceptivo, a la fiesta que organizaba la Zarzuela en los jardines del Campo del Moro para celebrar la onomástica del hoy emérito rey don Juan Carlos. Miguel Boyer, como miembro del Gobierno, también acudía. Ese 24 de junio de 1984, prácticamente todos los invitados estaban pendientes de la pareja de enamorados.

Nuestra protagonista apareció del brazo del marqués ataviada con un traje largo con escote palabra de honor, en gasa blanca con lunares negros, una gargantilla de perlas de tres vueltas y los pendientes, también de perlas, en forma de pera y unidos por tres eslabones de brillantes, que la hacían parecer una princesa de cuento. Estos zarcillos —sus preferidos junto a los pendientes que le regaló Miguel Boyer el día del enlace matrimonial— pertenecían a la familia Montellano y quedaron, tras el divorcio, en poder de Isabel Preysler en calidad de usufructuaria hasta que Tamara tuviera edad de ponérselos.

La fiesta del rey se convirtió en un trasiego de comentarios, risas y chascarrillos. Los dos enamorados pasaban de lo que ocurría a su alrededor, y cada vez que se cruzaban sus miradas había un centenar de invitados dispuestos a certificar la pasión que embargaba a los amantes. Mientras tanto, el marqués de Griñón prefería no enterarse de lo que ya era *vox populi*.

Aquel año fue el último en que Isabel Preysler acudió como marquesa de Griñón a la recepción real. Hasta que no se casó con Miguel Boyer no volvió a formar parte de los invitados que el 24 de junio acudían al Campo del Moro para felicitar a don Juan Carlos.

El verano interrumpe momentáneamente los encuentros diarios de la pareja. El invierno de 1985, el domicilio conyugal es una caja de dinamita a punto de explotar. Nuestra heroína viaja continuamente a París, donde se encuentra con su amor, es decir, con el «señor García». Queda muy poco para que la cuenta atrás acabe.

Ante el estupor general, el 2 de julio de 1985 el superministro de Economía y Hacienda presenta su dimisión. Las primeras páginas de los diarios y las portadas de los semanarios se hacen eco de tan trascendental decisión y reclaman la atención del lector y con titulares sugestivos como estos: «A Boyer le tocó la china», «Boyer dimite por amor», «El ministro prefiere la porcelana al poder».

La todavía marquesa de Griñón se encierra a cal y canto en la finca toledana. Antes de su partida tiene tiempo para realizar unas declaraciones en la revista que la tiene en nómina.

> Es algo absolutamente frívolo y ridículo afirmar que he influido en la decisión de Miguel Boyer de abandonar el Gobierno. Nadie medianamente inteligente puede creer una cosa así. Repito, es absolutamente ridículo pensar que Miguel Boyer haya dejado su cargo por el hecho de que me conozca.

Como en otras ocasiones, nuestra protagonista intentó echar balones fuera con estas sublimes declaraciones. Resulta incomprensible e incluso chocante creer que dos personas que se aman locamente no hubieran pasado noches en vela hablando de este tema. Ni Pinocho en sus horas bajas se habría atrevido a contar una mentira semejante.

Don Miguel lo tenía muy crudo políticamente. Había perdido el pulso de poder contra el omnipotente Alfonso Guerra, pero esto, según dijeron expertos comentaristas políticos, era tan solo una gota en el océano. La verdadera cuestión era que, aparte de contar solo con el apoyo moral, que no real, de Felipe González, su enajenamiento sentimental le había llevado a replantearse su vida. No podía, con el sueldo de ministro —ochocientas mil pesetas al mes por aquel entonces—, mantener el estatus de su adorada porcelana. A pesar de su educación liberal, de su apoyo incondicional en su juventud a las ideologías que colocaban a la mujer como compañera más que como descanso del guerrero, don Miguel Boyer estaba cansado de ser un probo funcionario cuyo sueldo solo servía para dejar propinas en los restaurantes de superlujo que tanto gustaban a la dama que-decoraba-sus-mejores-sueños. Las seiscientas mil pesetas mensuales —unos cuatro mil de los actuales euros—, una auténtica fortuna en la época, que, según dicen, necesitaba Isabel Preysler para mantener el chalecito de Arga, le traían por la calle de la amargura. Desde luego no estaba dispuesto a que le consideraran, como dijeron los malvados de siempre, el «preyslerman III». Rompió la baraja y apostó por su amor por la bella oriental. Por eso las declaraciones de Isabelita escurriendo el bulto y asegurando por activa y pasiva que no sabía nada de la historia de la dimisión sonaron a chanza. Más que nada porque siete días después —otra vez aparece el número mágico en la vida de Isabel— nuestra heroína anunciaba su separación matrimonial.

El 14 de julio de 1985, los marqueses de Griñón firmaban un comunicado conjunto donde anunciaban el fin de su matrimonio. Habían pasado siete años desde que Isabelita estampara su nombre por primera vez en una nota de prensa de las mismas características. Siete años duró su matrimonio con Julio Iglesias y otros siete su relación con Carlos Falcó. Si, como se presumía, este número hubiera marcado también este ciclo sentimental de nuestra protagonista, don Miguel Boyer se habría convertido en 1992 en el tercer ex de la seductora filipina. El año 1992, el de las Olimpiadas, de la Expo sevillana y de Madrid como capital de Europa. Y sin embargo no fue así. La feliz pareja estuvo unida hasta 2014, año en que el exministro falleció a causa de una embolia pulmonar. Parecía que las declaraciones de Isabel cuando ya Griñón andaba en la cuerda floja —«Tal vez un día me enamore para siempre»— resultaron ser verdad.

PARTE IV

BOYER

Hace frío en Madrid. La Navidad de 1989-1990 está a la vuelta de la esquina y los ciudadanos se empeñan en llevarle la contraria al ministro Solchaga gastando la paga extra a manos llenas en vez de ahorrar como manda el gran capitoste de la economía nacional. A pesar de que se acerca la hora del cierre, los pequeños establecimientos y los grandes almacenes están a rebosar. El paseo de la Castellana es un caos y la ambulancia, con la sirena a todo gas, esquiva a los vehículos con una maestría propia del que era la estrella de la Fórmula 1 de la época, Alain Prost. Después de atravesar la plaza de Castilla el tráfico se torna más fluido y el chófer y su copiloto respiran mientras enfilan la avenida del Cardenal Herrera Oria.

—Macho, mira que tengo mala suerte. Hoy que me quedo cinco minutos más para rellenar la loto, me toca la China de este servicio.

—Anda, calla, que después de esta al estrellato.

—Sí, sí, a galeras es adonde voy a ir. A ver cómo se lo explico a la parienta. Le había prometido llevarla al cine. Con el tráfico que hay, mientras dejamos el «paquete», firmamos los papeles y vuelvo a casa, me dan las doce.

—Pues nada, se lo cuentas. Verás lo contenta que se va a poner cuando vaya a la peluquería y pueda chismorrear.

—Déjate de historias. Ya sabes lo que nos han dicho: discreción al máximo. Desde luego yo no me juego las lentejas y será mejor que te apliques el cuento. Eres bastante bocazas.

—No me vengas con sermones y pon el intermitente, que ya estamos llegando.

En la puerta de urgencias del hospital Ruber Internacional, en la colonia de Mirasierra, la misma clínica donde ocho meses antes, el 18 de abril, había dado a luz Isabel Preysler, esperaban la ambulancia tres médicos, varias enfermeras y ATS, todos ellos seleccionados entre los más veteranos del elitista sanatorio privado.

—Rápido, poner el oxígeno y llevar la camilla al quirófano cuatro.

Nadie pregunta y las órdenes se cumplen sin rechistar. Solo el asombro se pinta en el rostro de los profesionales.

De madrugada, el cuartito de la segunda planta que hace las veces de dormitorio para las guardias de las enfermeras parece el camarote de los hermanos Marx. Una joven de veintitantos años le dice a su ensimismado público:

—No saben si saldrá. Está en la UCI.

—¿Y ella ha venido?

—No la han localizado. Según parece, está en París.

Una escéptica compañera mete baza. Le molestan los chismes, y más a esas horas de la madrugada; falta aún un rato para que acabe el turno y le gustaría descansar un poco.

—¿Pues sabéis lo que os digo? Que no me lo creo. ¿Tú le has visto? —pregunta con una aplastante lógica.

—Yo no, pero la nueva, la que está con Mavi en prematuros, sí.

—Anda ya, pero si Concha hoy no tenía guardia… Me la he encontrado cuando yo entraba esta tarde y ella se iba a su casa.

—Es que quien lo ha visto ha sido una amiga de Concha.

—¿Sabes lo que pienso? Que te lo has inventado.

La incipiente discusión se interrumpe con la llegada de la encargada de planta. Una cuarentona muy seria y profesional que no entiende el porqué de la masiva concentración.

—¿Qué regalan aquí?

La mayoría de los presentes se escabullen y prefieren dar la callada por respuesta. Solo la intrépida enfermera, que ha hecho frente a la chismosa, habla. La jefa da por finalizada la reunión con un:

—Cada uno a lo suyo y basta ya de tonterías. Dejad todo arreglado para el siguiente turno.

Cuando se marcha de la habitación, las dos jóvenes vuelven a la carga:

—Anda, lista, menuda metedura de pata la tuya…

—Puedes decir lo que quieras, pero ella no lo ha desmentido.

—¡Claro!, porque es una chorrada.

Antes de marcharse a casa nuestra «radio macuto» decide desayunar en la cafetería del hospital y, de paso, convertirse en informadora mañanera con su versión personalísima de los hechos nocturnos.

—¡Hola! ¿Mucho trabajo esta noche?

—Prácticamente nada.

—¿Te has enterado de quién está en la UCI?

Y la joven relata de nuevo la historia, pero esta vez con puntos y comas. Solo le faltó decir que había tenido en sus manos el historial médico.

Cuando la enfermera desapareció, el joven ATS se queda con la copla y la transmite corregida y aumentada:

—¡Es la hostia, tío! Me he enterado de una historia alucinante. Miguel Boyer se ha tomado un tubo de pastillas. Igual la palma.

—No me fastidies. Eso es increíble.

—Que sí, que una compañera le ha visto todo intubado. Según parece lo ha hecho porque la Preysler le ha dejado.

Ese mismo día, poco después de mediodía, un comunicante anónimo me informa de una historia truculenta que tiene pocos visos de ser real, pero que precisamente no se puede obviar por lo sorprendente de su contenido.

—¿Es la revista *Tiempo*?

—Sí, dígame.

—Miguel Boyer ha intentado suicidarse. Está en la Ruber.

—¿Y qué pruebas tiene?

—El sobrino de mi vecina, que es conductor de ambulancias, fue quien le trasladó al hospital.

—¿Está usted seguro?

—Segurísimo, porque este chico es muy serio.

—Oiga, ¿podría hablar con ese joven?

—No, se juega el puesto. Su tía me ha comentado que sus jefes le han advertido que como cuente algo le ponen de patitas en la calle.

Cuando el altruista informador colgó el teléfono me fui directamente al despacho de Pedro Páramo, subdirector de *Tiempo*.

—Pedro, me acaba de llamar un señor que dice que Miguel Boyer se ha intentado suicidar.

—Antes de hacer nada espérate un momento a que haga unas cuantas llamadas, porque está corriendo esta historia por muchas redacciones.

Al cabo de una hora Pedro Páramo me dice:

—Miguel Boyer está en su despacho de Torre Picasso. Pasa del tema porque es una intoxicación. Lo que hay que averiguar ahora es a quién le interesa difundir esta historia.

Efectivamente, no solo en la revista *Tiempo*, sino en la mayoría de los semanarios, diarios, emisoras de radio y agencias de noticias se recibían llamadas según las cuales el que fuera superministro de Economía y Hacienda estaba entre la vida y la muerte en varios hospitales madrileños, a causa de una sobredosis de barbitúricos, un tiro de escopeta de caza o un corte de venas, dependiendo de la imaginación de cada cual. En escasamente cuarenta y ocho horas el rumor se había extendido como la pólvora e incluso, como se narra en plan ficción al principio del capítulo, había gente que juraba haber visto que le trasladaban en camilla por los pasillos de una clínica y otros que ofrecían partes médicos sobre el estado del paciente.

Nunca se descubrió, o al menos no salió a la luz pública, quién era la mano negra que manejaba los hilos de este rumor. Aun semanas después hubo quien, queriéndose erigir en sabelotodo, contaba en una cena privada, organizada por una relumbrante dama de la jet en la elitista urbanización madrileña de La Moraleja, que Miguel Boyer llevaba las muñecas vendadas, lo cual certificaba el corte de las venas. «Miguel no hacía más que bajarse los puños de la camisa para que no le viéramos los vendajes».

El entonces presidente de Cartera Central y su dulce porcelana se hacían los desentendidos, obviando cualquier tipo de declaración. «Mike, déjales que escriban tonterías y no se te ocurra desmentir nada», aconsejaba Isabelita, sabedora por propia experiencia de que es mejor dejar pasar las tormentas.

Ellos, aunque la bella consorte siempre lo ha negado, pasaron una crisis conyugal cuyo momento álgido coincidió con la campaña de acoso y derribo de don Miguel Boyer, pero que se había iniciado el verano anterior, cuando se especuló con la posibilidad de que Isabel hubiera encontrado recambio en la persona del escritor Mario Vargas Llosa. Esta supuesta historia de amor comenzó cuando Isabel Preysler ejercía de reportera y eligió al que en 2010 sería premio Nobel de Literatura como personaje para sus peculiares entrevistas.

En vísperas del segundo aniversario de boda, los comentarios sobre la posible disolución del matrimonio recorrían las redacciones. Atrás quedaba aquel 2 de enero de 1988, cuando el aún presidente del Banco Exterior de España se casaba, a los cuarenta y nueve años, con la mujer más odiada y admirada del panorama nacional. La «boda anunciada», como la definieron algunos cronistas sociales, no tuvo nada que ver con el relumbrón de los anteriores enlaces de nuestra protagonista. Por deseo expreso del novio la ceremonia se celebró en la intimidad. Ni los respectivos hijos ni los amigos más allegados ni tan siquiera los padres de la contrayente tuvieron noticia del hecho antes de que se consumara. Solo los novios y los dos testigos, el abogado José María Amusátegui, vicepresidente del Banco Hispano Americano y viejo amigo de Miguel Boyer de los tiempos en que trabajaban en el Instituto Nacional de Industria y en el de Hidrocarburos, y Margarita Graciela Vega Penichet, casada con Manuel Guasch, presidente de Fasa-Renault, íntima y confidente de la desposada.

A las nueve en punto de aquel sábado los juzgados de la calle Pradillo estaban totalmente vacíos, entre otras razones porque los magistrados solo casan en días hábiles. Isabelita y Miguel fueron una excepción. Las amistades e influencias del exministro habían conseguido lo que resulta impensable para cualquier españolito de a pie, es decir, casarse un día en que los juzgados permanecen cerrados.

José María Ferreras de la Fuente, el juez encargado de legalizar la unión, explicó en su momento esta peculiaridad: «Me enteré dos días antes de que iba a ser yo quien los casara, pero desde "altas instancias" me recomendaron discreción absoluta. El motivo que alegaron era que la noticia podía provocar una alteración del orden público».

Isabelita, radiante y feliz a pesar del madrugón —ella está acostumbrada a levantarse pasadas las once de la mañana—, solo tenía ojos para el flamante y emocionado novio, que vestido con un impecable terno azul marino y corbata de la firma Hermès agarraba a su amada como si tuviera miedo de que alguien se la fuera a robar.

Una de las funcionarias, que se encontraba en una de las plantas haciendo horas extras y que se convirtió en testigo excepcional de la boda del año, no daba crédito a lo que veían sus ojos. «Cuando me lo comentó una de las limpiadoras no lo pude creer y bajé rápidamente. Allí estaban los dos. Ella, guapísima, con unos pendientes maravillosos de perlas y brillantes que le había regalado Boyer, según me contó más tarde un periodista, dominando la situación. Él, supernervioso y emocionadísimo. Cuando acabó la ceremonia, y al salir de la sala, el señor Boyer le dijo: "Cariño, hoy es el día más feliz de mi vida". ¿Qué le respondió Isabel? La verdad es que no pude escucharlo, pero creo que ella estaba más pendiente de los fotógrafos que estaban fuera que de su marido».

En efecto, a la salida, dos avispadas agencias de prensa que llevaban cerca de un mes haciendo guardia día y noche en Arga 1, y un fotógrafo de EFE, encargado de fotografiarles «oficialmente» para luego repartir la imagen a los distintos medios, fueron los únicos testigos del «día más feliz» de Miguel Boyer. ¡Por una vez, y sin que sirviera de precedente, no hubo exclusiva!

Los recién casados se trasladaron seguidamente al domicilio familiar, donde los hijos de Julio Iglesias y la niña del marqués de Griñón se despertaron con la feliz noticia. Ese día, la callecita de Arga fue testigo de un trasiego de mensajeros con telegramas, chóferes con regalos y dependientes de floristería que entregaban enormes ramos y centros. Un equipo de maletas de la firma Loewe, valorado en quinientas mil pesetas de la época, dos pañuelos de seda de la misma casa a razón de treinta mil pesetas cada uno, un carrito de metacrilato, varios bonsáis, una vajilla completa de la Cartuja y varios objetos de plata fueron algunos de los obsequios que recibió la pareja en el transcurso de la mañana. El atuendo que lució Isabel Preysler en su boda —un conjunto dos piezas, gris marengo oscuro, con falda de vuelo y la chaqueta ribeteada con visones Lutetia— era un regalo conjunto de María Rosa Salvador, dueña de la boutique Dafnis, y de la peletera Elena Benarroch. Para las dos profesionales, Isabelita, además de amiga, era por entonces una de sus mejores clientas.

Pero volvamos a nuestra historia inicial. Un mes antes de que el intento de suicidio del tercer marido de Isabel Preysler se convirtiera en la comidilla de todos, la dama-que-decora-nuestros-mejores-sueños había dejado caer, en los almuerzos que organizaba semanalmente con sus amigas, que el ambiente en Arga 1 estaba un tanto enrarecido. Estas comidas femeninas también merecen un capítulo aparte porque son una muestra de cómo es nuestra heroína en la intimidad de su hogar. «Miguel está cada vez más nervioso y alterado. Solo se tranquiliza cuando está con Ana», decía a sus conocidas, porque Isabel, lo que se dice íntimas de verdad, tiene muy pocas. En esa época, quizá Carmen Martínez Bordiú y Marta Oswald, con las que no tenía trato diario, fueran sus dos únicas amigas de verdad.

Miguel Boyer no solo estaba nervioso, sino histérico. Es repudiado por amplios sectores de su partido por la vida de lujo y esplendor que lleva, y algunos militantes de tronío exigen su baja inmediata en el PSOE. Los espectáculos públicos orquestados contra él por su enemigo número uno, José María Ruiz-Mateos; el tartazo lanzado por la hija del empresario jerezano a su consorte en plena calle Velázquez, cuando Isabelita visitaba a su ginecólogo; pintadas en Arga 1 acusando al matrimonio de delincuentes y ladrones, o los vuelos rasantes de avionetas que dejaban caer en el chalet veraniego de Marbella —alquilado por una cifra astronómica— octavillas con el logotipo de la abeja donde se exigía el procesamiento de don Miguel tenían al tercer marido de nuestra protagonista en vilo. A hechos como el puñetazo televisado que le propina el empresario expropiado al grito de «¡Que te pego, leches!», hay que añadir en aquel momento su incierto futuro profesional en Cartera Central —sociedad tenedora de las acciones que el grupo Construcciones y Contratas y Kio poseían en el Banco Central y en Banesto— después de descubrirse el *affaire* sentimental Cortina-Chávarri. Él había apoyado a sus jefes en detrimento de las verdaderas dueñas de la empresa, las hermanas Koplowitz. Alicia y Esther no se fiaban en absoluto del exministro y mucho menos de la filipina con ínfulas de gran señora, pero sabían que rescindirle el contrato les costaría una cantidad desorbitada de dinero. Si a esto se suma la muerte del padre de Boyer, el 7 de mayo de ese mismo año, y las trifulcas con Isabelita por el tema de la nueva mansión que se estaban construyendo en Puerta de Hierro, nos encontramos con un consorte hecho polvo que solo quiere que su media naranja le consuele. Pero en aquel momento, y según contaban amistades de la pareja en reuniones sociales, la bella porcelana también estaba en crisis y de ahí los desplantes más o menos públicos, agravios que, por otra parte, Isabelita nunca había utilizado con sus anteriores maridos. «Ella no es de montar tinglados delante de la gente. Prefiere lavar los trapos sucios en casa, pero la verdad es que durante aquellas semanas nos quedábamos asombrados por el trato que daba a Miguel».

Al menos en dos ocasiones semipúblicas, la reina del baldosín no se cortó un pelo a la hora de manifestar su desagrado por las opiniones de su tercer consorte. El matrimonio acudió al estreno de un espectáculo de tangos, organizado por el empresario argentino José Lata Liste en el teatro Apolo de Madrid. Lata Liste pertenece a la jet marbellí y madrileña y es amigo de Isabel desde la época en que era marquesa de Griñón; además, Tamarita Falcó Preysler es asidua visitante veraniega de su piscina, donde comparte juegos y almuerzos con sus hijos, compañeros del colegio St. Anne's School. A don Miguel el trasiego festivalero de su señora siempre le ha disgustado y así se lo manifiesta antes de salir de Arga, el domicilio más conocido de toda España.

—Isabel, tendríamos que salir menos. A Tamara le encanta que nos quedemos en casa y Ana es demasiado pequeña para dejarla con la tata.

—Mike, eres un aburrido. Ya le dije a Lata Liste que íbamos a ir. No querrás que quedemos mal, ¿no?

Como siempre, y para no armar más bronca, Miguel Boyer claudicó ante los razonamientos de su señora. A pesar de su condescendencia, Isabelita salió con el gesto torcido.

En el teatro Apolo todo fueron sonrisas para la prensa, pero no así para su acompañante. Un testigo presencial recuerda que la pareja no demostraba encontrarse en su mejor momento emocional: «Se les notaba tensos. Isabel llegó a estar muy violenta con Miguel y le soltó varias impertinencias que pudimos oír los que estábamos cerca. Él aguantó el chaparrón como pudo».

La misma situación se reproduciría días después al término de una cena de matrimonios en el exclusivo restaurante Jockey, en la madrileña calle Amador de los Ríos. El local, una especie de sanctasanctórum de banqueros y de la verdadera jet —es decir, la que tiene dinero y no la de escaparate, que suele estar sin blanca—, se convirtió en escenario del segundo desplante público de la musa.

Isabelita y Miguel habían cenado una vez más en su rincón preferido, con otra pareja. Cuando los comensales abandonaron el restaurante, los Boyer —mejor sería decir los Preysler— permanecieron todavía unos minutos en el interior, so pretexto de evitar fotógrafos. Pero la realidad era muy otra. Tenían que hablar del tema que a Miguel Boyer le traía por la calle de la amargura y que no era otro que el palacete de Puerta de Hierro. Don Miguel pensaba que su mujer se estaba extralimitando con tanto cuarto de baño —¡trece!—, ascensor, montaplatos, gimnasio, columnas y maderas nobles. El marido ha logrado, como gran victoria, que la fachada del superchalet no sea de granito de sillería sino de ladrillo visto, retoque económico bastante razonable si el resultado final es el de parecerse al palacio de la Moncloa y no al monasterio de El Escorial. Según algunos arquitectos de la vivienda «es todo lo contrario a una casa moderna e innovadora. Se trata más bien del prototipo clásico, exactamente igual a los que se construían a principios de siglo». Para nuestra heroína, sin embargo, «Villa Meona» —definición acuñada por el periodista Alfonso Ussía— era el premio a su indudable inteligencia.

Isabel aprovechó la soledad del mantel para recriminarle a Miguel su falta de aspiraciones sociales.

—Miguel, tienes que acostumbrarte a tu nueva vida y olvidar la chaqueta de pana.

El presidente de Cartera Central, intentando bromear para calmar a su dulce esposa, contestó:

—Isabelita, si yo nunca he llevado chaqueta de pana...

—Mira, Miguel, no me gusta que delante de la gente, aunque sean amigos, pongas pegas a la casa nueva. Bastantes problemas tenemos con tu excuñada y con la prensa como para que tú también le busques tres pies al gato.

La excuñada aludida era Gracia Bergese, casada con Agustín Boyer hasta abril de 1978, la cual interpuso una denuncia el 17 de enero de 1990 contra doña Isabel Preysler Arrastia, en el juzgado número 39 de Primera Instancia, por posibles irregularidades urbanísticas en las obras del espectacular nido de amor de dos mil metros cuadrados, denuncia que paralizó en su momento su construcción. El palacete, diseñado por la bella porcelana, cuenta con dos plantas de setecientos metros cada una, sótano, garaje, dos piscinas, una de ellas climatizada, y cuarenta y cuatro habitaciones, contando las del servicio. Las dependencias privadas del matrimonio tienen una extensión de aproximadamente ciento cincuenta metros, lo mismo que una vivienda completa de cualquier familia de clase media. No obstante, y eso que la emperatriz había asegurado en una entrevista televisiva concedida a Jesús Hermida: «No me agradan las casas demasiado grandes porque me gusta mucho sentirme arropada». Imagínense lo que pudiera haber sido el hogar de la protagonista de este libro de haberle gustado los amplios espacios. ¡El Palacio de Oriente se habría quedado pequeño!

También Isabelita se encontró con graves acusaciones al escriturar la mansión en noventa y cinco millones de pesetas de la época, cuando su valor real, según los agentes inmobiliarios, era superior a los doscientos millones, y sobre ella pesaba una hipoteca de ciento ochenta. El periodista Julián Lago, al que Miguel Boyer odiaba casi tanto como a Ruiz-Mateos, explicaba en la tertulia de la COPE esta «rarísima operación financiera»: «Es curioso que el dueño de esta casa pierda dinero en su venta. Imagino que querría ganar el cielo dando casa al que no tiene».

A raíz de la publicación en casi todos los medios de la «absurda transacción inmobiliaria», el Departamento de Transmisiones de la Delegación de Hacienda de Madrid reclamó al matrimonio Boyer el pago de un nuevo impuesto de cinco millones de pesetas en concepto de liquidación complementaria. Por menos sentaron a Lola de España en el banquillo de los acusados, y a cualquier españolito de a pie le hubieran metido entre rejas por defraudar al fisco. Pero nuestra heroína siempre ha tenido atados y bien atados sus negocios. Con su cualidad innata para extraer de todo lo que toca pingües dividendos, ha comprendido que siempre habrá tiempo de vender la casa y no duda de que tendrá mejor precio si por sus salones, bañeras y suelos de cerámica ha pasado la mujer más admirada y envidiada de España. Sin ir más lejos, la casa de Arga 1, que compró al separarse de Julio Iglesias por dieciséis millones de pesetas, cuando se trasladó a su nueva mansión estaba valorada en cerca de doscientos millones, según expertos inmobiliarios.

La noche de Jockey, Isabel no tenía ganas de exponer todos estos razonamientos a su marido. Si no era capaz de entenderlo, peor para él. El exministro resolvió zanjar la cuestión y poner punto final a una velada gastronómica que se estaba convirtiendo en una batalla dialéctica; pero no contaba con el enfado de su amor. Isabelita decidió marcharse en el Mercedes familiar, mientras que don Miguel hacía lo propio en el coche de los escoltas. La despedida del consorte fue muy explícita y se oyó nítidamente en el comedor: «Isabel, haz lo que quieras, como siempre».

Como se puede ver, un mes antes de que los rumores del suicidio corrieran como la pólvora, el hogar de la filipina más dulce y más suave de cuantas han pisado Madrid no era una balsa de aceite.

Nadie osaba, en el círculo de sus amistades, sugerir en público una inminente ruptura del tercer matrimonio de Isabel Preysler, pero hay quien quería encontrar algunas similitudes entre el momento que vivía la pareja y los días que precedieron a las anteriores separaciones matrimoniales de Isabelita. Por ejemplo, las visitas de mamá Betty solían coincidir con los momentos bajos de la vida de su niña.

Pero hubo más indicios de la crisis sentimental, en los que se apoyaron los enemigos de Boyer para colocarle, medio muerto, en un hospital madrileño. Contra su costumbre, la emperatriz del alicatado comenzó a viajar sin su marido. El viaje a Estados Unidos estaba medianamente justificado al tratarse, por un lado, de una visita en Houston a su hermana pequeña, Beatriz, que se sometía a un tratamiento anticanceroso, y por otro, de la recomposición, por cuarta vez, de su bello rostro, pues debía rodar el nuevo spot publicitario de Porcelanosa. No obstante, por esa época Isabel aseguraba, cuando se lo preguntaban, que nunca se había sometido a operaciones de cirugía estética, salvo las intervenciones forzosas para colocar en su sitio el tabique nasal. Con ver las fotografías de cuando aterrizó en España se observa que los especialistas no solo han suavizado el hoyuelo de la barbilla, sino además le han afilado el rostro, le han retocado los achinados ojos y le han colocado una nariz que nada tiene que ver con el apéndice nasal de la exótica joven que llegó a Madrid en 1969. Incluso su color de piel, cetrino cuando era una adolescente, es ahora blanco Danone. A no ser que, todo puede ocurrir, la alimentación y la forma de vida occidental sean los verdaderos causantes de esa transformación tan evidente. En su momento se dijo que los excelentes especialistas Antonio de la Fuente y Vilar Sancho habían contribuido para que Isabelita siempre fuera la más bella del baile. Nuestra heroína cuida su cuerpo y su aspecto físico de tal manera que si hiciera lo mismo con la mente estaríamos ante una posible premio Nobel.

«Me cuido mucho, es verdad, pero ¿qué mujer no lo hace? Suelo acudir a un salón de belleza a que me hagan una limpieza de cutis una vez por semana. También hago mucha gimnasia, sobre todo para tensar los pectorales. De todas formas, tengo la suerte de tener, gracias al mucho deporte que hice en mi juventud, un cuerpo firme y elástico», declaraba en esos tiempos Isabel.

La masajista particular, su peluquero Leonardo y la maquilladora May son testigos excepcionales de la belleza de esta mujer, que solo aumentó una talla —de la treinta y ocho a la cuarenta— después de dar a luz a su quinta hija. A los setenta y tres años que tiene en 2024, nuestra musa *number one* parece la hermana mayor de su hija Chábeli.

Siguiendo con nuestra historia, la ausencia de Boyer podía estar plenamente justificada en este desplazamiento transoceánico, pero en cambio llamó la atención el hecho de que Isabel Preysler viajara en dos ocasiones en solitario a París. En efecto, so pretexto de elegir nuevos modelos en las colecciones de invierno de los grandes modistos parisinos, la bella filipina pasó cerca de una semana en la Ciudad de la Luz. Los íntimos del matrimonio recordaron otras escapadas a París, donde era bien recibida por Carmen Martínez Bordiú, en momentos verdaderamente críticos de su vida sentimental. Cuando Isabelita tenía algo muy importante que «secretear» con la señora de Rossi, no se conformaba con agotarla por teléfono, sino que tomaba un billete de primera clase en Air France y en menos de tres horas estaba en Rueil Malmaison, la villa donde vivía Carmencita en las afueras de París.

Carlos Falcó podría explicar muy bien cuáles fueron los resultados de una escapada, que duró cerca de tres semanas, de la entonces marquesa de Griñón. De cara a la galería, Isabelita perfeccionaba su francés en el país vecino, cual si fuera una estudianta. La realidad era muy otra. En la ciudad de los enamorados, se veían en secreto la aristócrata consorte y el señor García, que no era otro que don Miguel Boyer, flamante ministro de Economía en esos tiempos. La crisis que en noviembre de 1989 amenazaba la paz de Arga 1 no tenía su origen, como se vio después, en una nueva aventura amorosa. En esa ocasión, todo apuntaba a que la acritud con que trataba a su esposo en público guardaba relación con una crisis muy profunda que atenazaba al que fuera brazo izquierdo de Felipe González. Miguel Boyer, que no dejó la cartera ministerial por amor, como se dijo en su momento, aunque algo de eso hubo, como ya hemos explicado, se encontraba a raíz del *affaire* Cortina-Chávarri en una difícil posición. Durante varias semanas no supo si las hermanas Koplowitz iban a prescindir de sus servicios, y si no lo hacían, desconocía por completo cuál iba a ser su cometido en Cartera Central. No hay que olvidar que Boyer dejó su cargo público por la empresa privada, cuestiones políticas aparte, por una sencillísima razón: con su sueldo de ministro no podía estar a la altura de la que más tarde se convertiría en madre de su hija Ana. Lo confirman las declaraciones de una amistad de nuestra heroína: «Miguel no es un gran amante del dinero. Lo que pasa es que cuando conoce a Isabel se da cuenta de que con su sueldo no tiene ni para comprarle pipas, porque ella ganaba muchísimo más que él y su tren de vida es espectacular. Entonces es cuando se plantea el cambio de vida. De todas formas, Isabel apostó por un hombre brillante, no por un Rothschild. Ella se enamoró de Boyer exclusivamente por su inteligencia y brillantez».

Es más, cuando alguien de su círculo le preguntaba en aquellos momentos de crisis por la diferencia entre sus tres maridos,

Isabel Preysler, imperturbable, respondía: «También me pregunto yo, después de haber conocido a Miguel, cómo he podido vivir con un hombre con el cerebro de Julio Iglesias». Al marqués de Griñón en sus reuniones femeninas lo definía como un hombre muy culto, de una brillantez diferente a la de Boyer, sensible y un poco aburrido.

Hay que recordar que hasta que Boyer no se casó con ella, Isabel era la que mantenía Arga 1, a pesar de que desde las Navidades del 86, don Miguel vivía oficialmente en el chalet de El Viso. Él, a lo sumo, pagaba los viajes de placer al extranjero y la mitad del alquiler de La Luna, el chalet marbellí donde pasaron su primer verano como pareja estable. En las anteriores vacaciones, con la dimisión recientita, los enamorados prefirieron no ser pasto del comadreo y, aunque se pasaban el día juntos en el Romeral —una villa enclavada en la carretera de Ronda, a escasos kilómetros de la Baraka, los antiguos territorios de Khashoggui, alquilada por la aún marquesa de Griñón—, don Miguel volvía todas las noches a dormir a la casa de su hermano en la urbanización El Ancón, en plena Milla de Oro y puerta con puerta con el antiguo domicilio marbellí de Jaime de Mora.

Con relación a la crisis existencial de Miguel Boyer que motivó los rumores del suicidio, un amigo explicaba: «Boyer no es como Solchaga, que se crece en los momentos duros. Boyer es una persona introvertida y débil, a pesar de las apariencias de altanería. Es también muy soberbio y está negro con toda esta historia». Compañeros del antes todopoderoso político socialista llegaron a comentar delante de periodistas amigos que Miguel Boyer, en un bajón, había asegurado: «Si Isabel me deja, soy capaz de cualquier cosa». La verdad sea dicha, convertirse en el tercer preyslerman abandonado era para Miguel Boyer lo peor que le podía pasar. Por cierto, el término «preyslerman», inventado por el escritor Francisco Umbral, fue utilizado en sus ataques obsesivos por el empresario Ruiz-Mateos. A don Miguel Boyer el solo hecho de escuchar o leer esa palabra le volvía frenético. ¡No era para menos! Según afirmaba la periodista

Lola Canales, «en el círculo de amistades de Isabel, a Miguel Boyer le definen como un hombre comido por los celos. No puede soportar que en las fiestas a las que acuden juntos los hombres miren a su consorte. También le saca de quicio que le conozcan como el tercer marido de la Preysler». Pero Isabelita, a pesar de los desplantes antes descritos, es una dama que jamás abandonó a ninguno de sus anteriores maridos en plena borrasca; es un tipo de mujer que sabe dónde hay que estar en cada momento, y que nunca se permitiría el lujo de dejar una estela de odios tras de sí. Es la mujer más alabada por sus maridos abandonados.

Mientras los comentarios de crisis en la pareja de moda se extendían por los consejos de administración y los salones de la jet, los entendidos en la materia aseguraban que Boyer había vuelto a fumar como un poseso, que necesitaba tranquilizantes para dormir y que bebía más de lo acostumbrado. En un reportaje publicado por la revista *Tiempo*, el 4 de diciembre de 1989, bajo el sugestivo título de «Boyer-Preysler al borde de la crisis», se describía una cena en casa del exsíndico de la Bolsa de Madrid, Manuel de la Concha, donde el presidente de Cartera Central no salía muy bien parado. Transcribo literalmente:

> Su reciente predilección por el licor de pera Williams le ha dado más de un disgusto. El último ejemplo fue en casa de Paloma y Manuel de la Concha. Las llamadas de atención de Isabel no impidieron que el exministro largara, bajo los efluvios del licor suizo, insultos contundentes contra sus propios jefes, «los Albertos», a los que denomina «carne de hormigonera», y por supuesto contra Mario Conde. Isabel, que se consideraba hasta hace no muchas semanas «una persona muy equilibrada con mucho sentido del humor», prefirió no reírle las gracias aquella noche y puntearle la pierna bajo la mesa con su zapato de satén. Pero Miguel seguía escupiendo, entre amigos y algún enemigo camuflado, la amargura de una derrota.

Este párrafo no solo resume el estado de ánimo del tercer consorte en aquel diciembre del 89, sino el de la misma emperatriz del azulejo. El periodista Jesús Cacho echó aún más leña al fuego y recrea con todo lujo de detalles esta escena en su libro *Asalto al poder II*:

> Esto va a acabar muy mal —argumentaba Boyer—, pero que muy mal; son todos unos impresentables. El Conde este ¿qué coño se ha creído?, ¿que puede ir por ahí arrollando a todo el mundo? Os juro que voy a exterminarlo aunque me cueste veinte mil millones de pesetas y sea lo último que haga en mi vida... ¡Exterminarlo, sí!

Después de todo esto, el cóctel «Suicidio» estaba servido; los enemigos de la pareja habían colocado en la coctelera del rumor los ingredientes necesarios para que una mentira tuviera visos de verdad ante la opinión pública. Por si a algún lector le interesa, la fórmula magistral es la siguiente: media copita de intrigas económicas, una cuarta parte de celos profesionales, una ralladura de incomprensión y dos cucharadas de soberbia. Se rellena de envidia, se remueve con diligencia y se sirve con paja.

Isabel Preysler y su marido prefirieron dar la callada por respuesta al rumor. No desmintieron absolutamente nada; se limitaron a una reaparición estelar en el restaurante Jockey, el mismo que había sido testigo de sus trifulcas. El periodista Jesús Mariñas lo relató con todo lujo de detalles en la revista *Época*, bajo el título de «Ostras y perdices en la resurrección de Boyer», doce días después de que nuestra emperatriz del baldosín apareciera en televisión, bella y radiante, deseando a todos los españoles un buen año. Para esta estelar aparición televisiva Isabel eligió un conjunto de punto burdeos, firmado por la diseñadora parisina, de padre murciano, Isabel Cánovas, valorado en seiscientas mil pesetas de entonces. El atuendo, muy discretito, sin los sugestivos escotes de otros años, fue pagado a tocateja. La señora Cánovas no era de las que hacen descuentos, y mucho menos prestaba modelitos, por mucho que quien lo pidiera fuera Isabel Preysler o la reina de Inglaterra, por poner un ejemplo; en París estaba acostumbrada a una clientela selecta, como madame Rothschild, la vizcondesa de Rives o Catherine Deneuve, que pagaban religiosamente sus pedidos.

Las malas lenguas aseguraron también que la elección del mesurado trajecito para el anuncio del último spot navideño tuvo algo que ver con la trifulca organizada por Miguel Boyer el año anterior. Al celoso presidente de Cartera Central no le hacía ninguna gracia que toda España viera a la dama-que-decora-sus-mejores-sueños embutida en un precioso vestido de noche en organza roja satinada, firmado por Dafnis, cuyo escote distaba mucho de sus gustos personales.

—Isabel, el traje me parece un poco exagerado.

—Mike, no sabes nada de moda. Un traje de noche tiene que ser escotado.

—Lo que tú digas, pero a mí el escote me sigue pareciendo demasiado pronunciado.

Al año siguiente, para evitar discusiones, Isabelita se decidió por el conjuntito de punto que tan bien le quedaba. Por cierto, emitir este último anuncio de la década de los ochenta en televisión española les costó a los dueños de Porcelanosa cerca de veinte millones de pesetas, una cifra astronómica en esos tiempos. Pero Isabelita, como se verá a continuación, vale esto y mucho más.

El periodista Juan Luis Galiacho escribía en febrero de 1990 un artículo en la revista *Panorama* donde, bajo el título de «La fortuna secreta de Isabel Preysler», se daban a conocer los emolumentos de la que sigue siendo nuestra heroína. Relataba que la por entonces marquesa de Griñón llegó a un acuerdo con el grupo Gustavo Cisneros para orientar y promocionar una campaña publicitaria de Galerías Preciados denominada «Marcando estilo». En ella colaboraron modelos filipinas. Conforme a ese contrato, Isabel Preysler cobraría diez millones de pesetas por cada mes que durara la campaña y nunca aparecería en público mostrando su sensual figura. Su asesor jurídico fue el abogado Matías Cortés.

Desde que en las Navidades de 1985 debutara como estrella

de la conocida firma de azulejos, percibiendo por ello cantidades nunca inferiores a cincuenta millones de pesetas, un altísimo emolumento para la época, Isabel Preysler se ha convertido en una especie de rey Midas. Lo que toca no se convierte en oro, pero sí en cifras de varios ceros, que hacen crecer a ritmo vertiginoso una cuenta corriente de por sí considerable, a la que por entonces había que sumar los ciento treinta millones anuales que recibía Miguel Boyer como presidente de Cartera Central.

Considerando que la dama carece de estudios superiores y de carrera profesional cualificada, su trayectoria millonaria es digna de encomio. Como dirían los americanos, es una mujer que se ha hecho a sí misma y que, a pesar de sus tres matrimonios, sigue conservando su nombre de soltera contra viento y marea.

Como botón de muestra de estos ingresos que recibe simplemente por llamarse Isabel Preysler, basta señalar los millones que anualmente se lleva de Porcelanosa y también los que se llevaba hasta principios de la década de los noventa del siglo pasado de la revista ¡Hola!.

Las ofertas de firmas de diseño y cosméticos, bisutería, joyas, pieles y complementos siguen ofreciendo continuamente a nuestra protagonista cifras tremendas para que las represente o al menos diga en entrevistas, reuniones y saraos que utiliza tal o cual crema, acude a determinado salón de belleza o que sus pañuelos preferidos son de una marca determinada, lo cual obliga a pensar que la reina del baldosín es un verdadero fenómeno sociológico. A pocas personas, por no decir ninguna, se les ha dedicado tanto espacio en la prensa como a ella, que no es actriz, ni cantante, ni intelectual, ni política.

«Yo soy la primera en sorprenderme. Me gustaría tener intimidad, poder salir a la calle sin que me siga una nube de fotógrafos», dice en cuanto puede con la boquita pequeña. Porque en realidad Isabel es feliz de ser un personaje popular. Me lo corroboraba una de sus conocidas: «Por encima de todo ella tiene que ser el epicentro del mundo. No entiende lo contrario. Cuida mucho de su imagen y dedica buena parte de la semana a leer las revistas del corazón, a pesar de que lo niega públicamente. Por decirlo de una forma gráfica, es una devoradora de este tipo de lecturas. Además se agarra enfados tremendos, con tacos y todo, cuando algún periodista le da un palo». Esta persona, que durante un tiempo frecuentó su casa y luego dejó de hacerlo por permitirse criticar una actuación de la bella porcelana, me comentaba que «Isabel nunca manda, sugiere, pero todos sabemos que las sugerencias deben cumplirse so pena de desaparecer de su círculo. La única amistad de años que tiene es con Carmen Rossi, a la que admira profundamente. Entre ellas no hay una relación de servidumbre y por eso funciona». Cabe destacar que, hoy día, en la segunda década del siglo xxi, hace ya mucho tiempo que la estrecha relación de amistad entre las dos damas pasó a mejor vida.

Volviendo a las cuestiones crematísticas, en 1987 el empresario José María Ruiz-Mateos presentó una querella contra el matrimonio por supuestas irregularidades en la venta de la firma Loewe. En la denuncia se especificaba que nuestra protagonista había cobrado una altísima comisión, de alrededor de cincuenta millones de pesetas, al haber ejercido las oportunas influencias para que la empresa Loewe volviera a manos de sus antiguos dueños.

De resultar ciertas todas estas informaciones, Isabel Preysler sería una mujer muy rica. En 1989, la revista británica *Harpers and Queen* la situó entre las veinte mujeres más ricas de Europa y la cuarta de España, atribuyéndole una fortuna de sesenta millones de euros (mil millones de pesetas de la época). Pero Isabelita salió rápidamente al paso con una carta al director del diario *ABC*, que se había hecho eco de la noticia, exigiendo rectificación por ser la información una burda mentira. Aseguró que interpondría una demanda contra la citada revista inglesa «por daños y perjuicios en proporción directa al tamaño de la majadería publicada». No se dirigió, en cambio, a los tribunales cuando el semanario *Panorama* informó que «su fortuna personal asciende a más de mil millones de pesetas, de acuerdo con su patrimonio conocido, ya que parte de él permanece oculto a las posibles investigaciones, porque está basado en movimientos de capital en los mercados bursátiles españoles y extranjeros».

Isabel Preysler, consumista innata de todo lo bonito, y por lo tanto de lo más caro, gasta a manos llenas, aunque, al decir de los que la conocen, «con cabeza». No es una baronesa Thyssen que compra foie por kilos o los vinos de marca por cajones; no, en absoluto. Ella nunca pierde el norte, pero tampoco se cortaba a la hora de utilizar la Visa Oro, la tarjeta que con tanta generosidad le regaló Julio Iglesias, cuando los niños vivían con ella, para «imprevistos», y que nuestra protagonista, dicen, nunca devolvió. En la época más boyante de Isabel, cuando Julio Iglesias ya era una superestrella de la canción, se podía gastar en Arga un millón de las antiguas pesetas al mes, una barbaridad. El cantante mandaba el dinero para los niños y nunca pidió ningún tipo de justificante. También es cierto que cuando sus hijos se fueron haciendo mayores y no necesitaban a mami constantemente, la reina del baldosín empezó a ganar dinero a espuertas.

Una de las cuestiones en las que coinciden todas las fuentes consultadas —salvo el marqués de Griñón— es en su falta de tacañería. Si los hijos acuden a un cumpleaños, regalan los mejores juguetes; si la invitan a una cena, previamente ha enviado el ramo más aparente, y, por supuesto, en los actos sociales es la más elegante y la mejor vestida, a veces hasta pecar por exceso.

Pero ser la número uno tiene su precio. Ella sabe que no puede defraudar a ese público que tanto la quiere y tanto la admira, y por eso su carrocería debe ser impecable. Casi siempre, salvo rarísimas excepciones, viste prêt-à-porter. Sus tiendas preferidas son las de sus amigas, Dafnis, de María Rosa Salvador; Ascot, regentada por María Teresa de Vega, otra de las damas que la ayudó en su romance secreto con Miguel Boyer; Loewe para bolsos, maletas y complementos, cuya relaciones públicas es Marisa de Borbón, a la que suele frecuentar en verano en su casa marbellí de Guadalmina. La firma Versace, con Elena de Borbón al frente, también le hace de vez en cuando un descuento y sobre todo la avisa, como buena cliente que es, cuando se realizan las privadísimas prerrebajas. Para los blazers y trajes chaqueta, prefiere Armani. Aparte de que las chaquetas sientan como un guante, Alicia y Esther Koplowitz, las jefas de su marido, también se visten en esta boutique, de la calle Ortega y Gasset. En ocasiones rompe su fidelidad y utiliza modelos de Lacroix, Yves Saint Laurent, Chanel y Dior comprados en sus viajes de placer en París, Roma o Nueva York. Fuera de España, Isabel adquiere también parte de sus prendas íntimas. Muchas firmas de corsetería y lencería fina le mandan sus catálogos a casa para que estudie las maravillas que fabrican. Durante un tiempo, María Teresa de Vega le enviaba a Arga las coquetas prendas en seda y encaje que recibía desde París de las principales casas francesas, que son las mejores en este tipo de «delicadezas». «Isabel es clásica hasta con su ropa íntima. Nada de camisones, saltos de cama o bodis tipo *Falcon Crest*. A ella le encantan las puntillas, el hilo y la batista para sus prendas interiores. Le gustan los conjuntos de biquini y sujetador, pero siempre en colores claros. No le agradan las estridencias ni las exageraciones. Isabel es muy discreta», cuenta una amiga que la ha acompañado de compras.

Las pieles las colecciona, y suele adquirirlas en las tiendas de Elena Benarroch o de Nelsy Chelala. Se sabe que en la década de los ochenta contaba con varias capas de cashemire en diferentes tonos con remate de visón, tres zorros, tres visones —uno de ellos Black-Glama—, un astracán y varios chaquetones, que superaban los quince millones de pesetas de la época.

En las boutiques antes mencionadas era difícil encontrar en esos tiempos un vestido de cóctel, un sastre o unos simples pantalones que bajaran de las cien mil pesetas. Teniendo en cuenta que a Isabelita, salvo en verano, nunca se la había visto repetir un traje, echen la cuenta de lo que se gasta nuestra emperatriz solo en vestuario. Los bolsos, cinturones, joyas y bisutería, de los cuales muchos, no todos, son obsequios, forman parte del suma y sigue. Los zapatos son su verdadera pasión; hay quien dice que esta última inclinación es una especie de atavismo filipino, ya que Imelda Marcos también era una forofa del calzado.

Isabel Preysler es y ha sido durante toda su vida casi la perfección en lo que se refiere a su aspecto físico; nunca, ni cuando está en su casa, olvida su carrocería; es una obsesión casi enfermiza. «Puede estar pasando el peor momento de su vida, que siempre se la verá espléndida», aseguran sus amigos.

Otros comentan que son muchas las casas comerciales que telefonean a su casa ofreciendo gratuitamente cualquier género para que ella lo luzca con la elegancia que le caracteriza; pero, a pesar de los rumores que circulan en este sentido, Isabel Preysler pocas veces acepta ser «mujer alquilada», y si lo hace es por amistad. En una de las galas de la Cruz Roja, celebrada en Marbella en los ochenta, donde muchas damas de la jet prestaron sus cuellos a una firma italiana de joyas, Isabelita se excusó aduciendo: «Yo no soy un perchero. Las alhajas que llevo son mías y de nadie más».

Efectivamente, su caja fuerte está bien servida. Si no fuera por su exquisita discreción, los orfebres Luis Gil y Jesús Yanes podrían presentar una lista interminable de las maravillas que ella adquiere. Cabe señalar también que es muy apañadita y cuando un diseño se pasa de moda acude a sus joyeros para que le actualicen la alhaja. El mismo día que en Madrid su amiga la diseñadora María Rosa Salvador organizaba su fiesta de aniversario, Isabelita acudía a la tienda de Serrano de Luis Gil con la intención de que el profesional le modernizara un material antiguo. ¡Para que luego digan que la exmarquesa es derrochona!

Desde que se casó con Miguel Boyer su vida fue mucho más discreta. «¡Quiero que me dejen en paz!», dice en privado, olvidando que durante un tiempo comercializar con su vida pública y privada le resultó harto rentable. Por indicación del exministro de Economía y Hacienda, reacio a todo tipo de publicidad y alérgico a la llamada prensa rosa, donde ella era, hasta la llegada de las hermanas Koplowitz y Marta Chávarri, la estrella indiscutible, Isabel Preysler espació sus salidas. Los salones de la jet se vieron en esa época privados de su presencia; la animadversión de Boyer a exponerse en público, la impulsividad de José María Ruiz-Mateos y el haber sido su familia víctima de ETA en el pasado, entre otras cosas, influyeron, sin duda, en esta moderación.

«El cambio brutal de Isabel se realiza cuando se separa de Griñón. Yo, que la conozco desde hace muchísimos años, me pregunté: "¿Y ahora qué va a hacer esta mujer?". Estoy convencido de que Isabel nunca planteó su matrimonio con Miguel porque aspiraba, como se dijo, a ser la nueva inquilina del palacio de la Moncloa. Cuando Isabelita se lio con Boyer dio un giro de ciento ochenta grados a su vida». Así es. No solo dejó de asistir a las fiestas de la jet, sino que gracias a Miguel Boyer empezó a culturizarse.

Al contrario de lo que declaró en la revista *Lecturas* la tata que cuidaba a Tamara, el que fuera presidente de Cartera Central nunca le regaló a su mujer dinero en Navidades. «Salvo los pendientes de la boda mariposa de diamantes de cuando eran novios, Miguel Boyer no solía ser nada ostentoso con sus regalos. Cuadros de firma, porcelanas bonitas, alfombras persas o algún mueblito antiguo solían ser las "sorpresas" de Boyer. Me imagino que es una forma muy sutil de reeducar culturalmente a Isabel», comenta un amigo de Boyer. Ejerciendo de Pigmalión, la inició en lecturas de moda que Isabel pudiera asimilar, como *La insoportable levedad del ser*, *De parte de la princesa muerta* o *La hoguera de las vanidades*, donde seguramente se vería reflejada.

Un conocido de la época de su matrimonio con Julio Iglesias me decía que «la cultura de Isabel, por decirlo de una forma gráfica y exagerada, son los libros de estampas y las colecciones del *Reader's Digest*. En cuestiones cinematográficas lo único que le interesa son las películas de amor y lujo. De todas formas, Isabel es lo suficientemente lista como para empaparse de la inteligencia de los que la rodean. De arte sabe poco, pero ahora es capaz de distinguir las diferentes etapas de Picasso, la dinastía de un jarrón chino o el siglo de un mueble de época. Aunque cuando viaja es más asidua de las tiendas de lujo que de los museos». Una característica, por otra parte, de muchos miembros de la jet. Salvo las hermanas Koplowitz, que sienten verdadera pasión por todo lo que tenga que ver con el arte, las estrellas del papel cuché no suelen ser, ni por el forro, amantes de actividades culturales; a lo sumo acuden, igual que Isabelita, a conciertos en el Teatro de la Zarzuela o a la ópera en el Teatro Real para ver y ser vistas y lucir de paso los diseños de los grandes costureros internacionales. En este sentido, a nuestra heroína la única música que le gusta es la del hilo musical.

Con este bagaje cultural, sorprende que en esa época —y en la que posteriormente viviría como pareja de Vargas Llosa— Isabelita se codee con lo más granado de la sociedad y se mueva, además, como pez en el agua.

Por mucho que se intente demostrar lo contrario, que se la involucre en tramas políticas, en ventas fraudulentas, que se la presente como una negociadora nata o se la califique de Mata-Hari, maquiavélica, astuta, intrigante y conspiradora, Isabel es una ama de casa, una «maruja de lujo», pero maruja al fin y al cabo. Pese a quien pese, su único fin en la vida es ser la amante perfecta, la esposa ejemplar —mientras dure el matrimonio, claro está—, la madre adorada y la anfitriona excepcional. De lo demás sabe poco, y como es muy lista, prefiere mantenerse al margen.

«Isabel posee un carisma innato. Siempre tiene una frase amable, bonita y oportuna para la gente que quiere. Se mueve muy bien en sociedad y es lo suficientemente inteligente como para no meter la pata». En este sentido no todos los que la conocen opinan igual. Una amiga de una amiga, que solía acudir a los almuerzos de Arga 1, me contaba la siguiente anécdota: «Estaban todas en el salón y, antes de pasar al comedor sin venir a cuento, empieza a contar que la había llamado Solchaga diciéndole: "Isa, tú no te preocupes de lo que diga la gente. Estamos contigo y te apoyamos". En este sentido le encanta presumir de que la telefonea gente importante, e incluso ha comentado a veces con sus amigas las conversaciones de alto nivel de su marido. En ocasiones es bastante indiscreta».

Otra de las historias que se cuentan, y que demuestran la poca perspicacia de nuestra protagonista, fue presenciada por un grupo de gente que había acudido a una cena organizada en San Agustín de Guadalix, en casa del matrimonio Guasch: él, el entonces presidente de Fasa-Renault, ella, Margarita Vega Penichet, amiga de Isabel y testigo de su boda. Durante el ágape, varios invitados se quedaron de piedra al escuchar las intimidades de su matrimonio que contaba la bella filipina. «Miguel es una maravilla. Aunque parezca tan serio tiene mucha gracia. La otra noche, mientras estábamos viendo la tele, me dice: "¡Ay, Isabel!, estás más buena que los ángeles". Tiene unas cosas... Porque mira que compararme con los ángeles siendo ateo...». Desde la otra esquina de la mesa, Miguel Boyer, muy serio y con un mosqueo tremendo, le responde: «Isabel, no creo que estas cosas sean para contarlas en público». Los demás comensales hacen como si no hubieran escuchado las palabras de la inconsciente consorte. Cuando el matrimonio desaparece, algunos de los invitados presentes comentan con cierta sorna las comparaciones bíblicas del presidente de Cartera Central.

—¿Habéis visto la cara que ha puesto Miguel? Era todo un poema.

—¡Hombre, es que es para cabrearse! A mí mi mujer me hace eso y le tiro la mousse de chocolate a la cara.

—Sí, sí, mucho rasgarte ahora las vestiduras, pero lo estabas pasando en grande.

—Tú sí tienes caradura. Mira que preguntarle que a qué ángeles se refería.

Interviene entonces una dama que solía acompañar a Isabelita de compras o a los desfiles de moda:

—Pues no es la primera vez que cuenta historietas de alcoba. Hace poco, en una merienda, hablaba de lo sensual y fogoso que es su marido en la intimidad.

La conversación sube entonces de tono y solo la aparición de la anfitriona pone fin al suculento cotilleo.

—¿Os lo estáis pasando bien?

—Divinamente, como los ángeles —responde con malicia uno de los invitados, suscitando una carcajada general.

Esas habladurías respondían, sin lugar a duda, a que en el subconsciente de todas las asistentes a esas fiestas latía el deseo inconfesable de ser como Isabel Preysler. La critican, pero luego se dan de tortas por estar junto a esta mujer que brilla con luz propia, elegante, millonaria y que se lleva perfectamente con sus exmaridos, a pesar de haberlos abandonado.

Pocas amigas de verdad tenía ni tiene en la actualidad Isabelita. Según sus detractores, nuestra protagonista es de las que utiliza a las personas y cuando ya no le sirven las tira. En cambio, los admiradores de ambos sexos afirman que es un dechado de virtud, sencilla, divertida, atrayente y pendiente de sus amistades hasta el último detalle.

Mucho antes de que su noviazgo con Miguel Boyer se hiciese público, Isabel dejó de frecuentar a sus amigas de la jet y se acercó al círculo íntimo de su actual marido. Las mujeres de los grandes empresarios, banqueros y funcionarios públicos se convirtieron de la noche a la mañana en «amigas» fieles. Paloma Jiménez Altoaguirre, exmujer del exsíndico de la Bolsa de Madrid; Esperanza Sagues, Pilar Ruiz de Alda, viuda del fallecido gobernador del Banco de España, y Margarita Guasch, fueron en esa época sus más firmes apoyos. Solían reunirse una vez por semana para almorzar —normalmente en casa de Isabel— y hablar de sus cosas; conversaciones que no van más allá de los últimos cotilleos, los problemas con los hijos, el servicio doméstico o los maridos. De todas ellas, la íntima de verdad era Margarita Guasch. Los que la conocen la definen como una mujer encantadora, muy dulce, sencilla y totalmente deslumbrada por la que fuera señora de Boyer. «Para Margarita, Isabel es una especie de fetiche al que adora. Todo lo que haga Isabel está bien hecho. Cuando en las revistas se meten con ella, siempre dice lo mismo: "¡Qué poco conocen a Isabelita!" Es la lealtad, la entrega incondicional. Con Pilar Ruiz de Alda la intimidad es menor. Nunca me he explicado esta amistad porque son la antítesis. Pilar es una gran señora, con inquietudes literarias y sociales; está al tanto de lo que ocurre en la calle y prefiere dedicar su tiempo a los hijos antes que ir de compras o pasarse las veinticuatro horas del día pendiente de su físico como hace Isabel».

Otra mujer que, precisamente por la relación de los maridos de ambas, también se relacionaba, aunque en menor medida, con nuestra protagonista era la escritora Carmen Posadas, quien era la esposa de Mariano Rubio, gobernador del Banco de España y amigo de toda la vida de Miguel Boyer. A pesar de que la escritora declaró en 2018 «Isabel Preysler y yo nunca hemos sido amigas». Los dos matrimonios se reunían a cenar habitualmente, en sus propios domicilios o en los restaurantes de lujo en los que tan queridos eran por las espléndidas propinas que dejaban. De todas formas, según dicen, Isabel no sentía especial predilección por la escritora porque tenía miedo de que con su popularidad le robara el trono. Un protagonismo que, por otra parte, Carmen Posadas nunca ha buscado; primero porque no lo necesita y segundo porque siempre ha estado a años luz de Isabelita. Carmen solía acudir a los almuerzos de Isabel, pero pronto se dio cuenta de que tenía cosas más importantes que hacer que hablar de lo mal que está el servicio, de lo latosos que son a veces los maridos o de la mucha guerra que dan los hijos adolescentes. Sus inquietudes intelectuales y sociales, que no de sociedad, nada tienen que ver con las banales conversaciones que capitanea Isabelita en su casa de muñecas. Pues bien, de la vida y milagros de Isabel Preysler solo nos queda por narrar cómo pasa nuestra protagonista un día cualquiera de su «ajetreada» existencia doméstica.

La exseñorita de Tamara contaba en sus memorias la cruz que suponía tener a Isabelita Preysler —que de todos es sabido que nunca ha sido madrugadora— de ama: «Nunca hacía nada, pero siempre estaba detrás de nosotros con su libreta en mano, como un policía que pone multas, criticando nuestro trabajo: ¡Esto no se hace así!, ¡quién ha descolocado este cenicero!, ¡cuándo se van a enterar de que las toallas no se guardan de esta forma!, ¡¿qué hace este libro de Tamara en el salón?!... ¡En fin!, era una especie de guerra psicológica que nos dejaba a todos fuera de combate. Solo descansábamos cuando subía al saloncito del piso de arriba para hablar por teléfono o despachar con su secretaria».

Seguramente su exigente trato al personal doméstico no ha cambiado con el tiempo. Sí que cambió, no obstante, su rutina tras el nacimiento de Ana. En efecto, en esa época Isabel suele almorzar muy pocas veces fuera de casa. Está presente mientras la señorita le da de comer y a veces —las menos— es ella quien se encarga de acostarla a la hora de la siesta.

Por la tarde, salvo los días que va de compras, se queda en casa viendo películas en el vídeo, hojeando revistas y jugando con sus dos hijas pequeñas. Una tranquila vida de ama de casa pudiente, totalmente distinta de la que cabría esperar de quien ha sido definida como Mata-Hari por algunos columnistas.

Tres horas antes de que llegue Miguel Boyer, Isabelita se mete en el cuarto de baño con la radio, y ahí le pueden dar las uvas. Ni sus amistades más íntimas entienden que pierda tantísimo tiempo allí. Muchas veces sale igual que ha entrado, es decir, sin maquillar y en bata. Un misterio indescifrable que, imagino, tendrá algo que ver con los trece cuartos de baño que hizo construir en su villa de Puerta de Hierro.

Cuando su tercer marido entra en la casa, Isabel deja de ser la inquisidora que agobia al servicio con sus órdenes para convertirse en el descanso del guerrero. «Es difícil sustraerse a la comodidad que proporciona Isabel Preysler a un hombre. Es la atención y el desvelo constantes, pendiente del más mínimo detalle. Es como una especie de geisha que se desvive para que el hombre que comparte su vida se encuentre en el paraíso. Le hace olvidar los problemas, las tensiones», explicaba en su momento una amiga íntima de nuestra protagonista.

Cuando Miguel llega del trabajo, Isabel, con su mejor sonrisa —y un conjunto de estar por casa que la temporada anterior había utilizado en paseos matutinos con fotógrafos incluidos, y que por lo tanto no puede volver a lucir públicamente—, pregunta:

—¿Qué tal ha ido el día, Mike?

Cualquiera que sea la respuesta, Isabelita siempre replica:

—Bien, pero ahora descansa porque tú eres lo único importante. Mañana ya lo arreglarás.

Y el cabeza de familia, aunque no ejerza como tal, se siente transportado al séptimo cielo.

Este es el secreto de Isabel Preysler, su verdadera arma de mujer, conseguir que el hombre que esté a su lado se crea el rey del universo. ¡Y vaya si lo consigue!

PARTE V

HIJOS

«Me gustaría ser como mi madre, porque se acerca a la perfección». En contra de lo que se pudiera pensar, esta frase no está tomada de ningún culebrón televisivo, ni forma parte del diálogo de una novela rosa, ni tan siquiera pertenece al decálogo de *La buena Juanita*, un libro que hacía furor en los años cincuenta y que reflejaba la personalidad de una linda niña, hacendosa y pulcra, que adoraba a su mamá. La sublime afirmación pertenece a la sin par Chábeli Iglesias Preysler. La destinataria, por supuesto, es nuestra indiscutible reina del baldosín, a la que sus hijos adoran y admiran con un fervor digno de figurar en los anales de la buena crianza.

A pesar de sus tres matrimonios, de su ajetreada vida social y sentimental que parecía dejarle poco margen para disfrutar de los hijos, de la fama de Mata-Hari que algunos envidiosos le han endilgado, Isabel Preysler ha conseguido que sus cinco hijos la idolatren. Y si por si acaso a sus hijos se les olvida, allí está Isabelita para recordarles machaconamente, ya sea por vía telefónica o personalmente, que es la mejor, que como ella no hay ninguna. Igual que el Barça es más que un club, ella es más que una madre.

Por edad, quizá sea precisamente Chábeli la que más unida esté a su progenitora. Como ya señalé en el capítulo referido a la infancia de nuestra protagonista, Chábeli —pronuncien el nombre acentuándolo en la a, no se olviden— era el apelativo cariñoso que utilizaba papá Carlos Preysler cuando Isabelita era una tierna infante. Julito Iglesias, que se enteró de la historia, decidió utilizar el diminutivo con su flamante hija. Mientras que Isabel Preysler se plantó a los once años y dijo que naranjas de la China, que nunca iba a responder si la llamaban así, la hijísima ha tenido muy a su pesar que aguantarse con el nombrecito de marras, porque, en la saga Preysler, Isabel solo hay una. Y mal que le pese a la primogénita, la genuina, la verdadera, la exclusiva Isabel es su querida amantísima mami. Por eso, el ruego que hizo públicamente a los dieciséis años en la revista donde trabajaba su madre de reportera intrépida —«Por favor, llamadme Isabel», pidió—, no sirvió de nada. Novios, periodistas, amigos y enemigos la siguen llamando por el apelativo filipino que un día inventara abuelo Carlos. Como del nacimiento de Chábeli ya se habla en otro sitio de este libro, solo cabe recordar a los lectores olvidadizos que la criatura nació en la localidad portuguesa de Cascaes, un 3 de septiembre de 1971. Los padrinos fueron la hermana mayor de Isabelita, Victoria, y Carlos Iglesias. Según relataba su famoso papá, «la niña es una preciosidad que ha heredado los rasgos orientales de su madre». A diferencia de sus dos hermanos varones, la primogénita de la tribu Iglesias fue un bebé inquieto y regordete que se zampaba las papillas con la misma fruición con que Estefanía de Mónaco bebe el Dom Pérignon. De su infancia lo único destacable fue la separación de sus papis cuando tenía siete años. Dicen los que presumen de conocer a Chábeli que la ruptura conyugal de sus progenitores la afectó mucho más de lo que su madre reconoce en las entrevistas. De ahí las declaraciones al periodista Pepe Bosch en mayo del 88, que son de manual de primer curso de psicología.

> Daría todo lo que tengo en este mundo por tener hijos, una familia feliz y, sobre todo, unida, y poder educar a mis niños en compañía del padre. Es tan importante un padre como una madre. Los niños necesitan a los dos a su lado.

Chabelita, que casi no pudo disfrutar de la presencia de su padre biológico, sí tuvo en cambio, gracias a la tumultuosa vida sentimental de su mami, dos padres postizos, los cuales, dicho sea de paso, nunca ejercieron como tales. Tío Carlos Falcó, primero, y tío Miguel Boyer, después, fueron lo suficientemente sensatos como para no meterse en competencias paternales. Bastante tenían los dos con los hijos propios de sus anteriores matrimonios.

En septiembre de 1985, cuando ya la relación de su madre con el exministro de Economía era pública y notoria, Chábeli declaraba en la revista *Tiempo* lo que pensaba del exmarido y del amante de su progenitora.

> Tío Carlos es una excelente persona. Siempre me ha tratado con un cariño enorme y le quiero mucho. ¿Miguel Boyer? Es simpático, pero yo necesito un tiempo para tomar afecto a una persona. Con sinceridad y cariño se llega antes a la gente que con simpatía.

A buen entendedor pocas palabras bastan. También es cierto que convivió siete años con el marqués de Griñón, desde 1978 hasta 1985, y solo los veranos con el que fuera ministro de Economía y Hacienda. Cuando Isabel Preysler inicia su vida en común con Boyer, Chábeli y sus hermanos varones ya llevaban un tiempo viviendo en Miami con la abuela Charo. Julio José y Enrique se instalaron en Estados Unidos en septiembre de 1984. Dos años después, la primogénita siguió el mismo camino. Tamara, en cambio, sentía verdadera adoración por tío Miguel, que la paseaba a caballito por la casa cuando era más pequeña.

De los tres hermanos, niña Chábeli fue la que más sufrió con la separación de sus padres. Julio José, con cinco años, y Enrique, con tres, no estaban aún lo suficientemente espabilados como para percatarse de lo que ocurría en el domicilio familiar de San Francisco de Sales. Tras la ruptura conyugal, Julio Iglesias se instaló definitivamente en Miami, donde sus cachorros le visitaban, los primeros años, durante Semana Santa, parte de las Navidades y de las vacaciones de verano. A los niños Iglesias Preysler les pasó con su padre lo mismo que a Alvarito Falcó Chávarri con su madre. Cuando la exmarquesa de Cubas decide romper con Fernando Falcó para convertirse en la amante de Alberto Cortina, el pequeño empezó a ver a su exuberante mamá casi todos los días, situación que mientras duró el matrimonio era prácticamente imposible pues ella siempre tenía sublimes obligaciones —peluquería, compras, fiestas— que le impedían disfrutar de la compañía de su querido y adorado hijo. Chábeli, Julio José y Enrique gozaron de la presencia más o menos constante de papi a raíz del punto y aparte de la vida en común de sus famosos progenitores.

Al principio, cuando visitaban al cantante en Miami, se instalaban en la supermansión de Indian Creek, un paraíso para adultos, pero poco adecuada para los tiernos infantes, que no tenían amiguitos para jugar. Con el paso del tiempo y cuando ya los niños llevaban dos años estudiando en Estados Unidos, Julito Iglesias compró El Convento, la casa que Alfredo Fraile tenía en la privadísima urbanización Bay Point, un chalet precioso, de mil metros cuadrados, con vistas a la bahía de Miami y donde, además, a diferencia de la vivienda paterna, había muchos niños.

A los hijos de Julio Iglesias, y sobre todo a Chábeli, nunca les ha faltado de nada. El ídolo-que-las-derrite-con-la-mirada ha tratado de justificar su falta de dedicación paterna con el poder que da el dinero. Los mejores colegios, los juguetes más espectaculares, la ropa más selecta… Un colaborador del cantante recuerda la poca importancia que Chábeli ha dado siempre al vil metal. «Cuando estaba interna en Londres se le olvidó en el cuarto de baño de un restaurante o de una cafetería, no recuerdo bien, el Cartier. El reloj era un regalo de Julio. Cuando pudo hablar con su padre se lo contó y Julito le envió otro. Bueno, pues al cabo de tres semanas lo había vuelto a perder. Y así hace con todo».

El relojito en cuestión rondaba las quinientas mil pesetas (más de tres mil euros de la actualidad), pero esto a Chabelita parecía no importarle demasiado. Papi tiene los suficientes millones como para comprarlos a granel, si fuera necesario. En otra ocasión —lo relató en la revista *Lecturas* la famosa tata argentina de Tamara—, a la primogénita de la tribu se le desparramó dentro del coche el dinero que llevaba en un sobre.

Un montón de billetes impresionante. El suelo parecía una alfombra de dólares. Cuando llegamos a casa revisé todos los rincones para evitar posibles problemas. Por experiencia, sabía que los tres olvidan dónde guardan los sobres y lo primero que se les ocurre es decir: «Me faltan tantos dólares». Chábeli para eso es tremenda. ¡Siempre le faltan dólares!

Pero esta no fue la única ni la primera vez que la niña de Julio Iglesias dejaba olvidado el dinero como si fueran pipas. La lavadora del domicilio familiar de Arga, y también por supuesto, la de Miami, es una especie de Banco de España donde dólares, pesetas y libras remojadas se centrifugaban con la misma parsimonia que los pantalones, faldas o camisas de la primogénita de oro.

Chábeli pronto se dio cuenta, al igual que Tamarita, de que no era una niña como las demás. Los chicos en este aspecto siempre han sido mucho más normales, como más tarde se verá. Con nueve años el rostro de la niña Chábeli apareció en la carátula de un disco, del que más tarde se vendieron millones de copias. *De niña a mujer,* un tema dulzón pero pegadizo, batió récords de ventas. Chabelita se encontró de la noche a la mañana con la fama. En los conciertos en los que coincidía con su hija, el público le pedía fervoroso a papá Julio que sacara a su niña del alma al escenario para cantar a dúo al igual que en los años cincuenta lo hiciera José Guardiola con su pequeña Rosa María, en el archipopular *Di, papá.* A Julito nunca le criticaron la utilización pública de su retoño. En cambio, muchos años después se despellejó ferozmente a Isabel Pantoja por hacer lo mismo con Paquirrín.

Chábeli presumía en su colegio bilingüe de Madrid, el St. Anne's School, de los viajes que hacía con su papi, de cómo la agasajaban los amigos famosos de su progenitor, etcétera.

—Frank me ha dicho que soy muy guapa —se pavoneó en una ocasión.

—¿Y quién es Frank? —inquirió la compañera.

—Pues quién va a ser, Frank Sinatra.

—¡Ah!, pensaba que era otro tío tuyo. ¡Como tienes tantos! —le respondió la precoz viborilla.

Las compañeras españolas del Marimount School, el selectivo internado inglés donde Chábeli estudió el curso 1984, aún recuerdan las palizas que les daba en este sentido. «Siempre estaba presumiendo de lo famoso que era su padre y de lo elegante y guapa que era su madre. Cuando su padre cantó en Londres en el homenaje que organizaron para Bob Hope, Chábeli pasó ese fin de semana fuera del colegio. Cuando volvió estaba más insoportable que nunca. Que si la suite que su papi tenía en el hotel Dorchester era la mejor y la más cara del mundo, que si su papi se había comprado una mansión en Nassau con muchísimos sirvientes… Menos mal que como no le hacíamos caso y pasábamos de ella, al cabo de un rato se callaba y se comportaba con normalidad».

La estancia londinense, de todas formas, fue un trago muy amargo para la adolescente. Por primera vez, la niña de oro no tenía quien le hiciera la cama, ni le bailase el agua. El estricto internado tenía unas reglas muy rígidas, iguales para todas. Apellidarse Iglesias Preysler no significaba mucho en un ambiente donde la mayoría de sus compañeras eran hijas de grandes magnates, de jefes de Estado sudamericanos y árabes, con fortunas incalculables.

En un principio se había pensado que Chábeli Iglesias Preysler cursara dos años consecutivos, pero las lágrimas derramadas ante su queridísimo padre y las peticiones de auxilio a su idolatrada mami surtieron efecto y únicamente cursó un año en el Marimount School.

De aquellos años son unas declaraciones muy ilustrativas del ambiente de lujo y derroche que se vivía en las casas de sus progenitores. Pocas semanas antes de regresar a España para disfrutar de las vacaciones navideñas, Chábeli y unas amigas se acercaron una mañana al centro de Londres para hacer compras. A las cuatro de la tarde aún seguían callejeando.

—Chábeli, date prisa, vamos a perder el autobús.
—¡Pero si aún tengo que mirar los regalos de mis padres!
—¿Y todo lo que has comprado para quién es?

—Pues para mis hermanos y para el servicio. Como mis papis tienen de todo es dificilísimo encontrarles algo que no tengan y que además les guste. Con tío Carlos Falcó, en cambio, es más sencillo. Le hace feliz cualquier cosa, basta con que se acuerden de él.

El marqués de Griñón siempre fue de buen contentar. La bufanda que le entregó Chábeli en Nochebuena quizá le subió la moral en aquellas penúltimas Navidades en Arga 1. Don Miguel Boyer ya se había introducido clandestinamente en la vida de la marquesa.

Con los años aumentó la tontería y, a pesar de haber sido educada en los mejores colegios, sus buenos modales dejaban mucho que desear. A punto de cumplir los diez años Chábeli participó en un desfile de modas organizado por la diseñadora María Teresa de Vega en su selectísima tienda de La Moraleja. La niña, que ya sabía que una foto suya tenía determinado valor en el mercado periodístico, mantuvo la siguiente conversación con un reportero gráfico cuando el iluso pretendió inmortalizarla:

—Oye, no me puedes sacar ninguna foto.

—¿Y eso por qué?

—Porque primero tienes que hablar con mi mamá para ver cuánto me vais a pagar.

Por supuesto, en esta ocasión Isabel Preysler nada tenía que ver con las aspiraciones de su retoño y se agarró un enfado tremendo cuando le relataron la anécdota.

En el verano del 89, los modales, mejor dicho, el vocabulario que utilizó para definir a los periodistas que cubrían la información del comienzo de las vacaciones de la reina del baldosín y su familia es un buen ejemplo del encantador carácter de la criatura. A la una de la tarde el aeropuerto de Málaga estaba tomado por los informadores, que prácticamente acorralaron a Isabel Preysler. Nuestra dama, que nunca pierde la compostura, sonreía como solo ella sabe hacerlo. A Chabelita nadie le hacía caso, y escondida detrás de una de las columnas juraba en arameo, envidiando el encanto natural de su mami, a la que nunca, por mucho que se empeñe, podrá llegarle a la suela del escarpín. «Son todos unos hijos de p..., unos c...,

¡muertos de hambre! Si este verano quieren una foto mía la van a tener que sudar porque pienso cobrarles a todos».

Estas y otras muchas lindezas salieron de su dulce boca ante el estupor de una dama que esperaba el final del numerito circense organizado por la tribu para recoger su equipaje. «Parece mentira el vocabulario que utiliza esta niña. Su madre, que presume tanto de ser tan rígida, debería ocuparse más de esta criatura y menos de ella misma», aseguraba atónita la señora, sin poder dar crédito a lo que escuchaban sus oídos.

Un mes más tarde, horas antes de que Julio Iglesias actuase en la plaza de toros de Málaga y en el transcurso de una entrevista, le pregunté si estaba enterado de lo mal hablada que era su hija y del poco respeto que tenía hacia la prensa, esa prensa a la que él tanto quería y tanto debía. Julio, un tanto asombrado por lo que contaba, no sabía por dónde salir.

—¿Chábeli ha dicho todo eso?

—Eso y mucho más. Parece que no le gustamos. Además dice que está cansada de que le hagan fotos. Que los famosos sois tú e Isabel.

—Ella está feliz de aparecer en las primeras páginas. Salimos en las revistas la gente que queremos hacerlo y ella es consciente de eso.

—¿A ti no te da pena que tu hija, con diecisiete años, no tenga vida privada?

—A mí me da pena la gente que tiene problemas verdaderamente importantes. Mi hija es una niña privilegiada y no tengo ninguna lástima por ella, sino todo lo contrario. Además, a Chábeli le gusta más una fotografía que a un tonto un lápiz.

Y efectivamente, Julio, que de tonto no tiene un pelo y llama al pan pan y al vino vino, había dado en el blanco. Cuando la niña inició sus escarceos amorosos con Antonio Garrigues Miranda, su primer amor, llegó a confesar a una amiga de su madre: «Mami está enfadada porque me sacan más en las revistas que a ella». Malestar que, por supuesto, su madre negó rotundamente: «¿Cómo voy a tener celos de mi hija? A mí me encanta, lo que ocurre es que es demasiado joven para estar todos los días saliendo en las revistas».

Niña Chábeli, acostumbrada desde que tiene uso de razón a los flashes, actúa en ocasiones como si fuera una gran diva. Aún se recuerda en Marbella cómo, con quince añitos, exigió a su servicio de seguridad que requisasen los rollos a Otero, uno de los fundadores del paparazzismo marbellí, para hacerse la importante ante su pandilla. Hartísimos de las veleidades de la niña, y para evitar problemas, cumplieron el peculiar encargo, pero eso sí, a su manera. «Otero, macho, dame un carrete virgen que tengas por ahí y así se queda tranquila. Hoy se ha levantado con aires de grandeza y tiene que presumir con esos niñatos que la acompañan».

De todas formas —debemos hacerle justicia—, Chábeli empezó a comportarse más racionalmente a raíz de su noviazgo con el joven libanés de veintidós años Faid Mudarres con el que convivió en Washington durante un tiempo. Parece que las neuronas de la primogénita se equilibraron desde el mismo instante en que empezó a compartir anocheceres y amaneceres con el que por aquel entonces parecía ser su único amor. Como se ha demostrado con el tiempo, no fue así y Chábeli encadena un amor tras otro, algo que, vista la escuela paterna y materna que ha tenido, no resulta muy extraño. Antes de cumplir dieciocho años y de conocer a Faid Mudarres, al que por primera vez definió como «el hombre de mi vida», Chábeli había tenido semioficialmente siete novios. Con el primero terminó como el rosario de la aurora y los desmentidos en unas revistas contradecían lo que, casi como dogma de fe, aparecía en otras.

Antonio Garrigues Miranda y Chábeli se conocieron jugando al paddle, una modalidad deportiva inventada por el príncipe marbellí Alfonso Hohenlohe y que apasiona a la jet. Mamá Isabel ha demostrado en múltiples ocasiones ser una experta en este juego de pelota. Por eso, niña Chábeli, en su afán de emulación, se decantó por este entretenimiento y eligió al joven Garrigues, campeón de España de la modalidad, para que le diera clases. Entre raquetazo y raquetazo surgió el amor. Con catorce añitos la hija de la emperatriz de las losetas descubrió el encanto de los apasionados y tiernos besos furtivos. El amor eterno que se habían jurado duró algo menos que una estación de calendario y se fue al traste precisamente por el desmesurado afán de protagonismo de la niña de oro. El «enamorado» hizo unas declaraciones explicando el dechado de virtud que era niña Chábeli. Pero en vez de saltar de alegría, la primogénita se enfureció porque Antonio había ocupado una portada, y eso la heredera no podía permitirlo. En el medio social en el que se ha desarrollado, la única característica que la hace sobresalir —la cultura y los estudios no son su fuerte— ha sido precisamente aparecer sola o en compañía de sus papis en las revistas de colorines. A raíz de los comentarios públicos del jovenzuelo, comenzó un largo tira y afloja que terminó en «bronca y pitos». Lo que ambos se dijeron a través de las páginas del corazón, como podrán ver a renglón seguido, no tuvo desperdicio, sobre todo las declaraciones de ella.

> Paso de él. Lo primero que tiene que hacer es saber estar en su sitio. Si no, que se quede en su casa. Se ha dado a conocer por salir conmigo y ahora va pavoneándose por ahí. Además, en esta historia yo he salido ganando porque me he dado cuenta de que hay niños monísimos en Madrid. Me da igual lo que la gente piense de mí. Solo me importa mi opinión.

La soberbia que se desprende de sus palabras haría enrojecer a más de un padre o madre, pero en este sentido desconozco la reacción de su progenitora al leer las lindezas que salían de la boca de su dulce amor. Papá Julio, por su parte, comentó con varios colaboradores suyos que ya estaba harto de las tonterías que decía su ojito derecho. «Voy a telefonear a Chábeli para que de una vez por todas termine este serial de segunda».

Aunque Isabelita Preysler estaba en aquellos momentos, finales de 1985, más pendiente de arreglar sus asuntos sentimentales —su segundo matrimonio fracasaba estrepitosamente— que de la primogénita, el toque de atención desde Miami parece que surtió efecto y la orgullosa Chábeli dejó de decir sandeces.

Antonio Garrigues, un joven educadísimo y correcto no entendía absolutamente nada.

«Me he dado cuenta de que a Chábeli lo único que le interesa en la vida es aparecer en las revistas. Le ha molestado que yo saliera en una portada antes que ella. Cuando vio la revista se puso histérica y me dijo: "Te pienso hundir. Tengo medios para hacerlo"».

María Isabel Iglesias, emulando a Angela Channing, la malvada protagonista de la serie televisiva *Falcon Crest*, se lo repitió varias veces, ante la indiferencia del joven Garrigues: «Te voy a hundir, pienso desmentirlo todo».

Después de la tormenta vino la calma, es decir, las vacaciones. Chabelita Iglesias Preysler y sus hermanos, a los que el sentido del humor andaluz bautizaría más tarde como el FBI, por aquello de Falcó, Boyer, Iglesias, desembarcaban en Marbella para deleite de los periodistas acreditados en la zona. Los amores ya públicos de su madre con el exministro dieron ese verano a la protagonista de este capítulo una libertad de acción impropia para una niña de su edad. Los nuevos amores vinieron esta vez de la mano de Pablo Hohenlohe, un muchacho de pocas luces y buena planta, sobrino del príncipe del mismo apellido y nieto de la duquesa de Medinaceli. Para dejar constancia, previo pago en metálico de la exclusiva, la pareja posó para la posteridad en plan tortolitos.

Cuentan que cuando se realizó el reportaje Chabelita era la que disponía todo y ordenaba cómo se debían hacer las cosas, como buena hija que era de sus famosos papis. «Los primeros planos quiero que los hagas del lado izquierdo porque doy mucho mejor». Si el enamorado Hohenlohe no respondía a una pregunta como era de su agrado, se ponía como una fiera. «Hijo, pareces tonto. Si no sabes hablar, cállate. A él no le preguntéis porque la famosa soy yo». Otras fotos no pactadas, donde la reputación de la niña quedaba a la altura del baldosín, llegaron a manos de la madre. Madame Preysler y el final del verano pusieron punto final a un romance con más pasión que amor. Por si han perdido la cuenta, ya van dos noviazgos.

Chábeli Iglesias Preysler, una joven liberada en todos los aspectos, no derramó una lágrima y pensó que a rey muerto rey puesto. Lo que nunca hubiera imaginado es que su tercer amor no iba a ser tan fácil como los anteriores. Alfonso Goyeneche Ordovas, hijo de los condes de Ruiz de Castilla, no era como los demás. A él le daba igual quién fuera Chábeli y no le intimidaban en absoluto los delirios de grandeza de doña Isabel Preysler. Al principio pasaba olímpicamente de la rica heredera, que no paraba de acosarle con llamadas continuas, cartitas, regalos... Pero como el joven Goyeneche no era de piedra, sucumbió a los cariños de niña Chábeli. Salieron en las revistas, mamá Isabel volvió a enfadarse y Alfonso, un joven guapo e inteligente, sin problemas a la hora de conquistar bellezas, pasó de ella. Desde Miami, Chabelita juraba amor eterno, pero el caballero Goyeneche, que ya había descubierto la simplicidad de la primogénita Iglesias, prefirió dar la callada por respuesta y dedicarse a estudiar, como era su obligación.

Entonces la heredera decide ir por el cuarto enamorado. Dolida y pesarosa —este había sido su primer fracaso sentimental—, decidió consolarse con un compañero del colegio americano, dos años mayor que ella. «Me encanta mi colegio. Mejor dicho, me chifla una persona que está estudiando en él», diría sin cortarse un pelo cuando le preguntaron en Miami cómo iba en los estudios. Carlos Echeverría, que así se llamaba su nuevo caballero andante, vivió amaneceres playeros, barbacoas nocturnas y besos fogosos a la luz de la luna yanqui. Pero eso de ser mujer de un solo hombre no iba con ella, y mientras el joven Echevarría estudiaba, Chabelita se divertía con otro, que para más inri también se llamaba Carlos, aunque este era de nacionalidad dominicana.

La abuela Charo no salía de su asombro ante la amplitud del corazón de su nieta y elevaba sus plegarias a santa Rita, patrona de los imposibles, para que Chábeli volviera al buen camino. Bastante trabajo tenía ya con encomendar a Julio a toda la corte celestial como para tener que poner también en la nómina de sus rezos a la nieta. «La familia que me ha tocado en suerte no tiene desperdicio», comentaba la dama ofreciendo el enésimo rosario del día por la salvación de la fogosa heredera.

Tantísimo cambio de amores tiene su explicación. Niña Chábeli seguía al pie de la letra los consejos maternales de doña Isabel Preysler, que tampoco, para qué vamos a engañarnos, había sido un dechado de virtud en su adolescencia filipina. «Mi madre me ha enseñado que las personas, una vez que terminan su relación sentimental, deben mantener el compañerismo y la amistad. El amor acaba desapareciendo siempre». Con estas recomendaciones no es raro que la hija de nuestra protagonista cambiara de novio con tanta frecuencia.

De los *affaires* sentimentales de su hija, el superídolo ni se enteraba, pues varios kilómetros separaban su mansión de Indian Creek de la de sus hijos. La sufridora abuela paterna era la única que estaba al tanto de los devaneos de su nieta. Con el océano de por medio, a mamá Isabel le llegaban las noticias con sordina y cuando ya el caballero de turno había sido sustituido por otro en el corazón de su tesoro.

Las aventuras americanas se interrumpieron, como siempre, con las vacaciones veraniegas. Chábeli se instaló en Madrid, donde surgieron nuevos amores, entre ellos el joven Pablo Fuster, hermano de Ricky, el exnovio de Isabel Sartorius, que a su vez se convirtió desde agosto del 89 en «acompañante» habitual del príncipe Felipe.

A mediados del mes de julio de 1989, tres meses después de que a tío Miguel le cruzase la cara Ruiz-Mateos en los juzgados madrileños de la plaza de Castilla, Chábeli acude al cumpleaños y puesta de largo de su amiga Gracia Fuster del brazo de Pedro de Felipe júnior, hijo del futbolista del mismo nombre, y amigo de Superjulio de la época en que el cantante jugaba en los juveniles del Real Madrid.

Vestida con un modelito diseñado por ella misma, tipo palabra de honor, de encaje negro, falda abullonada en tafetán con drapeado amarillo en la cintura y los pendientes de perlas y brillantes de mami, Chábeli hizo su entrada triunfal con su supuesto nuevo romance. En aquel momento se comentó que el súbito cambio de pareja se debía exclusivamente al intento de darle celos a Pablo Fuster, con el que se le había visto muy acaramelada el verano anterior en la discoteca Oh! Marbella. Al decir de amigos y testigos presenciales, «acaramelada» no es la expresión exacta. «Se pegaban unos lotes de campeonato. Cris Lozano —dueño de la discoteca marbellí y del local Archy de Madrid— les daba cada dos por tres toques de atención. Les decía que tuvieran cuidado por los fotógrafos, pero a Chábeli parecía no importarle. Al revés, parecía como si quisiera que la pillaran». Este mismo amigo niega que existiera romance con Pedro de Felipe. «Lo suyo no pasaba de un simple tonteo. Pedro siempre ha sido una persona muy seria a quien no le interesa en absoluto la publicidad. Está volcado en el fútbol». Por su parte, el joven deportista ni afirmaba ni desmentía los amores con su amiga de la infancia. A lo más que llegaba era a calificar a la «niña de oro» de «casi perfecta», definición de sí misma empleada por Mary Poppins, la maravillosa tata de Walt Disney.

Así estaban las cosas cuando, el mismo verano en que llega a su mayoría de edad, redescubre en Marbella, en una fiesta, a Fadi Mudarres, el joven libanés que había conocido en Londres cuando era una adolescente. Este, de momento, le ha hecho sentar cabeza. A diferencia de sus anteriores conquistas, el caballero Mudarres es un chico serio, agradable, con las ideas muy claras en el plano profesional y que no acepta las tonterías de la primogénita Iglesias. Desde el primer momento, mamá Isabel quedó encantada con las buenas maneras del nuevo amigo de su hija. Tanto es así que el matrimonio Boyer abandonó por unas cuantas horas La Luna, el chalet marbellí, para acudir a la fiesta que organizaba el príncipe azul en el palacio de sus tíos. El motivo no era otro que celebrar el cumpleaños de Chábeli por adelantado. El 3 de septiembre, fecha oficial del nacimiento de la niña de oro, Faid debía desplazarse a Washington para continuar con su carrera de leyes.

El romance, que parecía un capítulo más en la azarosa vida sentimental de la primogénita Iglesias, no acabó, como los otros, con las lluvias de septiembre. Chábeli se trasladó a Miami y desde allí, siempre que podía, se escapaba para compartir cepillo de dientes con su príncipe de las mil y una noches. La única que sabía de las fugas amorosas era la abuela Charo, que, desesperada, seguía invocando a sus santos particulares. Los colaboradores de Julio también estaban al tanto de los viajes de Chábeli, pero preferían hacerse los desentendidos. «Yo he visto a Charo llorando por esta historia. Lo que más le preocupaba era que a Chábeli le ocurriese algo. Julio no se enteraba de nada porque a la niña no le hacía falta pedir dinero para los billetes de avión. Los hijos de Julio Iglesias están acostumbrados a manejar mucho dinero sin tener que dar cuentas a nadie. En la mesilla de noche de su habitación Chábeli guardaba siempre una gran cantidad de dólares».

Para Isabel Iglesias Preysler, que ha demostrado ser una gran negocianta como mamá, el dinero de bolsillo que le pueda dar su papi se acrecienta con lo que recibe como entrevistadora de lujo, actividad que inició, con más pena que gloria, cuando decidió abandonar la mansión familiar de Miami para vivir su amor juvenil con Faid Mudarres. Chábeli, ya mayor de edad, resolvió hablar claramente con sus papis acerca del paso que pensaba dar. Papá Julio fue más comprensivo que mamá Isabel, quien consideraba que su hija era aún demasiado joven para liarse la manta a la cabeza.

—Me voy a Washington a vivir con Faid.

—Mi amor, ¿lo has pensado bien?

—Sí, mami. Estoy muy enamorada y no estoy dispuesta a renunciar a Faid.

—Haz lo que creas más conveniente.

Y efectivamente lo hizo. En la primavera de 1990 la joven se instaló con su caballero en un apartamento cercano al campus universitario. Las vacaciones familiares en Marbella fueron suprimidas y la independiente jovencita se perdió con su Faid del alma en el Caribe, donde un reportaje gráfico planeado, e imagino que pagado, dejaba constancia de la felicidad de la pareja.

A la hora de ganar dinerito, niña Chábeli ha salido casi tan lista como su mami. Además de cobrar sus apariciones públicas en las revistas en especie —ropa, zapatos o bisutería fina, que ella llama regalos de gratitud—, la primogénita Iglesias ejerció en su tiempo también de reportera para un semanario del corazón entrevistando a cachorritos famosos como ella, con lo cual obtuvo importantes ingresos; sin contar, por supuesto, la campaña publicitaria que realizó para una firma de refrescos japonesa, con la que parece ser que se embolsó más de cien millones de las antiguas pesetas. Ese dinerito lo guardaba Julio Iglesias en su cuenta corriente. El cantante sabe lo que cuesta ganar un dólar y no estaba dispuesto a que su ojito derecho se lo puliera en majaderías. Solo le permitió gastar una parte, al menos es lo que cuentan los íntimos de Superjulio, en adquirir la casa de tres pisos de Washington que compartía con su príncipe árabe. El nuevo hogar de la niña de oro, que apareció en la prensa poco después de que Chábeli lo adquiriera, previo pago de la exclusiva, era un ataque al buen gusto. Jarrones y porcelanas chinas a granel, regalos de abuela Betty y comprados seguramente en algún mercadillo de Manila, cuadros de escenas de caza y marinas tipo calendario eran algunos de los ringorrangos con que Chábeli decoró su nido. En el reportaje gráfico, desde luego, no aparecía ninguna librería. En este sentido la hija de nuestra heroína era sincera. ¿Para qué va a tener libros si la única lectura que le interesa son las revistas de colorines? Y ya le dijo mami que no se le ocurriera comprarlos por metros, como hacen algunos de nuestros más entrañables personajes del papel cuché, porque eso es una ordinariez.

«Desde niña siempre soñé con decorar y crear mi pequeño mundo», afirmaba Chábeli. Una frase sublime para quien ostenta el título de hija primogénita de la emperatriz de las losetas.

A diferencia de la primogénita de la saga, Julio José y Enrique, los hijos varones de nuestra heroína, en su día prefirieron pasar por la vida desapercibidos, sobre todo el mayor. El segundo, Enrique, era una especie de príncipe destronado que intentaba llamar la atención de su madre con desplantes repentinos y malhumor constante. A la única que se lo perdonaba todo era a su hermanastra Tamara, que precisamente fue quien le arrebató el título de pequeñín de la casa. Odiaba a la prensa y a quienes no estaban de su lado con la misma intensidad que papi y mami buscaban ser portada en las revistas. Julio José, en cambio, era todo dulzura, un crío que caía bien a primera vista y que nunca, hasta la actualidad y que yo sepa, ha tenido ni un solo roce con los periodistas. De muy jovencito, iba a su aire, era muy independiente, buen deportista y más de una vez, sobre todo cuando eran más pequeños, ha tenido que dejar que el hermano le ganara en competiciones deportivas para evitar sus fraternas rabietas. «Julio José es un chico estupendo, con muy buen fondo y que a veces ejerce de padre con su hermano pequeño, que, dicho sea de paso, tiene un carácter muy especial. Como dicen en mi tierra, que Dios se lo conserve y no se lo aumente», explica una amistad familiar, y añade que en el verano de 1989, durante un torneo de tenis organizado por Manolo Santana, en el club deportivo Puente Romano de Marbella, Isabelita Preysler sugirió a los organizadores que Enrique podía hacer pareja con el mejor. Lo cual, por supuesto, fue desoído. Las reglas del juego son sagradas, mal que le pese a la emperatriz de la porcelana. El niño Enrique perdió y se quedó sin el premio —una moto valorada en un millón de pesetas, el equivalente a seis mil euros actuales—, y no tuvo la delicadeza de quedarse en las gradas para ver cómo su hermano mayor se alzaba con el triunfo y recibía la copa de manos de supermami. Cuando salían del recinto rodeados de guardaespaldas se le oyó susurrar: «Oye, Julio, si me dejas la moto te regalo la raqueta que me compré en Japón». Minutos antes el niñito había comentado a la prensa: «Me da igual el premio porque papá me prometió, antes del verano, que me iba a comprar una moto. Además, Julio ha ganado por chiripa. Yo soy mucho mejor que él, lo que pasa es que he tenido mala suerte». Isabelita, la mejor mami del mundo, consoló a su retoño con amorosos besos. «Mi amor, el año que viene seguro que ganas». Y la tribu —incluida Chábeli y su recién estrenado novio árabe— y capitaneada por la sin par Isabel volvió a recluirse en La Luna, el chalet alquilado por una elevadísima suma de dinero, donde esperaba el tercer marido de mami. Don Miguel, poco dado a dejarse ver en los saraos de Marbella, prefirió quedarse en su paradisiaca fortaleza bebiendo zumo de pera sin alcohol, mientras mecía a la pequeña Ana, fruto de su matrimonio con la reina del baldosín. Salvo los problemas que tuvieron para bautizar al bebé, que más adelante relataremos, ese verano fue de total calma y placidez para don Miguel.

Los hijos varones de Isabel tuvieron menos problemas a la hora de aclimatarse a los maridos de su madre que niña Chábeli. Con el marqués de Griñón, Julio José y Enrique se llevaban estupendamente. Sobre todo el mayor, que disfrutaba como un enano en Malpica, la finca toledana del aristócrata. De Miguel Boyer, al no haber convivido con él nada más que los veranos, la verdad sea dicha, pasaban bastante.

El 25 de febrero de 1973, un año y medio después del nacimiento de Chábeli, llega al mundo el ansiado varón, el continuador del apellido Iglesias. Julio José tuvo que esperar dos meses para recibir las aguas bautismales porque su papi andaba de la ceca a la meca enamorando con su voz a las quinceañeras y a sus mamás. Isabelita ya había dejado de acompañarle en las turnés, nacionales e internacionales. Carmen Martínez Bordiú, casada un año antes con Alfonso de Borbón, pronto pasó a ser su paño de lágrimas. La proximidad de los domicilios afianzó su amistad y se convirtieron en íntimas. Sobre todo porque ya Carmencita se había dado cuenta de que su matrimonio tenía menos futuro que los vaticinios del marqués de Araciel, el futurólogo que solo acertaba el presente.

«El niño Julio José, como todos sus hermanos, se crio estupendamente. También él ha heredado los rasgos orientales de la madre, y los amigos de Isabel dicen que su primogénito varón es el que más se le parece. Tiene encanto natural y dotes innatas de líder. Todo lo contrario de su hermano Enrique, que siempre va a remolque».

Julio Iglesias, sin embargo, declaraba, en una entrevista que supermami le hizo, siendo aún marquesa de Griñón, en octubre de 1984, que su primogénito varón era una incógnita. El cantante describía así a sus tres vástagos:

—Pienso que de mis tres hijos la que tiene los gustos más parecidos es Chábeli; el que se parece físicamente más es Enrique y el que es una incógnita para mí es Julio.

Isabelita, muy propia ella, le preguntó entonces qué le parecía Tamara. Y Julito respondió algo que no gustó mucho a la reina del periodismo, o que la pilló desprevenida:

—¡Ah!, me parece un encanto. De todas formas, ¿sabes cuál es la diferencia entre los cuatro hijos que tienes, de los que tres son míos? Que los tres últimos son más «callejeros».

Isabelita se quedó de piedra, luego volvió a la carga.

—¿Qué quieres decir con esa definición?

—Que son como perros de calle. No son perros cuidados.

—¿Julio, Enrique y Tamara?

—Sí. Se nota que son callejeros, que han crecido más independientes, menos mimados, menos hijos de papá y mamá.

Llegados a este punto nuestra heroína decidió cambiar de tercio y decantarse por preguntas profesionales, no fuera que su ex dijese más de la cuenta. Ella, como buena profesional que era, no podía defraudar a sus lectores guardándose información privilegiada.

En 1975, un año antes del primer intento de separación por parte de Isabel Preysler, nace Enrique, el 8 de marzo. Como en el parto anterior, madame se pone en manos de su suegro. Aunque fue un alumbramiento más largo y pesado que los anteriores, todo se desarrolló sin problemas. Isabel ha heredado esa capacidad oriental de dar a luz en menos que canta un gallo. Ni los embarazos ni los partos le han resultado incómodos, y, al igual que su madre, tiene una inmensa capacidad reproductora.

De estos años de infancia es muy poco lo que puede señalarse en la vida de los niños Iglesias, salvo el accidente doméstico que sufrió Enrique un verano, cuando apenas tenía catorce meses. Una tata despistada introdujo al bebé en el agua para el baño demasiado caliente y tuvieron que trasladar al pequeño a la clínica

Santa Elena de Torremolinos, el mismo centro donde años después sería operada de urgencia Isabelita Preysler, de apendicitis. Los varones acuden al mismo colegio que su hermana, frecuentan a sus primos y esperan con verdadera ilusión, como todo hijo de vecino, las Navidades y las vacaciones de verano. A Julio José y a Enrique la separación matrimonial de sus progenitores les pilla de refilón. El mayor de los varones tiene cinco años y el segundo, tres. Acostumbrados como estaban a ver a su superpapi de Pascuas a Ramos, el divorcio les afecta poco; mejor dicho, como ya hemos visto, a raíz de la ruptura los niños Iglesias-Preysler empiezan a verle con más asiduidad y reciben más regalos, tal vez por aquello de acallar la mala conciencia.

Isabel Preysler nunca ha hablado mal de ninguno de sus exmaridos, pero no deja de exigirles lo que ella considera un derecho, como cuando por medio del abogado Matías Cortés reclamó a Carlos Falcó los treinta millones de pesetas —una gran cantidad en la época— que en su día le prestó para los viñedos de Malpica. Hace unos años, empero, hablaba del papel prácticamente nulo que Julito había desempeñado en los primeros años de infancia de sus hijos: «A los niños les hubiera faltado un padre aunque yo no me hubiera separado. Suena fuerte, pero la realidad fue que Julio nunca estaba con ellos. Reconozco que estaba en un momento clave para su carrera y solo tenía tiempo para su profesión. Tuvo que elegir y eligió».

En la primavera de 1978 tío Carlos entró en la vida de Julio José y Enrique quizá con más ímpetu que en la de niña Chábeli. En el colegio presumían de que el nuevo amigo de su mami tenía una especie de zoológico particular, donde ellos eran los reyes. El Safari Park, la reserva de animales que tantos quebraderos de cabeza daba a Carlos Falcó, pronto se convirtió en el tema principal de conversación de los pequeños de la casa. «Mi tío tiene leones, elefantes y de todo», decían ante la envidia general de sus compañeritos de curso.

En el St. Anne's School, todos querían ser amigos de los niños Iglesias para que el sábado y el domingo les invitasen al Safari Park.

Al cabo de dos años de entrar en casa y de ganarse a los pequeños con su simpatía y ternura, Carlos Falcó se convertía el 23 de marzo de 1980 en el segundo consorte de la supermami. El marqués y sus dos hijos, Manolo y Sandra, se trasladaron con todos sus enseres domésticos y la tata de toda la vida, Humildad Rodríguez, al chalecito de Arga 1, que con los años se convertiría en el domicilio más conocido de la capital del Reino. Aunque desde el principio Isabelita Preysler aseguraba a los medios de comunicación que se llevaba «fenomenal, fenomenal» con sus hijastros, la realidad era muy otra. En agosto de 1985, Humildad Rodríguez decía al periodista Ángel Vico:

> Doña Isabel solo tenía ojos para sus niños. Pasaba olímpicamente de Manolo y Sandra. Creo que fue un error por su parte, porque los hijos del marqués siempre han sido muy cariñosos y educados, y si hubieran visto un poco de cariño en ella, se habrían volcado.

En Arga 1 todas las regañinas se las llevaban los hijos de su segundo marido. Si se rompía algo, los culpables eran Manolo y Sandra. Tanto es así que en una ocasión Chábeli le comentó a su hermanastra:

—Oye, si quieres, cuando acabemos de cenar vamos arriba para estar con mami y con tu padre.

—Vete tú, si quieres. ¿Para qué voy a subir si tu madre siempre está contigo, diciéndote «Siéntate aquí, mi reina; ven aquí, mi amor…», y en cuanto voy yo no hace más que regañarme y decirme que una señorita no hace esto o lo otro?

—Es que mami cuando se pone así… —respondió Chábeli, dándose cuenta perfectamente a sus nueve años de las diferencias que establecía su progenitora.

Sandra, una niña más bien rellenita, tuvo que sufrir en más de una ocasión los «consejos» de la madrastra Isabel, que en cuanto podía sacaba a relucir su gordura. «No comas tanto pan, ni repitas postre. Ya tienes catorce años y debes cuidarte, porque la obesidad no resulta elegante».

A la hija del marqués de Griñón le sentaban fatal estos comentarios, pero no tenía más remedio que callarse, so pena de que su padre se enfadara con ella. Cuando la «madrastrona» no estaba delante se desahogaba con su tata Humildad. «¿Acaso me meto yo con ella y le digo lo cursi que es? Siempre va con joyas hasta arriba, parece un muestrario, y la cara tan dura que tiene, que va a los sitios para que le regalen cosas». La tata Humildad, que estuvo al servicio del marqués de Griñón durante veinte años, nunca pudo soportar las veleidades de Isabelita y mucho menos los desplantes que les hacía a Manolo y a Sandra. «Si llegaba por la noche y estaban todos los niños cenando juntos, cogía la escalera y no paraba hasta llegar a su cuarto. Pero si estaban solo los suyos, se sentaba con ellos y se quedaba hasta que terminasen. ¡Claro que el marqués se daba cuenta! Si hasta el servicio lo comentaba… Pero el señor, como estaba enamoradísimo de doña Isabel, prefería hacerse el tonto. Lo cierto es que los hijos del marqués lo pasaron muy mal en aquella casa».

Las diferencias entre unos niños y otros eran abismales. Los Iglesias estaban acostumbrados desde pequeñitos a tener todo tipo de caprichos, juguetes, ropa… Los Falcó-Girod, todo lo contrario. El marqués de Griñón nunca fue demasiado espléndido en ese sentido. Es de los que pensaban que a los niños se les tiene que enseñar desde pequeñitos que la vida no es fácil, que los premios se consiguen a base de esfuerzo y que con permisividad solo se obtienen niñatos maleducados e inaguantables. Más o menos lo han llegado a ser niña Chábeli y, si el tiempo no lo remedia y papá Falcó no consigue imponer su criterio, Tamarita lleva el mismo camino que su hermana mayor. Ejemplos de la manera de ser del cuarto retoño de la reina del baldosín hay miles, como luego veremos. El servicio de Casa de Vacas, la finca toledana del marqués de Griñón, me relataba la siguiente anécdota: Tamara, acompañada de una amiguita del colegio, comía chocolatinas en el jardín. La hija del marqués hacía bolitas con los envoltorios y los tiraba al suelo. Su amiga, en cambio, se los guardaba en el bolsillo. Cuando terminó todas las golosinas, Tamara se levantó y se puso a jugar mientras la otra recogía los papeles. En un momento dado Tamarita le dijo:

—Déjalos en el suelo. Ya vendrá el servicio y lo limpiará.

—Nos van a regañar.

—¡Qué va!, mami me dice siempre que para eso se les paga.

Fátima de la Cierva, novia por aquel entonces del marqués de Griñón, que oía la conversación de las dos niñas, saltó como un rayo.

—¡Tamara, recoge inmediatamente todos los papeles! Estás muy equivocada si piensas que aquí la gente va a estar detrás de ti limpiando lo que ensucias. El servicio, como dices, son personas como tú, que realizan un trabajo, pero no son esclavos.

Tamarita, muy ofuscada, hizo lo que se le ordenaba, aunque seguramente iría con el cuento a su mami del alma. Sus amistades aseguran que Isabel era una mujer muy estricta con sus hijas. En cambio, sus detractores la culpaban de inculcar en ellas un cierto grado de superioridad que las hacía en ocasiones insoportables. «Con los varones es diferente, los deja más a su aire. Me imagino que quiere que las niñas salgan a ella», explicaba una conocida de Isabel.

La dulce mami, de todas formas, no les pasaba una a los chicos. Sin ir más lejos, en el verano del 90 castigó sin salir del chalet durante unos días al pequeño de la saga Iglesias-Preysler, que había tenido la ocurrencia de desinflar las ruedas del coche de un periodista que montaba guardia en la puerta de la casa familiar. Se armó la marimorena y el por entonces insufrible Enrique no tuvo más remedio que pedir perdón al reportero, su gran enemigo de por vida.

Otro aspecto que hizo diferentes a los herederos de Julio Iglesias de los demás niños de su edad y de los hermanastros fueron los mocetones de seguridad que supuestamente debían vigilarlos las veinticuatro horas del día. Cuando el cantante se convirtió en ídolo internacional y empezó a ganar dinero a espuertas, una de las cosas que más le preocupaba era la posibilidad del secuestro de sus retoños. Aparte del llamado «cheque Chábeli» —¡un millón de las antiguas pesetas limpio de polvo y paja revisable cada año!—, Julio Iglesias enviaba a su exmujer una cantidad importante destinada a la seguridad de sus hijos, dinero del que Isabelita disponía como mejor le conviniera, y que casi nunca se destinó a la protección deseada por Julio. Pero esto no se descubrió hasta que ETA secuestró al doctor Iglesias el 27 de diciembre de 1981.

En Miami, durante la Nochevieja, estando aún el padre del cantante en las garras de los terroristas, unos amigos comentaron en casa de Alfredo Fraile lo desprotegidos que estaban los hijos de Julio en España. Fraile, mánager del supercantante, mostró su extrañeza ante Cary Lapique, su marido Carlos Goyanes y otros íntimos, según lo relató años después el periodista Jesús Mariñas.

—¡Cómo desprotegidos! Julio envía mensualmente ciento ochenta y cinco mil pesetas para los guardaespaldas de cada niño.

—Pues me parece que el único que los protege es el ángel de la guarda, y como sea como el de los Kennedy, apañados están los pobres.

Isabel Preysler se quedaba con el dinero y lo dedicaba a otros menesteres. Al menos eso fue lo que se dijo en aquella Nochevieja norteamericana, cuando aún faltaban dieciséis días para que la policía española descubriera el paradero del doctor Iglesias Puga.

Bien es verdad que a raíz del morrocotudo susto todo cambió, y también, por qué no decirlo, gracias a la bronca que Julito Iglesias le echó a su ex tras contarle Alfredo Fraile la conversación mantenida en su casa.

En cuanto al secuestro del abuelo, la única que se percató realmente de la gravedad de la historia fue Chábeli, que ya tenía doce años. Julio José y Enrique, con nueve y siete años respectivamente, estaban enfrascados en jugar con los regalos que les había traído Papá Noel y encantados, por otra parte, de no tener que ir al colegio.

Isabelita estuvo a la altura de las circunstancias. Además, fue ella, precisamente, la mensajera de tan triste noticia.

La marquesa-periodista, que había viajado a Suiza para realizar una de sus entrevistas y de paso visitar en Gstaad la tienda de modas de la gran diseñadora Angela Weiss, recibió una llamada de la novia del doctor Iglesias Puga y tomó el primer vuelo a Madrid. Ya instalada en el domicilio de Arga, telefoneó al cantante. No se anduvo por las ramas:

—Julio, han secuestrado a tu padre. Aún no sabemos nada, pero casi seguro que ha sido ETA.

El cantante, anonadado, solo pudo decir:

—¿Lo saben los niños?

—No, pero habrá que decírselo. Chábeli ya es mayor y puede enterarse por la televisión. Podría quedarse muy muy impresionada.

—Haz lo que te parezca mejor.

Lleno de remordimiento y sin esperar respuesta alguna, el cantante dio por finalizada la conversación telefónica con un desesperado monólogo:

—Pobre viejo, con el frío que hace en Madrid y él sin abrigo. Porque nunca lleva abrigo. Preví lo de mis hijos y les puse guardaespaldas, pero no me ocupé de él. Claro que tampoco hubiera querido. Me siento responsable.

A partir de ese momento Julio Iglesias y su familia, incluida Isabel Preysler, vivieron en una pesadilla continua. Isabel, que recibía constante y puntual información de Miami y sabía del estado de postración del cantante, le hace un ofrecimiento que la honra.

—Julio, ¿quieres que te envíe a los niños o que vaya yo por si necesitas algo?

—No, Isabel, gracias, mi casa no es el mejor ambiente para los críos. Quédate con ellos en Madrid.

Por fin, el 16 de enero de 1982, los geos liberan al doctor. Isabel y sus tres hijos, más el bebé Tamara, se habían refugiado en la finca de Malpica, y allí es donde se enteran de la buena nueva por la radio. La marquesa de Griñón vuelve rápidamente a Madrid y en menos de veinticuatro horas dispone el equipaje de los herederos Iglesias, que viajaron con su abuelo liberado a Miami. La pesadilla había terminado.

Muchos años después, en julio de 1988, ya casada con Miguel Boyer, la policía descubre, al detener a Jean Louis Camerini, cerebro del secuestro de la niña Melodie, un recorte de prensa donde aparecían el exministro y la reina de la porcelana el día de su boda. La pareja refuerza su seguridad, así como la de los niños. Hay un guardaespaldas para cada miembro de la familia, sea de la rama que sea, Iglesias o Falcó. Anita Boyer Preysler aún no había venido al mundo; ese verano, precisamente, sus papis se pusieron manos a la obra.

El 18 de abril de 1989 llegaba el quinto hijo de la reina del papel cuché y el tercero del exministro, un año y cuatro meses después de que sus progenitores se casaran en el juzgado de la calle Pradillo de Madrid, supuestamente en absoluto secreto. Digo «supuestamente» porque el semanario que la tuvo durante un tiempo en nómina como estrella del periodismo atrasó su salida para poder dar en portada las fotos de la pareja. Es cierto que en esta ocasión no hubo exclusiva, no tanto por deseo de la novia como por indicación expresa del novio. El horno no estaba para bollos y don Miguel se negó en redondo a participar en el negocio que tantos beneficios le ha reportado a lo largo de su vida a nuestra querida protagonista. Isabel y Miguel eligieron una fría mañana de enero para convertirse en marido y mujer. Pero esta historia pertenece a otro capítulo, dada la intensidad y emotividad de tan sublime decisión. Ahora mejor hablamos de Tamara.

Aunque Isabel Preysler ya tenía tres hijos y Carlos Falcó dos de su anterior matrimonio con Jeannine Girod, que después fue novia de Ramón Mendoza, la pareja manifestó, poco tiempo después de contraer matrimonio, su intención de aumentar la tribu. Una constante de la vida sentimental de Isabel ha sido sellar sus matrimonios con descendencia. Las lenguas viperinas aseguran que es la forma de rentabilizar al máximo sus amores. Una simple ecuación matemática que podría resumirse en: matrimonio más hijos, más divorcio, igual a renta mensual.

Pero son maldades sin fundamento, envidia cochina, que dirían los castizos. Porque la pura realidad es que a nuestra reina del baldosín le chiflan los niños. Además no se puede olvidar que nuestra musa contribuyó voluntaria y gratuitamente a que las estadísticas nacionales de natalidad de la época se mantuvieran y no cayesen en picado como sucedía —y sigue sucediendo— en los otros países de la Unión Europea. Tamarita vino al mundo el 20 de noviembre de 1981, seis años después de la muerte de Francisco Franco, abuelo de la amiga de mami, y nueve meses después de que Tejero irrumpiese en el Congreso, secuestrando durante una noche al Gobierno y a los diputados elegidos democráticamente por el pueblo español.

Como ya no era de recibo que el doctor Iglesias Puga siguiera atendiendo sus embarazos y partos, Isabel cambió de ginecólogo. El doctor García del Real fue el encargado de supervisar y atender a nuestra heroína durante los nueve meses de gestación y posterior alumbramiento de Tamara y de Ana Boyer. Es tal el carisma que tiene la musa que cuando se conoció públicamente el nombre de su ginecólogo, muchas mujeres cambiaron de especialista para poder presumir ante las amistades. Personalmente he tenido la oportunidad de escuchar miles de veces en boca de consortes con veleidades sociales la siguiente conversación:

—¿Me han dicho que estás esperando?

—Sí, mona, y estoy felicísima.

—¿Con quién estás?

—¿Con quién voy a estar? Con García del Real, el ginecólogo de la Preysler.

Julio Iglesias, que telefoneó inmediatamente a su ex al enterarse del nacimiento, se agarraría tiempo después un mosqueo importante al comentarle sus colaboradores el segundo nombre que la marquesa había elegido para su cuarto descendiente. A la hora de bautizar a la benjamina, mami, de improviso, decidió ponerle Tamara Isabel. El periodista Jesús Mariñas, que se encontraba cenando con el superídolo en Lyon, en el restaurante Le Bistrot, fue testigo de primera mano del enfado del cantante.

Julio comía sin ganas. Resistía sin hablar hasta que llegaron los postres. En ese momento no se pudo aguantar y soltó:

—¿Por qué le pone a su niña el nombre de nuestra hija? Ella es muy lista, y todo lo calcula mucho; por eso, no acabo de comprenderlo. ¿Qué pretende con dos Isabeles en la familia? Sabe que Chábeli es lo que más quiero en el mundo. Que nunca volveré a casarme —el tiempo desmentiría esta afirmación—, por amor a Chábeli. Es lo que más quiero y voy a convertirla en la mujer más importante del mundo. Pero no entiendo a su madre. ¿Por qué lo habrá hecho?

El tiempo demostró que los temores de Julito eran infundados. El segundo nombre de niña Tamara jamás ha sido utilizado por nadie y solo figura en su partida de bautismo.

Hasta agosto de 1989, en que la tata Alejandra desvela las intimidades de la niña Falcó en la revista *Lecturas,* poco, por no decir nada, se sabe del carácter de la cuarta hija de la señora de Boyer.

Según las declaraciones de Alejandra, Tamara era el fiel retrato de su madre. El retrato robot que hizo de ella no resultó en absoluto halagador.

Aparentemente, se trata de una niña muy feliz porque vive en un mundo que muy pocos críos de su edad logran tener a su alcance. Dispone, si lo desea, de una gran cantidad diaria para comprarse golosinas y otros caprichos. Prácticamente no le ponen límites a sus gastos. Muy a menudo invita a toda la clase, en el colegio, a bombones, caramelos y tartas, sea su cumpleaños o sin motivo alguno. Todo lo que quiera lo tendrá. Y en la parte afectiva puede manipular los sentimientos de sus padres a placer. Es una niña cariñosa, pero solo cuando quiere. En otros momentos es inaguantable, en parte porque su madre le ha inculcado que es una persona muy importante y eso hace que Tamara se sienta superior.

Las amigas de Isabel Preysler, en cambio, opinaban todo lo contrario. Aseguraban que era una niña estupendamente bien educada y «muy mona de trato», aunque también reconocían que Tamara, que acababa de cumplir nueve años, se daba perfectamente cuenta del interés público que despertaba.

A diferencia de su hermanastro Enrique, que lo pasó muy mal cuando dejó de ser el benjamín de la tribu, la hija del marqués de

Griñón aceptó de muy buen grado la llegada de Anita Boyer Preysler. Desde el principio se convirtió en su cuidadora y protectora oficial. En el verano de 1990, Tamarita exigía a los fotógrafos que sacaran guapa a su sexta hermana.

«No, ahora no, que tiene babitas. ¡Seño!, limpia a la niña —exclamaba, imitando a la perfección las órdenes de mamá Isabel—. Luego veré las fotos en las revistas y el que no la haya sacado guapísima no volverá a retratarla». Los fotógrafos obedecían al pie de la letra las órdenes de la petulante aprendiza de Isabel Preysler. Lo que querían era acabar pronto, y si para ello había que satisfacer los caprichos de Tamara, pues ¡a ello! La tata no sabía qué hacer. Por un lado, había recibido instrucciones estrictas de la señora en el sentido de que nadie se acercase al bebé y por otro temía, más que a un nublado, las iras de la niña Falcó. «Tamara, tu madre se va a enfadar». «Qué va, ella lo que quiere es que salgamos guapas y arregladas».

Los guardaespaldas, por su parte, estaban ese verano más atentos a las motos de agua que habían comprado, y que previamente alquilaban a los bañistas, que a los moscones de la prensa.

El verano del 90 fue tranquilo para todos. Los Boyer solo salieron de su fortaleza para navegar con Peter Viertel, marido de la actriz Deborah Kerr y amigo de Isabelita de tiempos inmemoriales, o acudir a la urbanización Guadalmina para cenar con algunos matrimonios de la jet. Muy lejos quedaban las vacaciones del año anterior y el tumulto organizado por Isabel Preysler cuando pretendió, sin conseguirlo, que el bautizo de Ana Boyer se celebrase en su domicilio veraniego, aduciendo razones de intimidad, pero eso sí, con su fotógrafo personal.

Todo comenzó a mediados de agosto, cuando la reina de la porcelana visitó al párroco de la iglesia de la Virgen Madre, en la urbanización Nueva Andalucía, y le sugirió un bautizo en su residencia La Luna. El sacerdote Manuel Torres se negó, diciendo que la niña era como todos y que si quería recibir las aguas bautismales tenía que ser en la iglesia. «La seño de Boyer quería saltarse todas las normas a la torera. El sacerdote Martín Patino intentó convencerme personalmente, y además le dio mi número de teléfono particular. Hasta llegaron a pedirme que hablara con el obispo de Málaga para conseguir el permiso. Me negué en redondo y le comenté que tenía la suficiente potestad para tomar una decisión de este tipo sin tener que consultar con nadie».

Según pasaban los días, Isabelita se iba mosqueando. Desde que se había convertido en la emperatriz del papel cuché, nadie había osado tratarla de semejante modo. Aunque siempre estuvo en su sitio hubo un momento en que casi pierde los estribos:

—¡Hay que ver cuánto cuesta bautizar a mi hija!

—Si lo hiciera como todo el mundo, no tendría problemas.

—Usted será el responsable de que mi hija se quede sin bautizar.

—No, la responsable será usted. Tanto de su bautizo como de la educación que luego reciba. Es usted la que no quiere traer a su hija al templo —le respondió el sacerdote, que acto seguido le recordó que la entonces reina de España, madrina de la primogénita de su prima María Luisa de Prusia, había acudido a la iglesia como una feligresa más.

«Doña Sofía participó en el bautizo colectivo y esperó su turno sin exigir el más mínimo protocolo. Se sentó junto a los demás padrinos en el sitio que le correspondía en los bancos de la iglesia. La verdad es que nunca entendí el comportamiento de Isabel Preysler. Era la primera vez que me ocurría algo así». Don Manuel Torres dijo aquel verano a la revista *Tribuna* que él se había ofrecido a bautizar a la pequeña Ana a la hora que quisieran, incluso de madrugada.

Pero fue muy cabezona y seguía erre que erre empeñada en que el bautizo fuera en su casa y, por supuesto, con su fotógrafo. Ella se queja públicamente de que los periodistas la persiguen y de que necesita intimidad y luego trafica con quienes le interesa. Por un lado, pone el pretexto de la prensa, a la que creo que odia, y por otro, la desea para sus exclusivas. Creo que esta señora está estafando a la opinión pública, porque yo no sé si el dinero que cobra por este tipo de trabajo luego lo declara a Hacienda.

Don Manuel Torres, que se despachó a gusto, no bautizó a la niña de Boyer. El matrimonio tuvo que esperar hasta el 1 de febrero de 1990, casi un año después de su nacimiento, para que en una parroquia de Madrid su hija recibiera las aguas bautismales. ¡Por una vez la exclusiva se había ido al garete! Don Miguel Boyer, que acudió al acto religioso a pesar de haber reconocido públicamente en múltiples ocasiones su agnosticismo, obligó a su consorte a que el bautizo se celebrase en la más estricta intimidad, sin amigos, fotógrafos y cheques de por medio. El exministro había ganado esa vez la batalla, ya que nunca han aparecido en la prensa las fotos del conflictivo bautizo. No ocurrió lo mismo con el alumbramiento. Anita Boyer Preysler, que nació rodeada de guardaespaldas el 18 de abril de 1989, en la clínica Ruber Internacional de Madrid, posó en la puerta con sus amorosos papis. Tanto Isabel como Miguel Boyer aseguraron a los numerosos periodistas que se agolpaban en los jardines de la clínica que no habría exclusiva de ningún tipo. Tres semanas más tarde la reina del baldosín aparecía fotografiada en el salón de su casa, en la revista *¡Hola!*, con el mismo conjunto de punto que había utilizado para su salida de Ruber. En algunas de las fotos incluso aparecía el político, que horas antes había asegurado a la prensa que nadie fotografiaría a su bebé en exclusiva. La astuta mami había hecho como siempre su santísima voluntad, a cambio, por supuesto, de una sustanciosa cantidad. A sus treinta y ocho años, Isabel Preysler había conseguido el «más difícil todavía»: ser tres veces consorte, cinco veces madre, cuatro veces madrastra y dos veces abuelastra.

Tamara Falcó, «el producto» que eclipsa a la reina de corazones

Hasta hace relativamente poco, Tamara era un personaje atractivo, pero sin identidad propia más allá de ser la hija de. Eso sí, siempre había sido la más simpática y la más acoplable a las situaciones complicadas, con sus golpes de ingenuidad cuando aparecía en un *photocall*. Le sucedía algo parecido al titular que me dio Lolita hace muchos años en una entrevista que le hice para la revista *Tiempo*. Decía con cierto malestar, pero orgullosa de ser quien era con respecto a su madre: «Soy un volante en la bata de Lola Flores». La hija de la Faraona tuvo que luchar contra los tópicos y venció. Hoy recorre los teatros de España demostrando que el esfuerzo merece la pena.

En el caso de Tamara su camino ha sido diferente hasta convertirse en una marca en sí misma. No se la identifica con una sola firma, como le sucedía a Preysler en sus mejores sueños con Porcelanosa. Para Tamara, un conocido programa de cocina fue el punto de inflexión y digamos que su primer peldaño para ese desarrollo publicitario que alcanzó su máximo apogeo con su boda, celebrada en 2023. Un enlace donde hasta los sacerdotes que oficiaron la ceremonia tuvieron sus momentos mediáticos. Si consiguieron más feligreses ya valía la pena. Seguro que en sus pensamientos reprodujeron la célebre frase que se le atribuye a Enrique IV cuando tuvo que convertirse al catolicismo para acceder al trono de Francia: «París bien vale una misa».

El relato de la vida de Tamara acababa en la primera edición de este libro a los diez años. Por eso me ha parecido conveniente desarrollar un capítulo entero dedicado a sus andanzas en estas tres décadas, y este es quizá uno de los más llamativos precisamente por su evolución. De niña mimada y caprichosa pasó a ser una profesional de la cocina por su descubrimiento como personaje ideal en *MasterChef Celebrity*. No buscaba enfrentamientos con sus compañeros ni protagonismo más allá de ser hija de Isabel Preysler. Su papel en el programa era de aprendizaje y así lo demostró. Fue pasando de semana en semana hasta alzarse con el premio de setenta y cinco mil euros que se ganó por méritos propios y donó a Mensajeros de la Paz del padre Ángel.

A la traca final, televisada en noviembre de 2019, acudieron Isabel y Mario Vargas Llosa. Ya de por sí su presencia era reclamo televisivo. Aparentemente eran el uno para el otro: la «felicidad». Recordemos que así la definió el escritor la noche en que festejaba sus ochenta años con el mundo intelectual en lo que fue la presentación oficial de Preysler como pareja estable.

Ya cuento en otro capítulo cómo las amistades del Nobel no daban crédito a determinadas actuaciones personales que por amor realizaba el escritor. Así son las pasiones que el novio de «mami», como se refieren a ella sus hijos, cumplió con creces.

Una de ellas fue conceder a Tamara una entrevista a raíz de la publicación de su libro *La llamada de la tribu* en marzo de 2018. La charla «profesional» se hizo en el despacho que había sido de Miguel Boyer, mientras duró la relación, era el lugar de la mansión donde desarrollaba su trabajo creativo. La conversación literaria se publicó en la revista *Vanity Fair*. Tamara supo salir airosa a pesar de un par de patinazos relacionados con el apoyo de los peruanos a la candidatura a la presidencia de su país. El siguiente despiste fue colocarlo como participante activo en el Mayo francés. Esa incursión política no tuvo el respaldo ni tan siquiera de la mayoría de los suyos. Se decía en Lima que ni su familia le había votado. En cuanto a la revolución parisina explicó a la hija de su novia que «no estuve porque ya no vivía en Francia». Las críticas no recayeron en Tamara, sino en el Nobel. Las peticiones para entrevistarlo siempre han sido muy numerosas y en esa ocasión, con motivo de la publicación de su nueva obra, al listado de periodistas de Cultura que solicitaban un encuentro se unían los de Sociedad por el interés que despertaba su parcela afectiva. Tamara fue la primera. Con la naturalidad con la que suele comentar sus historias reconoció: «Tengo suerte, soy una enchufada».

Otra decisión llamativa fue su ya mencionada espectacular aparición en el programa de La 1, la televisión pública española, para apoyar a la aprendiz a cocinera. En su entorno más directo solo estaba informado de esta actividad surrealista el hijo mayor, Álvaro, pues en aquellas fechas era el único que mantenía relación con su padre. Tanto Morgana como Gonzalo habían establecido una línea roja de separación que no traspasaron hasta mucho después. Tuvo que pasar tiempo para que las aguas familiares en el sector Vargas Llosa volvieran a su cauce.

El primogénito estaba al tanto de la sorprendente aparición de su padre desde tiempo atrás, porque *MasterChef* —en todas sus versiones— es un programa grabado; no así el mundo intelectual que, por otra parte, y así lo reconocía el propio Umbral, son muy dados a la frivolidad, aunque de puertas afuera la critiquen. Junto al sector Preysler también quiso apoyar a la que se convertía en ganadora de la edición su hermana mayor Xandra Falcó. En el capítulo correspondiente de *Reina de corazones* cuento lo mal que lo pasaron los hijos del marqués en el chalet de la calle Arga. Eran dos adolescentes que no encajaban en la estructura familiar de la madrastra. Nunca hubo una relación intensa con Isabel Preysler, pero el tiempo hace que los malos momentos se aparquen. Así ha sido la tónica general en la existencia de los Falcó al ser hijos de madres diferentes. En el vértice de ese complicado organigrama familiar se encontraba el jefe que mantuvo esa unidad.

Carlos Falcó se casó cuatro veces y con las sucesivas damas mantuvo una buena relación. Jeannine Girod, Isabel Preysler y Fátima de la Cierva salieron como leonas para defender la honorabilidad de su exmarido ante el desagradable episodio que vivió con Esther Doña, con la que se casó el 22 de julio de 2017, dos meses después de la boda, en la fiesta en el palacio El Rincón donde vivía el matrimonio. Los tres mayores no fueron ni a la boda ni a la celebración. Tamara fue siempre discreta en sus comentarios públicos con respecto a la nueva esposa de su padre, pero nunca hubo sintonía. Lo más que llegó a decir de esa «disfunción» de cariño fue que le había dado muchas oportunidades a la modelo y empresaria malagueña, sin especificar en qué consistían. Tamara adoraba a su padre, pero había muchas cosas que no le gustaban de Esther.

Uno de los mayores disgustos que recibieron los cinco, y las amistades íntimas y cercanas a las que se sumaban las exmujeres, tuvo lugar la noche que Falcó debió pasar en la comisaría por la ley de violencia de género. Un altercado entre el matrimonio, con aviso por parte de los clientes del hotel Eurobuilding, hizo que la policía acudiera al establecimiento. Para el aristócrata fue una tragedia tremenda. No hubo denuncia de Esther Doña y la discusión, subida de tono, se quedó en eso.

Como ya he dicho más arriba las tres damas (Isabel, Fátima y Jeannine) coincidieron y declararon públicamente que Carlos Falcó era un caballero. Tras ese episodio amigos y familiares estaban convencidos de que llegaría el cuarto divorcio, pero no fue así. Cuentan que la bondad del marqués hizo que olvidara sus horas en el calabozo y prosiguiera con el matrimonio hasta que murió en el año 2020.

Este desagradable asunto no sirvió para limar asperezas entre la familia Falcó y la joven esposa. A partir de ese momento no hubo contacto con la hoy marquesa viuda hasta la misa que se celebró dos años después, debido a la pandemia, en la basílica San Francisco el Grande. Hubo quien quiso ver desplantes hacia ella que no existieron. Así me lo confirmó la propia Tamara y así lo cuento: «Nunca haría nada que hubiera podido molestar a mi padre. Hemos sido superrespetuosos. Si no hemos estado de acuerdo no se lo manifestamos».

Aldara y Duarte, los hijos que tuvo Falco con Fátima de la Cierva vivieron también un episodio complicado. En el caso de la pequeña de la familia, el desencuentro tuvo que ver con su habitación en El Rincón. La joven estudiaba en Alemania y, al regresar a España en vacaciones, se encontró que su cuarto estaba ocupado por un familiar directo de Esther Doña. Habían metido todas sus cosas en cajas sin preguntarle siquiera. En este sentido, tenía menos responsabilidad la señora de la casa que el padre, que debería haber avisado a su hija pequeña.

La relación entre los hermanos Falcó ha sido excelente. Un trabajo afectivo manejado con éxito por el marqués hasta su fallecimiento, que tuvo lugar el 20 de marzo de 2020, pocos días después de que España se sumara al confinamiento que fueron adoptando países de todo el mundo por el coronavirus —covid-19—. Tenía ochenta y tres años, y mantuvo genio y figura hasta su muerte. Ha pasado el tiempo y siempre se menciona su honestidad, profesionalidad y bondad cuando se habla de su persona.

Esos valores los transmitió a sus descendientes, que continúan con el legado paterno. «Somos una piña», afirma Tamara cuando se le pregunta por los Falcó. Y, efectivamente, está muy unida no solo a sus parientes directos, sino también a sus primos Preysler y a su también primo Álvaro Falcó, hijo del marqués de Cubas y Marta Chávarri. Los padres de este ya han fallecido y, en su condición de hijo único, para Tamara es casi como un hermano.

Continuando con esta parte de la familia, la norma no escrita es que los mayores protejan a los pequeños y Xandra es la que más la cumple. De ahí que, aunque su perfil público sea muy bajo, quiso acudir a la final de *MasterChef Celebrity* para celebrar la victoria de la hermana cocinera. Tras esta experiencia, Tamara quiso mejorar su currículum en el campo de la gastronomía y se matriculó en el curso avanzado de la prestigiosa escuela Le Cordon Bleu.

No hubo discusiones por la herencia y menos aún al ceder el marquesado, que por tradición le habría tocado a Manuel Falcó Girod. Hacía tiempo que Carlos Falcó había decidido repartir sus títulos entre sus hijos de una manera equitativa. El principal, el de Castel-Moncayo, fue para el primogénito, y el de Griñón, para la tercera de sus cinco hijos. Xandra ya ostenta el título de marquesa de Mirabel, cedido por su abuela Hilda Fernández de Córdova. Los dos pequeños, Aldara y Duarte, heredarán sus respectivos títulos de su madre, Fátima de la Cierva.

Por todo lo anterior, la noticia de la cesión heráldica no sorprendía ni a la familia directa ni a la vertiente Preysler. Tiempo atrás, y coincidiendo con las declaraciones de Carlos Falcó para *La Razón* en las que explicaba su decisión, la propia Tamara ya lo comentó en una reunión de amigos. De sus palabras se desprendía que, casi seguro, sería marquesa y Grande de España. Todos los presentes la felicitaron y ella admitió que cuanto más tarde pudiera llevar el título, mejor, ya que significaría que su padre estaba vivo. Para los que desconocían las leyes que marcan los títulos nobiliarios, contó que el importante era para su hermano mayor. Y ahí quedó la cosa.

El aristócrata quiso que el título de marquesa fuera para la hija más mediática, al considerar que era una buena imagen para un título nobiliario creado el 25 de febrero de 1862 por la reina Isabel a favor de María Cristina Fernández de Córdova y Álvarez de las Asturias. «Estoy feliz y orgullosa. Mi padre me dijo: "Es una encina milenaria que te dejo para que la lleves con dignidad". Y es lo que voy a hacer». Con el sentido del humor que la ha caracterizado desde que era pequeña cuando Pablo Motos, su jefe, le preguntó que para qué servía ser marquesa, respondió: «Pues no lo sé porque nunca lo he sido».

Igual que en su día *MasterChef Celebrity* le sirvió para hacer ese cambio de registro, de apéndice de Isabel Preysler a personaje independiente, su contrato con *El Hormiguero*, el programa que presenta y dirige Pablo Motos dio a conocer otra faceta de Tamara. A diferencia de su madre, que nunca se sale de la línea marcada en sus apariciones públicas y cuyas respuestas son siempre previsibles, la colaboradora ha dejado a sus compañeros de plató más de una vez con la boca abierta. Una de las veces explicó las normas que marca su madre en Miraflores —que es el nombre real de «Villa Meona»— a la hora de sentarse en la mesa. Algunas simplemente tienen que ver con la buena educación, como reconocía Cristina Pardo cuando Tamara explicaba que «no se puede hablar por teléfono. Todos tienen que estar presentes en las comidas, las manos siempre sobre la mesa, no se puede gritar, te puedes volver a servir porque un plato muy lleno no es elegante. El único que lo puede hacer es Fernando (Verdasco) porque quema muchas calorías».

Quizá uno de los momentos más surrealistas fue cuando contó cómo Isabel Preysler utilizaba la siguiente treta para que los viajes fueran más tranquilos, un apaño que según la colaboradora era habitual: «Para que no molestásemos al resto del avión, mi madre nos daba unas gotitas. Una vez viajamos a Marbella y cuando nos íbamos a bajar del tren nos dimos cuenta de que no había forma de despertar a mi hermana Ana. Empezaron a darle golpecitos en la mejilla para ver si reaccionaba y nada. Entonces mi madre le preguntó al tío Miguel (Boyer) cuántas gotas le había dado. Le dijo: "Las que me habías dicho, dieciocho". Pero no era así: tenía que haberle dado ocho, no dieciocho». Pablo Motos, los colaboradores y el equipo se quedaron estupefactos con el recurso que utilizaba la protagonista de este libro para que sus hijos estuvieran tranquilos.

Y otro secreto que desveló la hija fue en el programa de Bertín Osborne *Mi casa es la tuya*. El presentador y cantante acudió a la mansión de Puerta de Hierro para hacer desde allí el programa. Tamara —Tamy para la familia y amigos— confirmó lo que Boyer mostró en su día a la periodista Nativel Preciado en la revista *Tiempo*. Ya hemos hablado previamente de que en su momento el exministro era muy criticado por sus compañeros del PSOE y, sobre todo, por Alfonso Guerra a causa de la opulencia de la vivienda. Era motivo de chascarrillos la cantidad de cuartos de baño que había en el domicilio que el columnista Alfonso Ussía bautizó como «Villa Meona». Efectivamente, Tamara desveló por fin el secreto del número de sanitarios: «Sí, Bertín, en esta casa hay catorce cuartos de baño».

Como ya he dicho más arriba, en muchas ocasiones la sinceridad de Tamara Falcó sirve para llenar de contenido programas enteros. El mismo día de la revelación anterior también informó de cómo se olió el inicio del romance de su madre con Mario Vargas Llosa. Con total naturalidad se lo explicaba a Bertín Osborne, que no podía contener la risa: «Mami los sábados no se arregla mucho para comer y una mañana nos dice a Ana y a mí: "Niñas, va a venir un amigo a comer a casa". Y sale mami *peluqueada*, con tacón y con unos pantalones negros apretados, y yo "¡Ay, Dios!", en plan: "¿Esta señora? ¿Que viene quién?". Y yo ya le comenté a Ana: "A mami le gusta Mario. Aquí hay tomate". Ana me respondió que no, que solo era un amigo, pero yo enseguida me di cuenta. Por eso cuando salió en las revistas, yo hacía meses que lo sabía. Y Ana se fue a decirle a mami: "Pero si tú me dijiste que solo erais amigos…". Y yo le dije a Ana: "¿Lo ves?, ya te dije que aquí había tomate"».

Una de las revelaciones más impactantes que la propia Tamara quiso que fuera pública fue su conversión. «Yo no era creyente. Miguel Boyer era del PSOE, y me crie en un ambiente ateo». En la familia Falcó y Preysler todos los miembros estaban bautizados, aunque no había costumbre de cumplir con las «obligaciones» que impone la Iglesia a los creyentes, entre ellas misa dominical, comunión y confesión. La única que cumplía con ellas era la abuela Beatriz Arrastia quien, desde que abandonó definitivamente Filipinas en 1991, vivía en la mansión de Puerta de Hierro e iba todos los días a la iglesia. Lala, como la llamaban los nietos —ahora es Isabel Preysler la que recibe ese diminutivo cariñoso— era la que se encargaba de rezar por todos. Alguna vez Tamara la acompañaba a la iglesia, pero no por convicción sino para que no fuera solo con el personal de servicio.

Entonces ¿qué sucedió para que de pronto recibiera como san Pablo la luz e iniciara su propio camino de Damasco como el apóstol?

Cuando los periodistas la preguntábamos por ese cambio tan radical en sus creencias nunca tuvo ningún problema para revelar la razón: «Mi padre se separa por tercera vez, y tras decírmelo, me pide que le acompañe dos semanas al campo. Me fui a la Casa del Libro para comprar lectura para el verano. Entré y vi una Biblia blanca y azul con una luz iluminándola, con una palmera dibujada en su portada y con el título *Biblia didáctica*. Era de letra grande, papel grueso y me la compré». Tiempo después, cuando ya había recuperado la fe a través de conversaciones con sacerdotes y retiros espirituales, recordaba que hubo más de una señal. La luz directa al libro y la palmera. Tamara es un nombre de origen hebreo que viene de *thamar* que significa «palmera». El mismo árbol que, como he dicho, ilustraba la portada. Fue tal el impacto que incluso llegó a pensar en entrar en un convento y dejar su vida de personaje mediático. Así se lo trasladó a su madre. Isabel Preysler, con una vida intensa, no se opuso y muy inteligentemente incluso la apoyó: «Mami me dijo que pensaba que no era lo mío, pero que si estaba convencida me acompañaba a visitar conventos para ver cuál me gustaba o en cuál me aceptaban».

Finalmente, la vocación religiosa desapareció. Después de disfrutar de un currículum sentimental largo, pero poco convincente, se cruzó en su camino Íñigo Onieva. Por fin la marquesa encontraba al hombre de su vida. Pero esta relación que acabó en boda estuvo a punto de naufragar por la o las infidelidades del novio.

Esta es la cronología de los meses que han revolucionado la prensa rosa en estos últimos tiempos en los que me encuentro actualizando este libro. El jueves 22 de septiembre de 2022, Tamara Falcó publicaba en su Instagram una foto reveladora: anunciaba su compromiso con Íñigo Onieva y comunicaba que era la mujer más feliz del mundo. Enseñaba el anillo que le había entregado como prueba de amor tras dos años de relación. La sortija era de Repossi, una firma de alta joyería italiana sin tienda física en Madrid. El precio de la pieza era de 14.500 euros y la fecha de entrega, por parte de Íñigo a su novia, no fue el 22 de septiembre, sino a principio de mes. Un dato que Tamara negó el 15 de septiembre cuando amadrinó un acto de la firma Tous.

Siguiendo con la cronología de lo que fue el serial, que comenzó con anuncio de boda y terminó con un «ahí te quedas» de Tamara, al día siguiente ya comenzaron a circular informaciones que no dejaban en buen lugar al futuro marido. Tenía fama de relacionarse afectivamente con chicas de variado perfil, pero al enamorarse de la cuarta hija de la Preysler pareció cambiar. La novia estaba enamorada y tenía plena confianza en su pareja: «Si no te fías de la persona a la que quieres y con la que te vas a casar, ¿qué haces?, ¿dudar de él? No lo hice hasta que las pruebas fueron concluyentes», decía a sus colegas de *El Hormiguero*.

El viernes 23 de septiembre, la pareja acudía a la boda de una de las chicas de la agencia que lleva los asuntos de Tamara. Íñigo aún tuvo la «fortaleza» de explicar a los reporteros que el vídeo comprometido del Festival Burning Man, que se celebra anualmente en el desierto de Nevada, era de 2019. Esa declaración falsa fue el principio del fin. Solo unos días después, el sábado 24 por la mañana, Tamara salía de la casa que había compartido junto a su novio con sus dos perros y se refugiaba en la mansión de su madre. Dejó la sortija en la mesilla de noche y ya no quiso saber nada del que había sido su proyecto de vida. «Metí en una bolsa algunas cosas y desaparecí. No quería que me contara más mentiras». Ese mismo sábado, el programa *Ya es verano* de Mediaset proporcionaba más datos, que desmontaban la historia de Onieva. La música que se escucha de fondo cuando besa a una chica en el festival más loco y desparramado que se celebra desde hace años en esa zona de Estados Unidos no era de 2019 sino de 2022. La mentira ya era pública y con pocas salidas para el socio de la discoteca Lula. Tamara se negó a mantener contacto con él, con su entorno y, por supuesto, con la que iba a convertirse en su familia política con la que había compartido el confinamiento. Los «desetiquetó» a todos ellos en su Instagram. Amistades que habían llegado a la pareja por Onieva también desaparecieron de su agenda y de su red social. En esos días, la casa de Puerta de Hierro estuvo abierta solamente para sus amigos y para su director espiritual. Lo anecdótico de esas fechas fueron los muchos ramos y centros de flores que llegaron a la mansión de Isabel Preysler.

Isabel Preysler tiene el suficiente currículum amoroso para saber que nadie cambia a nadie. Se separó de Julio Iglesias por las múltiples infidelidades. Y al poco de divorciarse, ya se hizo pública su relación con el marqués de Griñón. Cuando rompió con el padre de Tamara, ya estaba en su vida Miguel Boyer. Y con Vargas Llosa fue al revés de lo que le ha sucedido a la hija con Onieva: Isabel fue la otra hasta que se convirtió en la principal. Pero esto son otras historias colaterales que ya están contadas.

El lunes 26 de septiembre, ya era oficial para toda España que Tamara había sido traicionada. Al día siguiente, martes 27, tenía un acto al que en principio no iba a acudir. La sorpresa fue mayúscula cuando ella misma anunció en su Instagram que asistiría al Teatro Real y que atendería a la prensa. Cuarenta medios acreditados para la presentación de la empresa Kronos Home a la que, en condiciones normales, habría acudido solo prensa especializada en arquitectura. La marquesa lo dejó claro: «Para mí el trabajo es superimportante. Un pilar fundamental. Si me está yendo mal en lo emocional, no voy a dejar que me afecte». En esa comparecencia explicó cómo había sido la ruptura con su prometido a causa del beso en el festival de música. «Le dije: "Que sepas que me da igual que hayan sido seis segundos o un nanosegundo en el metaverso, como sea verdad, esto acaba"». Gracias a Tamara los periodistas presentes aprendimos buscando en Google que esa referencia que se hizo viral era una medida de tiempo que representaba la millonésima parte de un segundo.

El miércoles 28, Tamara le había comunicado al sacerdote que estaba al frente de la delegación española que acudiría al XIV Congreso Mundial de las Familias en México que no participaría. La marquesa de Griñón no iba a acudir solo como integrante del grupo de apoyo a los padres Josep Quintana y Guillermo Serra, sino que era parte activa al ser ponente en una conferencia. El jueves cambió de opinión y finalmente dio su charla en la Expo Bancomer Santa Fe de la Ciudad de México. Esa conferencia tuvo una gran repercusión por la polémica que se originó con sus palabras. Precisamente la columna de Boris Izaguirre en *El País* en la que criticaba las palabras de la que era su amiga fue el desencadenante para que Isabel Preysler le hiciera la cruz al escritor y presentador.

Esos cinco días tan intensos revolucionaron la prensa rosa y se convirtieron en tema recurrente entre periodistas no habituados a ese tipo de asuntos. Tamara Falcó reinició sus actividades confirmando que Íñigo Onieva ya no existía en su vida. Pero la historia de amor finalmente no terminó en el nanosegundo, sino que tuvo un final feliz que contaré a continuación.

Efectivamente, acabaron casándose. En la organización de la boda hubo tantas señales para que no se celebrara que se demostró que la pareja de enamorados nunca fue supersticiosa. Tamara se quedó sin traje de novia a dos meses de que esta se celebrara: las diseñadoras vascas Sophie et Voilà rompieron el contrato. También hubo que retrasar el enlace, ya que el marco incomparable que era el palacio El Rincón no estaba disponible al no haber finalizado el rodaje de una serie. No faltó el apartado sucesos: una semana antes de la boda, los joyeros que habían ofrecido piezas para algunas de las invitadas eran víctimas de un robo millonario en plena autovía A-6 Madrid-Coruña. Y como guinda, cuando ya parecía que todo estaba en perfecto estado de revista, la casulla de uno de los sacerdotes que concelebraba el sacramento del matrimonio de Tamara e Íñigo estuvo a punto de arder en llamas. Los rápidos reflejos de la hermana del novio evitaron una posible tragedia y convirtieron el hecho en una anécdota que recordar.

CHÁBELI, ENRIQUE, JULIO JOSÉ Y ANA: ¿QUÉ HA PASADO CON ELLOS EN ESTOS TREINTA Y TRES AÑOS?

Si la vida de Isabel Preysler ha evolucionado en estos años con su presencia casi omnipresente como imagen de marcas promocionales, las vueltas al sol (como se cuentan ahora los aniversarios) de sus hijos merecen también una reseña. Han pasado treinta y tres años en la biografía vital de Chábeli, Julio José, Enrique, Tamara y Ana. Ya sabemos que su madre fue la reina de los azulejos y que cada Navidad sorprendía a los telespectadores con sus apariciones televisivas. Unas veces en solitario y otras con las niñas de la casa. Los chicos siempre se mantuvieron al margen de los contratos mercantiles de «mami», como la llaman todos los hijos.

Vivir en Miami les alejaba de esos momentos familiares publicitarios, por lo que Tamara y Ana forman el *team* Preysler en los últimos años. Eso sí, cada cierto tiempo Chábeli viajaba a España y hacía sus apariciones pagadas hasta que se casó con Christian Altaba, tuvieron dos hijos y se dedicó a criarlos. Desde entonces eligió un perfil más íntimo, aunque sin olvidar que las exclusivas alegran la vida. De vez en cuando vuelve a las páginas de *¡Hola!*, pero de una manera menos recurrente y con una exposición de Alejandro y Sofía, sus hijos, muy medida. Prácticamente no se les ha visto crecer.

El nieto primogénito de Isabel Preysler cumplió a la hora de escribir estas líneas veintidós años y estudia la carrera de Derecho siguiendo la tradición de su padre y de su abuelo paterno. Es un chico muy cariñoso, deportista, educado y sin ningún interés en convertirse en personaje mediático.

Su nacimiento convulsionó a la familia, pues nació antes de tiempo. A los seis meses de embarazo y con seiscientos gramos de peso, las posibilidades de desarrollo eran difíciles, pero Alejandro tenía muchas ganas de vivir y salió adelante. Chábeli se dedicó por completo al que bautizaron en el hospital Jackson de Miami como «el bebé milagro». Julio Iglesias estuvo pendiente de su nieto y apoyó a su hija, que tuvo muchos momentos de desconsuelo. Su siguiente embarazo, once años después, tampoco discurrió de forma natural y Sofía nació prematura a los ocho meses. Para entonces, sus padres ya habían dejado Miami y se habían instalado en Carolina del Norte, donde Chábeli pasó este embarazo, del que nada se sabía en España. Tampoco dio publicidad cuando volvió a quedarse embarazada, esta vez de gemelos, en el año 2010. Se supo que los había perdido por Isabel Preysler, que confirmó la tragedia. Esa pérdida supuso un punto de inflexión y los Altaba-Preysler decidieron que sus hijos tuvieran una adolescencia tranquila sin que se les reconociera públicamente.

En esta búsqueda tardía de la intimidad familiar tiene mucho que ver su marido, Christian Altaba, que sí fue consciente desde el principio de los peligros de la fama. Todo marchaba bien hasta que trascendió una discusión conyugal con presencia policial y una demanda que Chábeli interpuso y días después retiró. Ella misma lo contaba en unas declaraciones que no formaron parte de ninguna exclusiva: «Discutimos y yo me asusté porque nunca había visto a Christian diciéndome las cosas tan feas que me dijo. Fue subiendo de tono, me entró miedo y llamé a la policía», explicaba para aclarar que no hubo orden de alejamiento ni malos tratos físicos.

El tiempo demostró que la decisión del matrimonio de preservar a sus hijos del interés mediático ha surtido efecto. Las pocas imágenes que hay de Alejandro son en la boda de su tía Ana Boyer con Fernando Verdasco. El joven ha elegido ser un Preysler de segunda generación sin vertiente pública. Mantiene sus redes sociales privadas y, en Miami donde vive, solo sus más cercanos conocen que es nieto de Julio Iglesias y sobrino de Enrique Iglesias.

Para Chábeli, por otra parte, la televisión tampoco era su fuerte y los espacios en los que participó no funcionaron. El único que aún se recuerda fue su delirante salida del primer programa *Tómbola* en 1997. En aquel momento se decía que era la heredera natural de Isabel Preysler, pero sin la cualidad de encantamiento de la madre. Como ya he contado en este libro, fue una niña consentida por Julio Iglesias. Tuvo su propia canción, *De niña a mujer*, que se convirtió en uno de los grandes éxitos del cantante.

La noche de *Tómbola* ya comenzó mal, al exigir que solo contestaría las preguntas del presentador Ximo Rovira. Sus respuestas eran cada vez peores. Decía que la prensa se inventaba historias y manipulaba sus intervenciones. Poco a poco fue calentando el plató y a los periodistas. Estaba recién llegada de Miami y con pocas ganas de colaborar. En aquellas fechas, aún mantenía el aire de joven caprichosa y mimada. A diferencia de otros invitados, Chábeli no quiso relacionarse con los colaboradores. Aseguraba que ella no comercializaba con su vida privada y lo peor llegó cuando comentó que no sabía lo que eran las Fallas cuando el programa se emitía en esas fechas festivas y exclusivamente para la Comunidad Valenciana. Que no estuviera al tanto de quién era el entrenador del Valencia Club de Fútbol era lo de menos, pero también irritó al público presente en las gradas. Todo saltó por los aires cuando Jesús Mariñas y el resto de los colaboradores afeamos su conducta. Muy enfadada, se quitó el micrófono y pronunció la frase que ya forma parte del histórico televisivo. Dirigiéndose al presentador le dijo: «Me voy. Me da vergüenza tu programa y esta gente es gentuza». Lo que sí hizo fue cobrar la colaboración, por la que se llevó medio millón de las antiguas pesetas. Cuando Julio Iglesias se enteró de la movida que había protagonizado no la disculpó y llegó a decir que a su hija le faltaban tablas.

Ese programa también fue el detonante del distanciamiento

durante varios años entre Isabel Preysler y su íntima Carmen Martínez Bordiú, que era otro de los personajes que se encontraban esa noche en el plató de Canal Nou. Isabel consideró que no había sido capaz de defender a su hija y que en una situación parecida ella sí lo habría hecho.

La realidad era muy distinta. La amiga no tuvo tiempo de reaccionar ante la fuga inesperada de Chábeli. Aunque después sí tuvo palabras de disculpa para la joven. El malentendido duró un par de años y fue la exduquesa de Franco la que decidió dar el primer paso. Después de aquello, Carmen llamó en varias ocasiones a Isabel y le mandó unas cartas para explicar lo sucedido. El paso del tiempo, que logra que todo se aprecie en perspectiva y con más frialdad, consiguió calmar las aguas. Una vez que desapareció el agravio filial, la amistad volvió al punto de origen. «Nos vemos menos de lo que quisiéramos, pero nos hablamos mucho por teléfono», me contaba Carmen en una de las ocasiones en las que nos hemos encontrado en Madrid.

Como ya he contado más arriba, convertirse en madre de familia cambió la agenda mediática de Chábeli, y sus apariciones en reportajes ya no fueron tan habituales. En octubre de 2020 volvimos a saber de ella por un tema laboral. Ya no era la joven borde, sino una mujer más madura y con ganas de agradar. Comenzó una colaboración con una de las empresas textiles con más solera de España y con tiendas abiertas en México y Estados Unidos. Se trataba de la firma familiar Carmen Borja, con sede en Gijón y dedicada desde 1939 al diseño y a la fabricación de ropa del hogar. La propia Isabel también utilizaba para sus mejores sueños la firma desde la época en que vivía en el chalet de Arga 1. Y, por supuesto, Chábeli ya compraba en la tienda de Miami antes de conocer personalmente a la dueña. El encuentro tuvo como marco un mercadillo solidario en la ciudad norteamericana al que acudió la primogénita Iglesias. Ese día saludó a la propietaria y le dijo que no hacía falta que le explicara nada porque conocía los productos. «Siempre habéis estado en casa de mi madre y luego en la mía», afirmó.

Ese primer contacto sirvió para que pocos días después Chábeli la invitara a un almuerzo en su casa: «Hablamos y me sorprendió su manera de ver la vida, que no era la que reproducían las revistas. Es una mujer muy espiritual, muy solidaria, muy familiar y concienciada con el medioambiente. Me contó que le gustaba mucho la decoración y que le gustaría colaborar con nosotros. Analizamos los pros y los contras que suponía tener a una persona con una difusión mediática tan grande cuando nunca hemos hecho publicidad. Nuestra primera propuesta fue ofrecerle ser imagen y nos dijo que quería involucrarse mucho más. También quedamos que parte de los beneficios irían a una fundación que ayuda a niños con cáncer». Y así fue como conocimos que en este apartado del diseño sí tenía mano.

Volvió a aparecer en la televisión pública coincidiendo con el ochenta cumpleaños de su padre. Se convirtió en hilo conductor y narradora en el programa *Lazos de sangre*. Aunque ya había colaborado en programas tanto en España como en Miami con poco éxito, esta era la primera vez que aceptaba ser la protagonista colateral en un documental televisivo. Y así comenzó ese especial homenaje a Julio Iglesias en el que yo misma participé. «Soy María Isabel Iglesias Preysler, la hija mayor, y, aunque tengo más de cincuenta años, para mi padre siempre he sido y seré su niña». Su hermano Julio José tenía su momento íntimo con ella y ambos reconocían que había sido la hija mimada y consentida. No había ninguna duda de esa debilidad de Julio Iglesias hacia ella. Según contaba Julio José, nunca les había afectado ni a él ni a Enrique esa preferencia: «Papá te hizo una canción y a nosotros no».

Efectivamente, en ese aniversario los hermanos recordaron que ese tema que compuso en 1981 fue uno de los temas de más éxito de su carrera. Como ya he contado, *De niña a mujer* sigue siendo en la actualidad una canción recurrente en los aniversarios de adolescentes cuando dejan de serlo. En la carátula del disco aparecían padre e hija vestidos igual, con unas camisetas marineras blancas con rayas azules. Chábeli tenía en aquel momento diez años y aún le quedaban muchos cumpleaños para convertirse en mujer. En su momento Julio Iglesias explicaba las razones que le habían llevado a dedicar ese tema a su primogénita: «Ahí está en mi vida la segunda Isabel. Mi hija Cháveli [escribía el nombre con v]. Por eso he escrito esa canción para ella, la merecía, se la merecía». Y continuaba explicando que había recibido alguna recomendación familiar en el sentido de que no era bueno que hiciera famosa a su hija, que aún era muy pequeña y con un padre al que los hermanos veían muy poco. «Más peligroso es que no te conozcan y a mí, con mi hija, se me cae la baba».

En definitiva, los años calmaron a la primogénita Iglesias Preysler y hoy vive feliz en Miami con su marido y sus dos hijos. La última vez que participó en un reportaje fue en la boda de Tamara e Íñigo Onieva. Lo hizo como hermana mayor y sin cobrar un euro. De esa primera familia de Julio Iglesias es la que mantiene más relación presencial con él, igual que con Miranda y los cinco Iglesias Rijnsburger. Se sabe que durante el tiempo de pandemia mantenía el contacto a través de conversaciones por Skype.

Parte de las Navidades de 2023 las pasaron todos juntos en República Dominicana, en Punta Cana. Solo faltó Enrique, que ha sido el verso suelto y siempre ha ido por libre. En estos treinta años se ha convertido en una de las figuras más importantes del panorama musical mundial. De su vida privada se sabe lo que sus hermanos Tamara y Julio José y la madre han contado. La conclusión es muy positiva. Vive feliz en Miami con Anna Kournikova. Su relación, que comenzó en el 2001, se ha consolidado a lo largo de los años con una boda secreta de la que se supo por su hermano Julio. Es un gran padre de tres hijos a los que dedica tiempo, y es el único de la saga Preysler que no participa del mundo de las exclusivas. Una de las pocas veces que ha hecho comentarios sobre su vida personal fue cuando murió Beatriz Arrastia, en agosto de 2021. La abuela Beba, como la llamaban los nietos, era un mujer especial, discreta y bondadosa. Así la definían todas las personas que la trataron desde que se instaló en la casa familiar de Puerta de Hierro.

A Enrique le dio tiempo para despedirse de su abuela y lo quiso contar en *El Hormiguero*, el programa en el que trabajaba su hermana Tamara. A través de una conexión él mismo lo contó: «Fue un momento muy triste, pero, gracias a Dios, pude venir a despedirme y decirle que la quería muchísimo. Ahora va a ser nuestro ángel de la guarda. Estuve con Tamara y con mi madre, y fue un momento para mí superemotivo. Yo, que no suelo llorar, lloré muchísimo, pero a la misma vez me alegré mucho de poder estar con mi abuela, con mi madre, con Tamara y con la familia», añadía a continuación Enrique, mostrando una faceta hasta ahora casi desconocida en España: la de nieto.

Para Enrique, Elvira Olivares, la que fue su niñera y casi una segunda madre, es una figura fundamental en su vida. Tanto es así que, en la actualidad y a sus casi ochenta años, vive en la mansión familiar y se encarga de los tres hijos, los mellizos, Nicholas y Lucy, y la pequeña Mary. Tiene una relación espléndida con Anna Kournikova y controla que todo esté en orden cuando ambos no están en casa. A diferencia de su padre, Enrique procura pasar el mayor tiempo posible con los niños, llevarlos a la guardería y jugar con ellos, tal como se ve en los vídeos que cuelga en Instagram.

Elvira Olivares fue la que le prestó el dinero para su primer disco, la que confió en él y no dudó de su éxito futuro, a diferencia de su padre, que a partir de ahí estableció una competencia que Enrique no entendió durante muchos años. Precisamente esa independencia profesional supuso el punto de inflexión en la relación paternofilial. Hasta ese momento, que Julio no hubiera ejercido como padre presencial estaba más que superado. El problema entre ellos era unidireccional. Julio Iglesias le consideraba un prepotente por no pedirle consejo y la carrera ascendente del hijo era una afrenta personal. Para más inri, Enrique eligió como hombre de confianza a Fernán Martínez, que también había prestado consejo a Julio Iglesias años atrás.

Los recelos continuaron cuando el hijo se compró un avión privado. El comentario del padre fue el siguiente: «Yo no lo tuve hasta que no vendí un millón de discos». La realidad era que Enrique ya iba por el millón y medio. Y no faltaron desaires cuando el joven ganó el primer Grammy y Julio comentó que lo premiaban «por ser mi hijo». Después llegaron el segundo, el tercero… hasta convertirse en el gran ídolo que es en la actualidad.

Los desencuentros profesionales llegaron a tal punto que convirtieron en leyenda (¿o realidad?) las amenazas de la estrella de no cerrar contratos en España si su hijo actuaba antes que él en algunas ciudades. Todo esto generó tal malestar que ni la Seño, apelativo con los que los hijos de Julio e Isabel llamaban a Elvira Olivares y como se conocía popularmente, fue capaz de quitarle hierro a los desencuentros. Cada vez que le preguntaban a Julio Iglesias por este enfrentamiento lo negaba y Enrique callaba. Con el tiempo y coincidiendo con la muerte del doctor Iglesias Puga, volvieron a encontrarse. Cuando ya la relación se estabilizo, Enrique reconoció que había sufrido por este distanciamiento. «Durante diez años no tuve absolutamente ningún contacto con mi padre. Lo pasé mal, pero lo que sentía por mi música me daba fuerza. Y, sobre todo, perseguía el objetivo de hacerlo a mi manera».

Enrique mantiene una relación muy estrecha con sus hermanos y, por supuesto, con Isabel Preysler. No ha estado presente en la boda de ninguno de ellos y tampoco quiso una gran fiesta en la suya, que fue totalmente discreta. Se ha convertido en una especie de jefe áulico de la familia. Según explicaba la periodista Patricia Izquierdo, «en los últimos años, se ha alzado como el pilar en el que todos se apoyan cuando las cosas se tuercen. Quizá el más reservado de los cinco, cuenta con una precisión pasmosa a la hora de dar consejos a sus hermanos, y su generosidad para echar una mano en lo que sea, en cualquier momento, lo ha convertido en el favorito para todos ellos».

Uno de los ejemplos de este apoyo fue con el complicado divorcio de Julio José de Charisse Verhaert. Se habían casado en 2012 y separaron en 2021 con unas peticiones por parte de la modelo exageradas y estrambóticas, como solicitar una cantidad extra para la peluquería de los perros. Durante todo el proceso,

Enrique acogió al hermano en su casa. También sirvió de paño de lágrimas para Tamara en una etapa en la que la marquesa de Griñón se encontraba desubicada. Y así lo reveló en una entrevista a *Vanity Fair*:

> Cuando desayunaba filetes empanados allá por 2016, Enrique fue el primero que me ayudó a poner los pies en el suelo y a que me despertara de la pesadilla en la que vivía entre críticas y miedos. «Tamara, ¡no te pueden dejar sin trabajo por haber engordado!», me decía al teléfono. Seguí sus consejos. Tenía a mi hermano Enrique, que es lo más llano del mundo, dándome seguridad y confianza.

Julio José es, con Tamara, el más sociable del clan. Vive en Miami y viaja a España cada cierto tiempo para participar en campañas publicitarias, acudir a diferentes actos e intervenir en programas de televisión. Como Tamara, también tiene un carácter abierto y suele dar buenos titulares cuando participa en los *photocalls*. Cuando cumplió cincuenta años, el 25 de febrero de 2023, lo celebró por partida doble. Una fiesta en Miami y algún tiempo después otra en Madrid. Esa noche se sintió nostálgico:

> Cuando me levanté ese día, hice un recordatorio de cuando era pequeño, de mi vida aquí en España. Tenía cinco años cuando me fui. Me parece que todo ha ido muy rápido. Me acuerdo perfectamente de las excursiones que hacíamos con mi madre a la finca de Casa de Vacas de Carlos (Falcó), me gustaba escuchar los partidos de fútbol en la radio. Ayer precisamente estuve en el Bernabéu.

A pesar de dedicarse también a la música como su padre y hermano no hay tiranteces y cada uno tiene su parcela. En su caso su recorrido es diferente, pero también tiene sus seguidores, sus conciertos y sus galas en Estados Unidos. A España prefiere viajar por otras actividades laborales, como son sus contratos de imagen con firmas comerciales, pero sin promocionar su música. Lo llamativo de Julio José es que no aparenta la edad que tiene. Asegura que es la marca de la casa: «La genética viene de mi abuela Beba, que murió a los noventa y ocho años, y veo sus fotos y me sorprendo de lo bien que estaba. Era simpática, muy vital, y todos los días se iba a la calle a pasar un rato. Creo que mi parte filipina es de mi abuela». El segundo varón de Julio Iglesias e Isabel es una especie de Peter Pan que sigue en su País de Nunca Jamás.

Finalmente, solo nos queda ponernos al día sobre Ana Boyer. La hermana pequeña y la que menos recorrido tiene en el mundo mediático. Su boda con Fernando Verdasco formó parte de una exclusiva con el antes, durante y después. Tiene dos hijos y al cierre de este libro está esperando el tercero —otro niño—. Cuenta con un buen currículum académico y profesional, pero eligió dedicarse a ser madre de familia a tiempo completo. Sus incursiones en los *photocalls* y en las redes sociales son las que menos recorrido tienen de la saga Preysler.

Sin embargo, en diciembre de 2023 se publicaba que la pequeña de la saga sería uno de los personajes principales en el *reality* de la televisión pública *Bake off: famosos al horno*. Un sorprendente desarrollo profesional y emocional de la que podía haber sido una gran ejecutiva.

Cada uno de los hijos de Isabel Preysler tiene una trayectoria muy diferente, pero todos ellos comparten el haber nacido ya con la fama a sus espaldas. En estos treinta y tres años que han pasado desde que se publicó la primera versión de este libro —vio la luz en 1991— han gestionado esa relevancia con mayor o menor acierto. Lo que parece seguro es que la tercera generación no quiere que sus vidas sean públicas. El hijo de Chábeli es el ejemplo de esa decisión, pero solo el tiempo dirá hacia dónde encaminan sus vidas y hasta qué punto quieren hacernos partícipes de ellas.

PARTE VI

UNA NUEVA VIDA PARA ISABEL

En las siguientes páginas retomo la historia de amor que mantuvieron Isabel Preysler y Miguel Boyer durante tantos años y que fue tema de conversación en los cenáculos políticos y empresariales. Pocos entendían en el PSOE el cambio de vida de Boyer y de ahí que las revistas de información política como *Tiempo*, *Época*, *Cambio 16* y diarios como *ABC*, *El País*, *Diario 16* y los de provincias se hicieran eco de este romance que desembocó en el segundo matrimonio para él y el tercero para ella. Por supuesto, llenó de contenido las revistas denominadas «del corazón», cuando aún los programas de televisión no dedicaban tantos minutos a las celebridades como hacen ahora. Por eso es importante ese capítulo de la biografía *Reina de corazones* publicada en 1991, para entender la evolución amorosa de Isabel Preysler. A continuación insisto en algunos de los datos que ya conté en su día y que sirven para contextualizar y refrescar los más de treinta años que han transcurrido desde que ese libro vio la luz.

La muerte de Miguel Boyer marca un antes y un después en la vida de Isabel

Miguel Boyer fue un hombre influyente en el mundo empresarial y antes en la política. Se convirtió en el ministro todopoderoso del Gobierno de Felipe González en las carteras de Economía, Hacienda y Comercio. Estuvo enfrentado a cara de perro con

Alfonso Guerra, que le acusaba de haber perdido la esencia socialista al formar parte del colorín a través de lo que se denominó la *beautiful people*. Algunos de ellos tuvieron que dar cuentas a la justicia por el caso Ibercorp. La jueza Mari Paz Redondo dictó un auto en mayo de 1994 cuyos protagonistas fueron los privilegiados Boyer y su esposa Isabel Preysler. En la lista que recibió la Comisión Nacional de Valores aparecían Miguel Salvador y María Isabel Arrastia, que se identificaron de esa manera en vez de utilizar el primer apellido. Fue, como escribía Julián Lago en su carta semanal en *Tiempo*, «una guerra de clanes». Y en el caso de Alfonso Guerra, una guerra por el poder en sí mismo, ya que era vicepresidente del Gobierno y amigo desde la clandestinidad de Felipe González.

Como ya hemos visto, Boyer abandonó el cargo cuando se enamoró de la protagonista de *Reina de corazones*. Guerra consideraba que no se podía ser socialista y vivir en una mansión con trece cuartos de baño y mucho menos una caseta con calefacción para la mascota. A pesar de esa huida hacia delante que ya expliqué en el capítulo dedicado al exministro, antes de que le diera el ictus contaba en la intimidad que nunca volvería al ruedo de la política, pero sí echaba de menos participar.

Muestra de ello es que en 1996 Boyer apoyó a José María Aznar y pidió públicamente el voto. Se integró en FAES, una fundación ligada al Partido Popular y los socialistas de la Transición se le echaron encima, igual que la llamada izquierda caviar que por forma de vida estaban más cerca del *modus vivendi* de la derecha. Con el tiempo abandonaría ese cambio ideológico por sus discrepancias en la gestión de la guerra de Irak y, más adelante, volvió a su esencia socialista como asesor esporádico de Rodríguez Zapatero. Lo que no le gustaba —y así lo declaraba— era la deriva de los sindicatos. Para algunas de sus amistades, que habían mantenido la esencia socialista sin que sus trayectorias laborales y patrimoniales interfiriese en su manera de pensar, su vuelco ideológico sí que supuso un distanciamiento. Felipe González en una entrevista en *El País* llegó a decir: «Dolerme no me duele porque le tengo aprecio personal, pero se equivoca de nuevo». Esa locución adverbial tenía el doble significado, político y social. El que fuera presidente del Gobierno no criticó abiertamente el reportaje sobre la mansión de Puerta de Hierro publicado en 1992 en *¡Hola!* —a la que Alfonso Ussía bautizó con un título que perdura en el tiempo y que molesta profundamente a la protagonista de este libro: «Villa Meona»—, pero esta se convirtió en la diana para atacar a Boyer y, por supuesto, en objeto de chascarrillos que ironizaban con la cantidad de sanitarios.

En su columna de *ABC* el periodista, columnista y escritor madrileño describía cómo surgió la idea de inmortalizar el nombre de la nueva vivienda que con el tiempo se convertiría en el plató de varios programas de televisión y, asimismo, escenario de reportajes para revistas del corazón de «alta gama» a veces, incluso, con la presencia de Mario Vargas Llosa. Este tema de cómo el Nobel se reconvirtió por decisión propia en personaje del colorín inaugurando tiendas de Porcelanosa y ejerciendo de cicerone de Tamara Falcó en Nueva York para su documental *La marquesa* forma parte de otro capítulo.

De momento volvamos con Ussía y su explicación literaria:

> Si el sencillo matrimonio Boyer necesita dieciséis [*sic*] cuartos de baño, nada hay que objetar. Un matrimonio nuevo rico de los años cincuenta se construyó una casa en Sitges con cinco comedores, y fueron bastante felices… Cada uno tiene sus manías y a estos les ha dado por los cuartos de baño. Pero esa manía es la que va a caracterizar a la nueva casa. Solo tiene un nombre posible, que al principio puede parecer chocante, pero que, al cabo del tiempo, por hábito y costumbre, sonará normal y hasta posiblemente bello. Esa casa no se puede llamar de otra manera que «Villa Meona».

Y efectivamente el tiempo dio la razón al columnista.

No soy la única que sigue rememorando estos momentos históricos del papel cuché. Hace poco, en diciembre de 2023, coincidí en Sevilla con la periodista Nativel Preciado, uno de los lujos con los que cuenta la revista *Tiempo* y de la profesión en general. Recordando historias pasadas comentábamos lo que supuso para ella la entrevista publicada en el semanario que dirigía Julián Lago. Aparecía el exministro mostrando los planos mientras contaba los cuartos de baño y, asimismo, medía la habitación matrimonial regla en mano. Esta constaba de saloncito, despacho para la dueña de la casa, vestidores y por supuesto dos aseos completos: uno para él y otro para ella.

«Decía que no era de doscientos metros como se había publicado, sino de algo menos. A Boyer le conocía de siempre y le había hecho muchas entrevistas. Esta fue una de las más complicadas. ¡Qué le digo a un señor como Boyer, inteligente, rápido y con una trayectoria política importante que me estaba mostrando la intimidad más íntima como era su casa!». Y ahí no acabó la cosa. La periodista escribió del tema y, precisamente por el trato amigable que ambos tenían, le envió la entrevista antes de ser publicada. Cuál no sería su sorpresa al recibir una llamada del expolítico en la que le advierte que el reportaje no puede salir. Al preguntarle qué había pasado este respondió: «A Isabel no le ha gustado y no quiere que se publique. No puede salir».

Tantos años después recordaba perfectamente la contestación que le dio al brillante economista: «No me jodas, Miguel. ¿Te das cuenta de lo que me estás pidiendo?». Por supuesto, el reportaje se publicó y en la portada del número de la revista en el que apareció se hizo mención de esa llamada. Historias pasadas que han vuelto a actualizarse y que forman parte de la biografía social del que fuera ministro.

A diferencia del marqués de Griñón y después Vargas Llosa, el experto en egiptología —era una auténtica eminencia— no participó activamente en los reportajes que protagonizó su mujer ni tampoco apareció en las portadas en las que esta lo hizo, excepto en contadas ocasiones. En 2008 se publican unas imágenes del matrimonio con Ana y Tamara en el Caribe. El exministro valoraba los veinte años que habían pasado de vida en común desde que se casaron.

Así pues, la vida en común del exministro con su amada princesa de porcelana transcurría de manera más o menos apacible, hasta que el 27 de febrero de 2012 Miguel Boyer fue ingresado a causa de un ictus en el hospital Ruber de la calle Juan Bravo de Madrid, donde permaneció dos meses. No se recuperó del todo, pero si lo suficiente como para hacer algunas salidas. Una de ellas fue un año después para participar en un coloquio en el club Siglo XXI. Fue Carme Chacón, con la que mantenía una excelente relación, quien le convenció para que asistiera. Estuvo distante y alejado de la prensa, que esa tarde-noche no era rosa. Los que le habían tratado en su época de gloria y poder aseguraban que les daba tristeza ver su situación. Llegó en silencio y se marchó de la misma manera. En esa misma época protagonizó también una portada en la revista *¡Hola!*, donde aparecía con la mirada apagada.

Boyer no era ya el hombre duro y frío que había sostenido en sus manos el ministerio más potente (Hacienda, Economía y Comercio) de cualquier gobierno. Y al que no le importaba dar indicaciones para que la publicidad institucional no llegara a determinados medios cuando sus amores aún eran clandestinos y la portada de la revista que dirigía en aquellos años Julián Lago con el titular «A Boyer le tocó la china» fue clave para retirar ese montante económico que era dinero de todos los españoles.

Como decía, su siguiente aparición en una revista fue un año después de sufrir el ictus, y ya se veía que no era el mismo. Aparentemente recuperado, su mirada estaba apagada. Sus declaraciones de amor —cuando dijo «Isabel me salvó la vida»— fueron quizá lo más emotivo. En el caso de la protagonista su semblante era el mismo de siempre y que mantiene en la actualidad, a pesar de algunos errores estéticos faciales. La figura sigue siendo, talla arriba talla abajo, la misma que cuando Julio Iglesias cantaba *Me olvidé de vivir*. Aunque el objeto de este capítulo sea rememorar la vida de Boyer desde que *Reina de corazones* se publicó hace treinta y tres años y hasta su fallecimiento en 2014, hay subordinadas que no puedo dejar pasar, y una de ellas tiene que ver con lo que he escrito más arriba.

La existencia de Preysler hasta que se quedó viuda podría titularse como el tema con el que triunfó Julio Iglesias en el Festival de Benidorm y que le cambió su existencia: *La vida sigue igual*. El cambio radical llegó con la campanada estratosférica que dio al comenzar su romance con Vargas Llosa, en el que hubo prólogo, introducción, desarrollo y epílogo. Esta parte de su etapa con el Nobel tiene su propio capítulo y quizá aún Isabel Preysler no haya descartado volverse a enamorar. «Genio y figura», que dice el refrán.

Volvamos con la trayectoria vital de Miguel Boyer. A estas alturas, pocos ciudadanos saben, salvo que lo lean en Wikipedia, que su primera aparición pública en democracia fue en 1979, cuando salió elegido diputado por Jaén. Después ejerció de ministro en el Gobierno de Felipe González que abandonó por amor o por dinero, decisiones compatibles la una con la otra. Pasó a ser el presidente del Banco Exterior y más tarde de la Empresa Nacional de Hidrocarburos. Posteriormente, ya en la empresa privada fue presidente de Cartera Central y, más tarde, vicepresidente de FCC Construcción del Grupo de Fomento y Construcciones y Contratas. Fue asesor directo de las hermanas Koplowitz durante la época turbulenta de las separaciones de sus maridos a causa de las infidelidades de ambos. Alberto Cortina con Marta Chávarri y Alberto Alcocer con Margarita Hernández, con la que sigue casado. La hija del embajador Tomás Chávarri fue moneda de cambio en unas guerras empresariales y bancarias que se llevó por delante y sin piedad a la parte más débil, encarnada en la que fuera marquesa de Cubas. Isabel Preysler y ella fueron cuñadas hasta que ambas se divorciaron. Marta falleció en julio de 2023 a los sesenta y dos años de un infarto cerebral. Nadie de los poderosos que intervinieron en la trama económica llegaron a pedirle perdón por utilizarla y hundir su vida. La que fuera Lady España fue un peón al que no importaba destruir para salvar a la reina y al rey y una fusión bancaria de miles de millones de pesetas de la época.

Cuando Miguel Boyer sufrió el ictus y volvió a casa, Isabel

Preysler organizó una infraestructura sanitaria importante. En esos primeros meses la logística de la mansión de Puerta de Hierro la marcaba la recuperación del enfermo. Nunca fue total como contaban amistades del exministro y la propia esposa. Si algo no es cuestionable en la trayectoria vital de Isabel y sus sucesivos amores es la dedicación al que fue durante veintiséis años su pareja.

La protagonista de esta historia creó para su marido un mundo paralelo al que este había desarrollado hasta el momento de su accidente vascular. Durante un tiempo los amigos le visitaban a menudo en «Villa Meona» hasta que los encuentros se fueron haciendo cada vez más espaciados. Las razones de ese espaciamiento tuvieron que ver sobre todo con el deterioro que poco a poco llegó a la vida de Miguel Boyer. Una situación que Isabel Preysler no quiso que se supiera e incluso llegó a filtrar que los periodistas, que de una manera suave y delicada dábamos esas referencias, mentíamos. La propia hija del exministro de Hacienda, Ana Boyer, así lo ha contado en los *photocalls* a los que acudía y donde su caché superaba los seis mil euros «La rehabilitación de mi padre va muy lenta».

Cuando murió Miguel Boyer, fue la propia Isabel la que explicó en sus sucesivas exclusivas aquello de lo que años atrás habíamos informado. Incluso se permitió ciertos comentarios que quitaban hierro a la tragedia marital: «Durante la enfermedad de mi marido dejé de hacer ejercicio. ¡Y se me cayó todo! Es un *shock* ver a un hombre tan brillante así», decía. Declaraba que ella se sintió viuda el mismo día que el exministro sufrió un derrame cerebral —el 27 de febrero de 2012— del que nunca llegó a recuperarse del todo, como ya he dicho. Un testimonio que como siempre ha hecho Preysler a lo largo de su vida actualizaba en su revista lo que ya se había contado de lo que suponía vivir con una persona en esas condiciones.

En este caso, lo que yo misma había contado en su momento en «Vanitatis», la sección de sociedad del periódico digital *El Confidencial*. El tiempo coloca las cosas en su sitio y en el caso de la biografía de Isabel Preysler ya lo adelanté en su día en una edición anterior de este libro, *Reina de corazones*. Cuando vio la luz en 1991 la protagonista ya había publicado sus memorias en su revista obviando pasajes familiares complicados, y se sintió molesta. Uno de esos momentos que prefirió obviar tuvo que ver con la decisión de casarse al estar embarazada de Chábeli. Una circunstancia que ahora no implicaría apostar por un proyecto de vida sin futuro, como fue el matrimonio con el cantante. Y exactamente lo mismo pasó en el caso de Miguel Boyer: las informaciones sobre su evolución médica también fueron edulcoradas, aunque en este caso es totalmente comprensible. Los amigos fueron los que contaban cómo se encontraba el exministro.

Su último aniversario ya fue muy diferente a los anteriores, tal como expliqué siete meses antes de su muerte, el 6 de febrero de 2014, en un artículo titulado «Un cumpleaños solitario para Miguel Boyer». Lo transcribo a continuación tal como se publicó, pues me parece una buena representación de aquellos años tan delicados en casa del matrimonio Preysler-Boyer:

Atrás quedaron los grandes cumpleaños que Isabel Preysler le organizaba a su marido, Miguel Boyer, con la llamada *beautiful people* como invitados estrella, en los que no faltaban mujeres como Petra Mateos y Paloma Giménez Altolaguirre, casada con el síndico de la Bolsa de Madrid, con el que el exministro del Gobierno de Felipe González compartió confidencias y viajes. Los años pasaron y la «reina de corazones» continuó orquestando celebraciones, pero en un ambiente más íntimo que en años de bonanza. Nada queda de aquellos opulentos banquetes en restaurantes de lujo como Zalacaín, Horcher, Club 31 o Jockey, con amistades que se consideraban por aquel entonces íntimas y que ahora no están al lado del político y economista. Carlos Solchaga; el expresidente del Senado, Federico de Carvajal; Jaime Soto, o el propio exmandatario Felipe González, con los que Miguel Boyer fue durante años uña y carne, pero que ahora, ya sea por el paso del tiempo o por falta de interés, han desaparecido de su vida, cuando probablemente más se les necesita. El que fuese ministro de Hacienda dejó de ser imprescindible como conseguidor.

Salvo las hermanas Koplowitz, que le mantuvieron en nómina, o el matrimonio formado por Fernando Fernández Tapias y Nuria González, que sí le felicitaron, el resto lo borraron de su lista de contactos, al igual que hicieron con la esposa, Isabel Preysler. La «reina» de Porcelanosa estaba bien como elemento decorativo para las fiestas de postín, pero no para aquellas otras cenas en las que se manejaba información confidencial que servían para sustentar importantes negocios e inversiones. Es por este motivo por el que Isabel Preysler celebro el 75.º cumpleaños de su marido el 5 de febrero de manera más solitaria que en otras ocasiones, sin amigos a los que convocar y sin fiesta que orquestar.

Un almuerzo como si fuese un día más en el calendario, sin tarta. De hecho, la tarde de este miércoles Isabel la pasó en compañía de su madre y sus sobrinos, hijos de su hermana Beatriz —que falleció en octubre de 2011—, de los que se ocupa a pesar de ser mayores de edad. La recuperación de Miguel Boyer fue rápida al principio, pero después se estancó como confirmaba en varias ocasiones su hija, Ana Boyer.

La mansión familiar de Puerta de Hierro, que representaba el triunfo personal de Isabel Preysler, se convirtió en una casa adecuada a la vida cotidiana de un enfermo que necesita atención médica constante. El que fuese considerado como el ministro más brillante del gobierno socialista de Felipe González, tenía que enfrentarse a diario a limitaciones en sus quehaceres cotidianos. Unas secuelas del derrame cerebral que podrían haber sido mucho más graves, de no haber sido por la pronta reacción de su esposa. En la familia se lamentaban lo justo por las consecuencias del accidente vascular. Lo más importante era que podía seguir celebrando cumpleaños con él. Aunque fueran de perfil bajo.

Una de las apariciones más controvertidas en el grupo familiar Boyer Arnedo fue la boda de Laura con Luis Imedio. La madre de la doctora Elena Arnedo —la escritora Elena Soriano— había mantenido una relación muy cordial con su yerno. De hecho, el chalet en el privilegiado barrio de El Viso, donde el economista vivió hasta que la esposa le «aconsejó» que se fuera, fue un regalo de los suegros. Esa tarde en la iglesia de San Agustín de la calle Joaquín Costa de Madrid, los Arnedo no tuvieron más remedio que mostrar su educación. Laura se casó a los veintidós años y su padre fue el padrino del enlace religioso. Como su progenitor, la hija era inteligente y con un futuro tan prometedor por delante como el del economista. En aquel momento el exministro ya se había separado de la doctora, una de las ginecólogas más reputadas en su sector para comenzar una nueva vida con Isabel Preysler. Un divorcio muy complicado en el apartado afectivo para los hijos y esposa, aunque no en el económico.

En este sentido no hubo problemas, ya que Elena Arnedo se encargó de la manutención total de los hijos. La ginecóloga falleció en septiembre de 2015 y Boyer, un año antes. Para Laura, economista de carrera, el divorcio de sus padres marcó un antes y un después. Ni ella ni su hermano Miguel mantuvieron una relación cercana con Isabel Preysler ni tampoco con su hermana Ana Boyer.

Sin embargo, no hubo guerra de esquelas y la única que figuró en el diario *ABC* fue la de los hijos mayores. Cuando falleció Laura en febrero de 2023 nadie del núcleo familiar Preysler fue ni al entierro ni a la misa en la madrileña iglesia de San Manuel y San Benito. Ni rastro de Ana Boyer, cuyos padre y madre jamás se encargaron de cultivar el afecto hacia sus hermanos de padre. En realidad, el responsable de haber mantenido ese nexo debería haber sido Boyer, igual que lo hizo el marqués de Griñón con los cinco hijos que tuvo de sus tres matrimonios. Lo curioso de la historia fraternal era que con la pequeña de la saga Preysler no tenía trato, pero sí, en cambio, con Chábeli, Julio José y Enrique, con los que Laura coincidió en la época en la que vivió en Miami. Lo explicó en la revista *Semana* en una de las pocas entrevistas que concedió en su vida y donde confirmaba la nula relación con Ana. «Cuando era pequeña le regalaba juguetes, pero no les hacía mucho caso. Con Julio José me llevaba bien, pero sobre todo con Chábeli, porque las dos teníamos amigos comunes en Miami».

Reconocía que la mejor de todos era Tamara y contaba una anécdota que vivió con ella en el funeral: «El día que murió mi padre fue la única que me cogió del brazo y me dijo: "Qué susto se va a dar el tío Miguel cuando se encuentre a Dios de frente". Porque mi padre era ateo. Esa cosa de quitar hierro al asunto siempre lo han hecho los hijos de Isabel, que han sido monísimos».

El desmembramiento familiar Arnedo-Boyer afectó a Laura en mayor medida, que no supo o no pudo procesarlo y lo arrastró toda su vida, como ella misma me contaba en la intimidad. De su padre decía públicamente que era el hombre más inteligente que había conocido. En privado echaba de menos esa relación tan fuerte, que por épocas mantenían y que por otras se desvanecía para volver a reencontrarse. Durante el ingreso del exministro en la clínica Ruber tras sufrir el ictus Laura estuvo junto a su padre todos los días. Cuando murió hubo ciertos conflictos por la herencia. En el caso de los hermanos Boyer fue más cuestión sentimental que económica. En esas fechas fueron de las pocas manifestaciones que realizó Miguel hijo y que resultaron muy duras. En efecto, en *OK Diario* hizo las siguientes declaraciones:

> Es un poco raro que mi padre fuera economista, parece que no se preocupó de gestionar su patrimonio. Cuando murió, no tenía nada a su nombre, no sé en qué lo gastó todo. Él se veía a sí mismo más como un intelectual. Pensaba que la obsesión por el dinero era algo mezquino. Lo único que quería era leer y estudiar, le apasionaba la física y la economía.

Laura, en cambio, sí tuvo un momento en el que incluso se planteó reclamar judicialmente determinados objetos personales. Nunca se hizo efectiva esa demanda. Laura no llegó a comunicarse con él en esos últimos meses, aunque siempre quiso dejar claro que no sabía cuál había sido el papel de su tío Christian, al que su padre había dejado de albacea.

No ha hecho nada, ni una gestión y eso no es lo que quería mi padre, que estaría dolido por lo que está haciendo. Me imagino que está más pendiente de Isabel que de nosotros. Le hace la pelota a ella, para qué va a ocuparse de nosotros... Los poquísimos bienes de mi padre que podamos reclamar están en su casa, pero a ella no le interesa repartir.

En aquellas fechas, cuando le pregunté a Miguel si no quería objetos que pertenecieron a su abuelo paterno, como cuadros, vajillas, la escultura de Benlliure, Boyer Arnedo me respondió: «Solo quiero un inventario y lo que dice el testamento y la legislación. Me habría gustado tener objetos de valor sentimental más que económico y libros de mi padre, sobre todo unos de filosofía y algunas cosas buenas de recuerdo». En este sentido sí fue más duro con respecto a Isabel Preysler al asegurar en aquel momento que no exigía más porque «lo dejó pelado en vida». Y finalizaba insistiendo en que pretendía seguir con su vida tranquila, su familia y su trabajo, y mantenerse al margen de la escena pública.

Como cabía de esperar las últimas voluntades del exministro se convirtieron en titulares de la prensa y contenidos en espacios televisivo y de radio. Había un albacea que por indicación del fallecido debía solventar esas cuestiones entre herederos que no tenían relación. Por una parte, los hermanos Boyer Arnedo y, por otro, Ana y la viuda Isabel. Y en aquellos inicios parecía que los hijos del primer matrimonio estaban unidos ante lo que consideraban la herencia que les correspondía, Miguel Boyer hijo se desmarcó y recuerdo cómo en aquel momento difícil me explicaba la razón de su decisión: «No hablo con mi hermana Laura desde septiembre. Si ella ha tomado una decisión lo puede hacer perfectamente, pero estoy al margen». Al comentarle entonces que si la decisión de presentar una demanda contra Isabel Preysler era unilateral por parte de Laura Boyer se desmarcó: «Me han metido en este asunto sin comerlo ni beberlo. Nunca he hablado en los medios ni tengo intención de seguir con este tema. Si mi hermana emplea el "nosotros" allá ella. No tengo mucho que decir porque tampoco espero nada». No hubo reclamación judicial y con el tiempo los hermanos reanudaron su relación fraternal. La muerte de Laura fue una tragedia para sus hijos, resto de familia, amigos… y afectó profundamente al hermano.

La batalla por la herencia se paralizó, pero, como era lógico, Isabel Preysler respondió a través de su abogado, que también lo era del marido. Una de las primeras cosas que quiso desmentir era la frase que supuestamente había dicho en relación con la economía del exministro que los hijos cuestionaban y que era la siguiente: «Miguel solo trajo una maleta». Esta declaración no salió de la boca de Preysler y fue más una interpretación que una realidad. El abogado aseguraba que «conociendo a la familia como la conozco, sé que su casa siempre ha estado abierta para cualquier familiar. La propia Laura ha estado en esa residencia bastantes veces».

Al parecer le habrían reclamado varios libros y una botonadura de brillantes. Sobre los primeros, el abogado de Isabel Preysler dijo que Boyer podría tener más de seis mil títulos y que sería muy complicado ir valorando libro a libro, pero que, en cualquier caso, cómo se hiciera era labor del albacea. Sobre la famosa botonadura, el letrado me confirmaba en aquellas fechas: «En la vida se la he visto. Si era herencia de su familia, tendrán que documentarla».

Hubo también complicaciones con dos obras de arte. Se trataba de una escultura que representaba al tatarabuelo Amón Salvador Rodríguez, ministro durante la regencia de la reina María Cristina en el reinado de Alfonso XIII. Otro de los bienes que Laura reclamó fue un cuadro del pintor Álvarez de Sotomayor, en el que aparece Carlota Salvador con su hermana y una mascota. Los hijos consideraban que era un bien que su padre había heredado de su familia. Esa pintura preside el recibidor de la mansión de Puerta de Hierro. Y los libros adornan las estanterías del despacho que, con el tiempo, utilizó Mario Vargas Llosa para escribir y como escenario para sus entrevistas. En páginas previas de este libro cuento cómo algunas amistades que no lo eran llegaron a inventar que dicha pintura la habían visto en un anticuario del Rastro madrileño antes de que se estrenara la mansión de Puerta de Hierro. Y que fue el decorador quien la compró para reivindicar pasados gloriosos. La muerte de Boyer y su herencia aclaró la leyenda del artista Álvarez de Sotomayor.

Como ya he explicado sí hubo un enfrentamiento inicial que acabó sin que hubiera que recurrir a sentencia judicial. El hijo vive alejado de todo lo que suponga trascendencia pública y mediática.

POR PRIMERA VEZ ISABEL PREYSLER SE QUEDA SIN PAREJA

Ha quedado claro que la vida de Isabel Preysler daría para un serial. Su trayectoria amorosa ha sido multidisciplinar. Tres matrimonios y un novio que ya no está ni se le espera. Es más, a diferencia del resto de los que protagonizaron su pasado afectivo, Vargas Llosa le salió respondón. No han vuelto a comunicarse. Para ella la ruptura fue un paseo por las nubes. «No me ha dolido nada», fueron sus palabras a la pregunta de Pablo Motos cuando surgió el tema en *El Hormiguero*, el programa donde reina su hija Tamara. Todo esto lo iré contando en los capítulos correspondientes, pero si una cosa es cierta es que Isabel ha sido una mujer que no ha seguido un perfil de pareja. Tampoco lo hizo su gran amiga y confidente Carmen Martínez Bordiú. Ya sabemos que en su vida hubo un cantante de éxito (Julio Iglesias), un marqués (Carlos Falcó), un ministro (Miguel Boyer) y un premio Nobel (Mario Vargas Llosa), que se dice pronto. Ha tenido cinco hijos que nunca se portarán con ella como Kiko Rivera con Isabel Pantoja y, por ahora, siete nietos mientras espera otro más —el tercero— de Ana y Fernando Verdasco, y posiblemente el de Tamara e Íñigo Onieva, que desde su boda se pusieron a la faena. En las fechas en que se cierra esta actualización del libro era el bebé más deseado del clan Preysler por lo mucho que a la pareja les costó superar las piedras en el camino hacia el matrimonio. Tras su mediática ruptura con infidelidades de por medio, amigos y directores espirituales hicieron su trabajo y todo se resolvió como contaré en el capítulo sobre la gran boda, donde hasta la lencería estaba patrocinada. El «tamarismo» en su máximo apogeo.

El caso es que a la eterna princesa de porcelana todos ellos la adoran y la llaman «mami». Ha mantenido un perfil personal muy atractivo para las marcas, ahora superado solo por la marquesa de Griñón. Aunque parezca increíble, no tiene representante ni agente publicitario y en los contratos analiza hasta las comas. Mientras Miguel Boyer estuvo en condiciones, él era el supervisor final y ahora lo es su hija Ana, que estudió Empresariales y no ejerció para dedicarse a su familia. Solo lo hace con los temas laborales de su madre. Isabel negocia ella misma sus exclusivas, aunque las veces que ha querido ser empresaria (o emprendedora, como se dice ahora) no le ha funcionado; así, por ejemplo, se comercializó una línea de productos cosméticos que las mujeres no compraron, por mucho que llevaran la recomendación de la señora Preysler.

Desde que falleció Miguel Boyer la pregunta que los lectores se pueden hacer es la siguiente: ¿qué hizo durante esos años en el aspecto afectivo nuestra protagonista hasta que apareció públicamente con Vargas Llosa? El rumor de una posible amistad con Florentino Pérez no tuvo recorrido más allá de algunos comentarios. Nuria González y Fernández Tapias la arroparon y también el matrimonio Amusategui, con los que solía pasar algunos días en su chalet de Marbella. En el último verano preseparación de Vargas Llosa, también se unían, aunque intercalando escapadas a Madrid. En julio de 2022 fueron precisamente esos viajes los que sirvieron de percha para que el rumor de los desencuentros fuera noticia. La historia tenía que ver con la estancia de Vargas Llosa en su casa de la calle Flora, que en el reparto del divorcio le tocó a él. La única realidad era que, además de consultar su biblioteca para sus temas laborales, quería disfrutar de unos días con sus nietas y su hija Morgana, que nunca tuvieron afinidad con la saga Preysler y su entorno.

Tampoco le han faltado a Isabel buenas amigas como Marta Oswald, Patty Gálatas, Maribel Yébenes, Isabel Falabella, Cary y Miriam Lapique, Marisa de Borbón y, hasta que falleció en 2005,

Margarita Vega Penichet, casada con Manuel Guasch, gran amigo de Boyer. Esta última fue una mujer discreta que nunca quiso un perfil social y se mantuvo siempre en un plano público casi invisible. Volvió a ser noticia cuando su hijo Fernando se casó con Alejandra Conde en una ceremonia que tuvo su implicación pública, ya que el exbanquero había pasado un tiempo en la cárcel. En febrero de 2023 la pareja se divorció, con el consiguiente disgusto para el exbanquero. Preysler acudió a la boda de Lucía Domínguez, sobrina de Paloma, la amiga fiel que arropó su noviazgo con el ministro mientras fue clandestino y aún su enamorada no se había separado de Carlos Falcó. Fue también testigo el 2 de enero de 1988 del enlace civil y secreto en el juzgado de la calle Pradillo. Treinta y seis años después de esa boda, la posibilidad de otro libro de familia ya no forma parte del organigrama vital de Isabel. Al menos así lo asegura cuando se le pregunta por su soltería. Pero ya se sabe que el amor llega cuando uno menos se lo espera. Y en el caso de la reina de corazones su trayectoria así lo demuestra…

En la actualidad mantiene también su amistad con Carmen Martínez Bordiú. Se hablan a menudo, pero se ven poco. Isabel y Carmen tienen setenta y tres años y cumplen el mismo mes de febrero. La primera el 18 y la segunda, el 26. Dos vidas paralelas y con la pasión como punto de partida en sus relaciones afectivas. Dejaron de estar enamoradas de sus parejas y no mantuvieron historias ficticias por aquello del que dirán. Carmen escandalizó a los suyos cuando cambió el ser alteza real y duquesa de Cádiz por un anticuario parisino divorciado y con dos hijos y con la exmujer, Barbara Hottinguer, de vecina. Después llegaría un arquitecto italiano, Roberto Federici; un muchachote cántabro, José Campos; un empresario del desguace, Luismi Rodríguez —el hombre de su vida—, para acabar con el surfero australiano, Tim McKeague, del que se separó en diciembre de 2020, como publiqué en primicia en «Vanitatis».

Por su parte Isabel abandonó al cantante con futuro internacional por un marqués con escudo heráldico y fincas poco productivas para abandonarlo por un ministro socialista y, finalmente, llegó a su mundo de colorín el Nobel. En los dos casos, lo de menos era el dinero y lo importante el amor loco. En fin, unas vidas paralelas las de estas dos grandes amigas, en las que la pasión ha formado la parte más importante de sus recorridos vitales sin que les hayan importado demasiado los chismorreos de salón.

Cuando murió Carmen Franco, la primogénita Martínez Bordiú se instaló definitivamente en Portugal y se alejó totalmente del mundo social. Viaja a menudo a Burdeos para disfrutar de la familia de Cynthia —que está casada y tiene dos hijos, nacidos en 2016 y 2019, respectivamente— y a Madrid para estar con los nietos, con los que se lleva de maravilla. Sobre todo, con Eugenia, la primogénita de Luis Alfonso y Margarita Vargas, de la que en una ocasión me comentaba: «Se parece mucho a mí y me gusta salir con ella. Nos entendemos muy bien».

Carmen aprovechaba esas visitas para reunirse con las amigas en El Qüenco de Pepa, uno de sus restaurantes preferidos. Mientras Isabel estuvo de novia del Nobel no era fija en esos almuerzos. Entre otras cosas porque como ella misma decía: «Desde que estoy con Mario no sé lo que es una vida tranquila. Me paso el tiempo maleta arriba, maleta abajo». Hacía referencia a los muchos desplazamientos que tenía programados el escritor. En los años de vino y rosas la pareja nada tenía que envidiar a los protagonistas de programas tipo *Españoles por el mundo*.

Sin embargo, como mujer *single* decidió retomar su vida social. Y lo más llamativo en estos últimos meses ha sido cómo se ha servido de Instagram como altavoz para comunicar sus salidas nocturnas, para alegría de las agencias. Una de las veces ya arreglada y en el recibidor que tantas veces hemos visto mandaba el siguiente mensaje: «¡Lista para salir a cenar!».

También volvieron los viernes de cine y hamburguesas en su casa de Puerta de Hierro, una costumbre que Vargas Llosa procuraba evitar por aquello de sus madrugones. Los hijos estaban desperdigados y haciendo su vida. Sus veraneos ya no eran eternos y Marbella dejó de ser el centro de operaciones. Cuando apareció Mario en su vida, Isabel se apuntó a la agenda saludable de la clínica Buchinger, que durante más de cuarenta años fue uno de los lugares fijos del Nobel y Patricia Llosa. Con Miguel Boyer nunca disfrutó de esa terapia saludable, por ejemplo.

En resumidas cuentas, la nueva era Preysler está marcada por la visibilidad y el dejarse ver. Ha vuelto a retomar sus apariciones televisivas con un documental navideño y entrevistas en *El Hormiguero*. E incluso algunas han sido tan sorprendentes como su colaboración en el programa *Mask Singer* de Antena 3, donde los espectadores descubrieron que la Gatita que cantaba *Waterloo* de ABBA y *Last Dance* era ella.

Mario Vargas Llosa, «el nombre de la felicidad»

Cuando nadie imaginaba que la protagonista de este libro daría una de sus campanadas —no las de la Puerta del Sol— por una nueva relación sentimental, lo volvió a hacer. Ya había sucedido antes con el marqués de Griñón, con el que se sabía que compartían ambientes. Pero no en el caso de Miguel Boyer, un socialista genuino que no tenía en buena estima a quienes consideraba damas ociosas del papel cuché. No había hilo conductor entre ese sector y el suyo y, por tanto, en ese caso, el destino sí que jugó a favor de Preysler. Pero bueno, esas son historias ya relatadas. En el caso que nos ocupa en este capítulo su estado oficial era el de viuda. Boyer había fallecido el 29 de septiembre de 2014 y desde esa fecha hasta que el nobel tocó la puerta de la reina de corazones no se le conocía ningún romance, ni tonteo más allá de las coincidencias con Florentino Pérez en las cenas que Nuria González organizaba en la mansión de Puerta de Hierro. Este encuentro no sorprendía ya que Fernández Tapias era vicepresidente del Real Madrid y por lo tanto que el presidente acudiera al domicilio del amigo entraba dentro de lo normal.

Cuando volvieron a coincidir en el besamanos de los reyes en el Palacio Real con motivo de la Fiesta Nacional hubo ciertos comentarios que acabaron como empezaron sin que hubiera una razón de peso. Por circunstancias de protocolo, se convirtió durante ese saludo en la acompañante del empresario, pero no había más historia. Entre otras cosas porque Isabel estaba casada con Miguel Boyer que, en esas fechas –septiembre de 2014–, ya no salía de la casa donde la esposa había organizado una especie de hospital de campaña para que su marido estuviera en todo momento atendido. Como me contaban amistades no dudosas de hacer la pelota como sí lo hicieron otros, «la vida de Isabel hasta que falleció Miguel era de dedicación absoluta».

Otra de las anécdotas que ilustraron esa amistad con el presidente blanco tuvo a Ana Boyer como incitadora. Isabel y sus dos hijas pequeñas acudieron en mayo de 2014 a la final de la Copa de Europa celebrada en Lisboa, que enfrentó al Atlético de Madrid y al Real Madrid. El equipo blanco se alzó con el triunfo y las tres mujeres lo festejaron en el Estádio da Luz de la capital portuguesa, aunque Tamara se suponía que era del Atlético. Sorprendió aquella presencia, pero fue la propia Ana Boyer la que colgó en Twitter imágenes en las que se las veía felices a pesar de que la afición futbolera de Preysler era hasta ese momento desconocida. No así la de su hija, que desde que inició su noviazgo con Fernando Verdasco, madridista *ejerciente*, se aficionó al tenis y, de rebote, al fútbol. La presencia de la matriarca tuvo que ver más con acompañar a las pequeñas de la saga Preysler que con sus hobbies. Cuatro meses después el exministro fallecía y Vargas Llosa aún no había entrado en su vida como hombre enamorado.

Haré un inciso en esta parte de la historia. Isabel Preysler ha tenido y tiene defectos como todo el mundo y coloca la cruz de la invisibilidad de por vida a quien considera que la ha criticado. Que sea con razón o sin ella, le da igual. Hay un listado de nombres tocados con la varita de la indiferencia. Uno de ellos fue Boris Izaguirre, tras publicar un artículo de opinión en *El País* en el que criticaba a la hija Tamara por las declaraciones que había realizado durante el Congreso Mundial de la Familia en México. En una fiesta publicitaria de Möet Chandon en el Palacio de Cristal de Madrid hubo un encontronazo desagradable entre Rubén Nogueras, el marido del escritor y presentador, con la que había sido su gran amiga. Y no solo con ella, sino también con Ana Boyer, que acompañaba a su madre. Más que desencuentro era una manera de reconciliación que, como ya he comentado más arriba, con Preysler es difícil, ya que ella ni olvida ni perdona. Y menos aún si la diana era una de sus hijas. Entonces la dulce porcelana se convierte en una tetera hirviendo.

Precisamente esta fiesta sirvió también como excusa para justificar los supuestos celos de Vargas Llosa. Era uno de los motivos de esos desencuentros que acabaron en separación tras ocho años de convivencia. Más tarde, y a través de terceros, facilitó unos datos que no favorecían la imagen del miembro de la Academia de la Lengua de Francia. También cedió una carta que le había enviado, en los inicios del romance, Patricia Llosa, donde le contaba que los revoloteos sentimentales de su marido eran habituales. Más o menos decía a la nueva enamorada que era un veleta sentimental. Todo esto más una frase de Isabel en los premios otorgados por la revista *Elle* —los Elle Women Awards— donde decía textualmente «He pasado página y he cambiado de libro», marcaban un antes y un después en sus rupturas sentimentales. Nunca se había dado una guerra de comunicados como la que se intercambiaron Patricia Llosa, sus hijos y el escritor para felicidad de la prensa.

El primero fue a los pocos días de la famosa portada de *¡Hola!* donde se descubría a la pareja de espalda tomados de la mano. La esposa engañada firmaba este primer mensaje:

> Mis hijos y yo estamos sorprendidos y muy apenados por las fotos que han aparecido en una revista del corazón. Hace apenas una semana estuvimos con toda la familia en Nueva York celebrando nuestros cincuenta años de casados y la entrega del doctorado de la Universidad de Princeton. Les rogamos respeten nuestra privacidad.

El siguiente se emitía el 13 de septiembre de 2015 y lo rubricaba Álvaro, el primogénito, que había tomado partido por su padre. «Mi madre, una gran persona, está muy bien, con muchos planes, amigos y familia. Mi padre está muy bien también y trabajando mucho». Continuaba su extensísima explicación e informaba que mantenía un contacto permanente con sus progenitores y que se enteró por su hermano Gonzalo de la famosa portada, ya que el padre fue con quien primero habló al encontrarse ellos dos en Europa. Lo más llamativo del comunicado era que desdecía la misiva pública de su madre. Sus palabras fueron las siguiente:

> Cuando ocurrió esa reunión familiar en Nueva York ya varios de nosotros sabíamos lo que estaba ocurriendo. Sabíamos que mi padre regresaría de Nueva York a vivir una vida independiente de mi madre. Era una reunión que se había programado con muchísima antelación y que mis padres no quisieron frustrar por obvias razones: había nietos de por medio, además de hijos; que hubiera una separación en proceso no significaba que no hubiera razones importantes para celebrar.

Isabel Preysler también aparecía y Álvaro declaraba lo que le parecía la nueva situación:

> Isabel Preysler me parece una persona interesante, una persona elegante, y evidentemente representa para mi padre algo importante. Nadie hace lo que ha hecho mi padre si no siente por otra persona afecto genuino.

No quedaron ahí los enfrentamientos. Gonzalo también quiso manifestarse al ver unas imágenes de sus hijas con el abuelo, la novia Isabel y Tamara en una entrega de premios celebrada el 13 de noviembre de 2017.

> Mis hijas y yo estamos muy sorprendidos con las fotos que se publicaron en la revista *¡Hola!* el día de hoy. Mis hijas no tenían

idea de que habría periodistas en el homenaje académico a su abuelo en Nueva York, y mucho menos que *¡Hola!* publicaría fotos de ellas con la señora Preysler. De lo contrario, no hubiesen aceptado ir al Premio. Si lo hicieron, es exclusivamente por el cariño y admiración que le tienen a su abuelo. Este reportaje es una penosa ilustración más de la capacidad de la señora Preysler para manipular a las personas para sus propios fines: en este caso, para dar la impresión —muy falsa, por cierto— de que tiene una relación con mis hijas. Pero la verdad es muy distinta. En estos dos años y medio desde que comenzó su relación con mi padre, la señora Preysler no ha invitado ni una sola vez a mis hijas a comer o a cenar en privado para poder conocerlas. Eso es exactamente lo que hubiese hecho si quisiera establecer una relación genuina y transparente con ellas. Y no lo ha hecho porque su único interés es la publicidad. Estoy convencido de que mi padre tampoco estaba al tanto de que mis hijas aparecerían en este reportaje de *¡Hola!* Mi padre, que sí tiene una relación genuina y transparente con sus nietas, y que es una persona honesta, nunca las expondría a este tipo de publicidad innecesaria. Desgraciadamente, dado el uso comercial que han hecho de mis hijas —sin su permiso— la señora Preysler y *¡Hola!*, en el futuro dudo mucho que ellas acudan a eventos públicos donde se pueda repetir esta lamentable situación.

Vargas Llosa, como un caballero andante, respondió también con otro comunicado.

El 11 de noviembre, la Getty Foundation me honró con una medalla en la Morgan Library de Nueva York, en una cena a la que asistieron, además de mi hijo Álvaro y su esposa Susana, mis nietas Josefina, Aitana y Ariadna. Las tres sabían perfectamente que yo estaría acompañado por Isabel y yo mismo les advertí que habría fotógrafos en el acto. Me alegró que, pese a ello, las tres, que son mayores de edad, se empeñaran en asistir. Sugerir que cayeron en una emboscada y que la señora Preysler se benefició económicamente con aquellas fotografías es una calumnia. También es falso que Isabel no haya tenido gestos cariñosos con mis nietas. Hace muy poco, a pedido de ellas, las hizo invitar en Boston a un concierto de su hijo Enrique, quien las recibió y se fotografió con ellas.

De nuevo Álvaro Vargas Llosa irrumpía públicamente apoyando a la nueva familia de su padre. «Todos los miembros de la familia que acudieron al acto sabíamos quiénes estarían allí y que era un acto muy público. Pido disculpas a mi padre, Isabel y Tamara por las injurias de que han sido objeto hoy a propósito de esa premiación. También agradezco a Isabel y Tamara la generosidad que han tenido para con las nietas de mi padre en el pasado».

Una guerra de comunicados que era la comidilla del mundo intelectual y que servía para llenar de contenido reportajes en los programas de televisión y comentarios hasta en las tertulias políticas en las radios. Aún la pareja feliz se encontraba en su mejor momento y los novios se apoyaban mutuamente ante lo que consideraban difamaciones familiares del clan materno.

Esa actitud de salir a la arena a tirarse los tratos se volvió a recuperar con la separación, cuando Isabel acusó al escritor de celos infundados. Esta vez la sorpresa llegó a través de un colateral. Cuando parecía que el serial había terminado y que, por parte de Vargas Llosa, familia y amigos, se había dado por zanjado el asunto. Fue entonces cuando apareció por sorpresa, desde su retiro de Bahamas o Punta Cana, Julio Iglesias. Mejor dicho, en una portada de la revista *¡Hola!* donde (asombrosamente) el cantante y primer exmarido entra también como actor secundario en la historia con unas declaraciones favorables para la madre de su primera camada, como él definía a su descendencia en aquellos años en los que aún Miranda Rijnsburger no existía. Reconocía que no era su historia.

Sé que me estoy metiendo en camisa de once varas y que esto no es propio de mí, pero quiero hacerlo por mi exmujer, por Isabel, porque se lo merece y porque es profundamente injusto cómo se están comportando con ella. Han muerto dos de sus exmaridos, que estoy absolutamente seguro de que también la hubieran defendido en este momento, y yo le tengo mucho cariño.

Por cierto, Isabel Preysler no ha tenido relación fluida con Miranda ni tampoco con Julio Iglesias cuando ya los hijos comunes se hicieron adultos. Y la razón no tenía que ver con malos rollos, sino con la manera de ser del artista, que ha vivido su vida. Siempre ha ido a la suya, como contaba en sus memorias Alfredo Fraile, uno de los hombres que más cerca estuvo de Iglesias. Él mismo reconoció que no fue un marido al uso. Isabel pasaba mucho tiempo sola con sus tres niños. Y fue entonces cuando irrumpió en su vida Carlos Falcó, marqués de Griñón.

La irrupción estelar en el mundo afectivo de Preysler tiene también su pasado, donde no siempre todo fue tan ideal. El famoso cheque Chábeli de un millón de pesetas de la época que Julio transfería para sus hijos, además del pago de colegios, seguridad y demás necesidades, creó en más de una ocasión complicaciones familiares. También hubo «shakirazo» en varias de las canciones del cantante, en las que había frases del tipo *Lo mejor de tu vida me lo he llevado yo* o *No vayas presumiendo por ahí*. Sin olvidar el comentario de Isabel Preysler cuando le dijo «Tendré más portadas que tú», que no sentó muy bien al cantante, como aseguraba Peñafiel. Realidad o apócrifa, en España así ha sido.

Pero bueno, continúo con el tema de los celos que, como ya he contado, fue el desencadenante de que el Nobel saliera «novio respondón» y no permitiera esas acusaciones. La historia que se contó con poca base documental fue la siguiente: Isabel regresó a su mansión sobre la una de la madrugada. Como no había minutado en vivo y en directo, calculamos que una vez desmaquillada podrán ser ya las dos o tres de la madrugada. Según la escenificación que contaron fue entonces cuando Vargas Llosa le recriminó que llegara a esa hora. Como testigo de esa discusión, una amiga que escuchaba por teléfono el desencuentro a unas horas cuando menos sorprendente para hablar. Pero la realidad es que esa puesta en escena nunca existió. Cada uno tenía su espacio y dormitorio en la gran mansión. Por tanto, no era posible que la hubiera escuchado llegar y menos que le montara un número de vodevil de amanecida.

Sus horarios siempre fueron diferentes. El propio Vargas Llosa lo explicaba a la periodista Mercedes Milà en una ocasión: «Me levanto a las cinco y media. Desde las seis hasta las ocho, escribo. Está a oscuras la casa, hay un silencio absoluto. Esas son las horas más ricas, más fecundas. Trabajo normalmente siete días. A las ocho salgo a caminar». Un horario que cuando el amor estaba en el aire era llevadero. «Isabel se acuesta a las seis y media de la mañana y pasa toda la noche despierta. Está acostumbrada a hablar con sus hijos, en Miami, a lo largo de toda la noche. Y entonces Isabel se desvela y se duerme a las seis de la mañana. Nos llevamos fantásticamente bien porque nos saludamos: "buenos días", "buenas noches"…».

Vargas Llosa es un hombre metódico que marca su agenda horaria con meticulosidad. Él mismo lo ha contado en muchas ocasiones, como recordaba Federico Jiménez Losantos en la sección «Crónica rosa» de su programa *La mañana de Federico*, de esRadio. A los dos escritores les une una larga amistad desde hace años y han compartido homenajes, presentaciones editoriales propias y de amigos, almuerzos organizados por la Cátedra Vargas Llosa y conferencias de la Fundación Internacional para la Libertad (FIL). Esa relación se ha mantenido en el tiempo y ha servido para confirmar datos inexactos que, una vez dichos, se repetían en espacios televisivos sin una base real. La última vez que coincidieron fue en la finca de los hermanos Sandoval, en el almuerzo anual de la cátedra que lleva el nombre del Nobel.

Jiménez Losantos es un gran amigo del escritor, «el primer hombre que la dejó (a Isabel Preysler), y nunca se lo perdonó», como ha comentado en varias ocasiones cuando se actualiza algún tema relacionado con la ruptura, como fue la aparición de Isabel Preysler en el programa *El Hormiguero*. La socialité explicó entre risas y chascarrillos que «la última ruptura no me ha dolido nada». No pronunció el nombre del escritor, igual que tampoco aparece en el documental patrocinado por Netflix. Losantos explicaba en la entrevista que le hizo Ana Rosa Quintana en su programa de Mediaset *TardeAR* varias anécdotas que vivió

Vargas Llosa en la mansión de Puerta de Hierro, donde se llegó a empadronar.

«Mario es muy amigo mío. Cuando tuvo el covid estuvo muy mal, vinieron incluso los hijos porque pensaban que no salía, estaba fatal del pulmón». Él había grabado una entrevista con una televisión alemana y el perro de Tamara Falcó la estropeó. «¿El perro?», le preguntaba sorprendida Ana Rosa Quintana. «Estaban grabando. Mario aprendió alemán porque el mercado alemán era fundamental tras conseguir el Nobel. Entonces apareció el perro de Tamara Falcó y no sé si tiró una cámara o lo que sea... total, que jorobó la entrevista y Mario agarró un cabreo... Cuando salió del covid creo que dijo "No voy a morir al lado del perro de Tamara"».

Por consiguiente, la discusión nocturna del «celoso» escritor nunca tuvo lugar. La relación estaba ya más que tocada y el Nobel había abandonado el domicilio en varias ocasiones, como adelantó la revista *Semana*. Una noticia que la pareja negaría escenificando dos salidas públicas como pareja estable. Dos de ellas sucedieron a la salida del Teatro Real de Madrid y fueron inmortalizadas por las cámaras que estaban a la espera de la salida de la pareja y que, en aquel momento, captaron ese mal rollo que existía entre ambos. Tiempo más tarde pasó algo parecido, tras celebrar el cumpleaños en el mismo foro operístico de Gregorio Marañón, gran amigo del escritor. Mientras Isabel Preysler es capaz de no mover un músculo ante la adversidad, el novio no tenía su mejor noche. Al menos eso fue lo que aparentaba ante los reporteros de calle en ese 15 de noviembre de 2022. Sería la última imagen pública de la pareja ya que, poco después, el 28 de diciembre, día de los Inocentes, Isabel Preysler confirmaba la ruptura en la revista *¡Hola!* Ya no había vuelta atrás. Las últimas Navidades que pasaron juntos en Miami, en casa de Chábeli, no volvieron a repetirse. El chalet de la primogénita Iglesias se convirtió durante unos años en el centro neurálgico de los Preysler en todas sus variantes. Hijos Iglesias, Falcó, Boyer, sobrinos, nietos y, como un verso suelto, el Nobel. De esta manera lo definían los amigos de su mundo intelectual cuando se referían a la vida en pareja del escritor y la socialité filipina.

Dos seres casi antagónicos que funcionaron durante ocho años. De hecho, no han vuelto a verse ni a mantener relación verbal ni epistolar de ninguna clase. Mientras duró el enamoramiento Vargas Llosa no dudó en convertirse en personaje de la revista que Tamara ha definido siempre como «el álbum familiar». En este sentido nadie le obligaba a dar entrevistas junto a su novia y aparecer en actos publicitarios de la firma Porcelanosa que nada tenían que ver con su vida laboral e intelectual. Así era el amor pasional que no se convirtió en «para toda la vida».

Una de las apariciones más llamativas por la trascendencia mediática fue la inauguración en septiembre de 2015 del macroespacio de la firma azulejera en la Quinta Avenida de Nueva York. pocos meses después del inicio oficial del romance. Para ambos, la fiesta y el posterior reportaje para el que posaron fueron el punto de inflexión para comenzar la vida en común a su regreso a Madrid. De hecho, y aunque el escritor mantenía una suite en el hotel Eurobuilding, tenía la casa de su novia en Puerta de Hierro como domicilio casi habitual. En aquel momento, como comentaban las amistades de ambos, a la edad de Isabel y Mario no tendría mucho sentido que tuvieran reparos para vivir juntos a la espera del ansiado divorcio. Sobre todo, porque Mario ya había dejado claro a su núcleo duro que «con setenta y nueve años no voy a esperar otros treinta». Y apostilló: «Me subo a este tren».

En ese vuelo Madrid-Nueva York los testigos aseguraban a los reporteros que se les veía felices y compenetrados. Aunque desde el primer momento muchos de los pasajeros se habían percatado de la presencia de la pareja de moda, no hubo selfis ni petición de fotos. Al viajar en business el interés de ese sector del pasaje era de menor intensidad. En ese mismo vuelo viajaba José Bono, expresidente de Castilla-La Mancha y exministro de Defensa, que nada tenía que ver con el grupo Porcelanosa. Tiempo después comentaría con sentido del humor: «Menos mal que no iba con nadie que pudiera resultar inconveniente». Otros pasajeros ejercieron de ciudadanos paparazzis contando en programas de televisión lo que habían visto. Habían almorzado y merendado lo que ofrecía el menú del vuelo y sin solicitar ningún extra. «Bebieron champán al principio y durante las primeras horas se dedicaron a charlar, después a la lectura —revistas Isabel, libro Vargas Llosa— para acabar durmiendo como el resto del pasaje». Una crónica que sirvió para ilustrar reportajes en revistas ajenas a la exclusiva.

Esta aparición conjunta fue la primera de muchas otras en las que el escritor demostraba encontrarse perfectamente ubicado en su nueva faceta de novio de la reina de corazones. Habían iniciado su relación en un viaje a Londres patrocinado por Porcelanosa. La dama Preysler, sus hijas y otros famosos formaban el grupo que todos los años acudía a la cena organizada por el príncipe de Gales para recaudar fondos. La pareja no lo era públicamente y nadie de los presentes en esa escapada londinense captó la más que buena sintonía que existía entre los dos.

Al cabo del tiempo fue la propia Isabel quien relataba esa noche especial en el hotel. Casualidad (¿o quizá indicación?), las habitaciones estaban una al lado de la otra. En apariencia, los dos eran buenos amigos y se conocían de toda la vida. Oficialmente no había nada más entre ellos. Vargas Llosa estaba casado y en aquellas fechas decía de su mujer: «Ella lo hace todo bien. Resuelve los problemas, administra la economía, pone orden en el caos, mantiene a raya a los periodistas y a los intrusos, defiende mi tiempo, decide las citas y los viajes, hace y deshace las maletas, y es tan generosa que hasta cuando cree que me riñe me hace el mejor de los elogios: "Mario, para lo único que sirves es para escribir"».

Patricia no le acompañaba en ese viaje londinense. Tuvo que regresar a Lima al encontrarse su madre muy enferma. El escritor tampoco podía desplazarse a Perú. En ese momento protagonizaba junto a Aitana Sánchez-Gijón *Los cuentos de la peste* en el Teatro Español de Madrid. ¿Y quién apareció en un ensayo para sorpresa de algunos críticos de cine y teatro? Pues ni más ni menos que Isabel Preysler. Aún no había historia sentimental en marcha por parte de Vargas Llosa y, por tanto, no trascendió esa visita. El periodista Andrés Arconada, que se encontraba esa noche en la sala, lo comentó como una anécdota en una publicidad del programa de Federico Jiménez Losantos, pero ahí quedó el chascarrillo. En ese momento nadie dio mayor importancia a la insólita presencia. Según se supo después, Isabel sí estaba al tanto del viaje de Patricia a Lima. Que cada cual haga su composición de lugar, pero el caso es que ese día se retomaron los lazos de amistad perdidos en el tiempo.

En las fechas en que ya eran pareja el círculo íntimo y cercano del Nobel no daba crédito a su exposición mediática, que nada tenía que ver con su actividad literaria. Uno de los más llamativos fue el reportaje en *Harper's Bazaar* con vídeo incluido (*making of*) donde la pareja se mostraba en todo su edulcorado esplendor. Felices de esa exposición donde ambos parecían los protagonistas de una película de Sissi emperatriz y Francisco José de Austria. Aparecían enamorados y confesando que siempre «se hicieron gracia». Según afirmaban, el contacto directo se remontaba a la época en la que Vargas Llosa presentó su candidatura a la presidencia de Perú y Miguel Boyer se convirtió en su asesor económico. Así lo explicaban, aunque la reflexión de ambos en esa etapa de locura de amor cuadraba solo en parte.

Cuando el noviazgo se hizo oficial en mayo de 2015, volvieron las leyendas de cómo, cuándo y quién los había presentado y, sobre todo, por qué había aceptado el escritor una entrevista en julio de 1986 con una dama cuya experiencia periodística era nula y que, además, formaba parte del grupo de la jet que tan poco le gustaba. Entre esas fábulas urbanas se dijo que había sido Julio Iglesias el intermediario. Y también se habló de la influencia de Boyer, que aún no era su pareja oficial. Ni una cosa ni la otra.

Recuperando hemeroteca, Mario Vargas Llosa explicaba en mayo de 1991, en una entrevista a la periodista Marisa Perales en la revista *Tiempo*, esa experiencia con la que el destino les unió tantos años después. «Conocí a Isabel porque me hizo una entrevista para *¡Hola!* y ella me presentó a Miguel». Una amiga del escritor le dijo que si la marquesa de Griñón conseguía la entrevista le pagarían mil dólares por su trabajo como intermediario. Así fue. «Recuerdo que me quedé muy sorprendido porque mi amiga me pidió por favor que aceptara. No entendía nada. Y no me negué porque me parecía maravilloso que a alguien le pagaran mil dólares por conseguir unas declaraciones mías». Esa intermediaria era la peruana Mona Jiménez, que fue la causante de que Boyer y Preysler se conocieran en sus famosas lentejas como cuento en páginas anteriores de este libro. Con el tiempo esa amistad se rompió por un favor no facilitado por el exministro de Economía a la que había sido el hilo de unión con la que se convertiría en su segunda esposa.

Así pues, el trabajo como entrevistadora de lujo fue la realidad del primer encuentro de Isabel Preysler con el escritor. Esa fidelidad a la amiga le sirvió para ese conocimiento inicial que, más de tres décadas después, la convertiría en su novia. En esa entrevista también aclaraba su relación con su primera mujer, la famosa tía Julia, a la que dedicó una de sus obras más conocidas, *La tía Julia y el escribidor*. «Todo el mundo piensa que Julia era mi tía y reconozco haber contribuido a la confusión, porque en realidad nunca fue mi tía. Era una pariente política, que es distinto. Concretamente, la hermana de la mujer de mi tío». La hemeroteca es el mejor testigo de una realidad donde las leyendas se evaporan.

Lo mismo que la buena relación que existía entre Patricia Llosa y la que se convertiría en el amor de su marido. Esa amistad, o lo que fuera, entre Isabel y Patricia no tuvo mucho recorrido, porque pronto comenzaron los rumores sobre una amistad más profunda entre ellos. En las primeras páginas de este libro hablo de ello porque fui quien escribiría un reportaje sobre ese tema, que se publicaría ese verano en la revista *Tiempo*. Recupero el texto para contextualizar el «último tren», como definió el escritor esa etapa amorosa de su noviazgo.

A finales de 1989, y ante una crisis matrimonial que parecía amenazar a los Boyer, se llegó a decir que el candidato a la presidencia de Perú podía llegar a convertirse en el cuarto marido de la reina de corazones. En el aeropuerto de Málaga, rodeada de toda su tribu, Isabel me lo negó categóricamente. Era una pregunta que Pepe Oneto, director de *Tiempo*, me había encargado que hiciera. Respondió que la gente tenía mucha imaginación y que había llegado a Marbella a descansar y no a hacer declaraciones sobre temas absurdos. Por aquello de que cuando el río suena agua lleva, Patricia Llosa aconsejó a su marido que evitara ciertos encuentros con Isabel Preysler. El consejo que le dio fue: «No creo que te beneficie que tu nombre esté en los corrillos de chismosos». Ese mes de agosto, hubo pocas salidas con los Preysler Boyer. El tiempo fue distanciando a las mujeres, que en realidad tenían poco que ver en sus gustos, aficiones y relaciones sociales. Volvieron a encontrarse cuando murió Miguel Boyer, en el funeral y en la casa de Puerta de Hierro.

Una vez que llegó la separación, el escritor volvió a relacionarse con su exmujer, que se convirtió en una de las protagonistas colaterales en la ceremonia de su ingreso en la Academia Francesa. El rey emérito y la infanta Cristina fueron otros de los invitados no familiares que acudieron al acto. Hay que recordar que el escritor, en 2010, cuando recibió el Nobel, dedicó el siguiente párrafo a la que era su mujer: «El Perú es Patricia, la prima de naricita respingona y carácter indomable con la que tuve la fortuna de casarme hace cuarenta y cinco años… Sin ella mi vida se hubiera disuelto hace tiempo en un torbellino caótico y no hubieran nacido Álvaro, Gonzalo, Morgana ni los nietos que nos prolongan y alegran la existencia». Una dedicatoria cursi para algunos y para otros el reconocimiento de lo que había supuesto su esposa en su trayectoria literaria. Unas palabras que permanecieron en la hemeroteca y que muchos volvieron a recordar en su ochenta cumpleaños cuando Patricia se había evaporado ante la presencia de Isabel.

Y es que, echando la vista atrás, la reunión más espectacular, la que tuvo más repercusión mediática y social, fue precisamente la fiesta de sus ocho décadas de vida, con una celebración a lo grande que sirvió para la presentación oficial de su novia a los amigos del mundo literario. Una cena organizada en el hotel Villamagna a la que acudieron expresidentes de Chile, Perú y Colombia, políticos en ejercicio y jubilados de la actividad pública, empresarios, editores, personajes de las revistas del corazón y, por supuesto, escritores. A los postres, Vargas Llosa, micrófono en mano y ante un público expectante, declaró su amor a su novia como años atrás lo había hecho con Patricia: «Esta personita que me hace feliz. Cada día que paso contigo es mejor que el anterior. Y ya sé que la palabra "felicidad" tiene un nombre y apellido: Isabel Preysler». Esa mañana había recibido como obsequio un cachorro gran danés al que bautizó como Céline. El nombre de la mascota también tuvo un significado especial. El Nobel definía a Louis-Ferdinand Céline como «el último escritor maldito» y para Isabel era una de las firmas de lujo francesas con más arraigo entre las mujeres ejecutivas. En ese cumpleaños solo estuvieron presentes su hijo Álvaro y su mujer, Susana, que le regalaron una escultura de piedra de un hipopótamo. El Nobel considera que estos mamíferos traen suerte y tiene más de tres mil. En esa época los otros dos hijos, Gonzalo y Morgana, no se hablaban con su padre al considerar que había gestionado muy mal la ruptura matrimonial y, por tanto, no hubo felicitación. Con el tiempo, la relación filial se recuperó. Mientras duró el noviazgo y Vargas Llosa vivía en casa de Isabel, los hijos y nietos se comunicaban con el escritor a través de FaceTime y WhatsApp.

Así que, en definitiva, el romance entre la dulce porcelana y el Nobel peruano que de forma tan fortuita comenzó tuvo gran repercusión no solo a nivel mediático, sino también intrafamiliar con los hijos del escritor, como ya hemos visto. Los ocho años de amor entre ellos sin duda dieron para mucho. Desde su sonada ruptura, no se han conocido nuevos romances a Isabel Preysler pero, ya se sabe que con ella nunca podemos decir «nunca». Quién sabe si pronto se necesitará añadir nuevos capítulos a este libro, *Reina de corazones*... Pero, por ahora, en el momento que escribo estas líneas, Isabel vive tranquila ejerciendo su papel de madre, abuela e imagen icónica de grandes marcas.

Epílogo

El recorrido vital de Isabel Preysler no acaba con la actualización y nuevos capítulos de este libro. La reina de corazones nos tiene acostumbrados a una trayectoria llena de sorpresas. En cualquier momento puede volver a dar la campanada y convertirse en protagonista indiscutible de la información rosa.

Sin embargo, a la hora de dar por finalizada esta biografía, a principios de 2024, la Preysler no tiene nueva pareja sentimental. En este aspecto el futuro lo dejó abierto y por escribir, si sucede lo que ha sido una constante en su vida. Como ella misma decía tras su separación de Vargas Llosa, es «la primera vez que estoy soltera y sin novio».

En el caso de sus hijos, su evolución personal y laboral en estos treinta y tres años ha quedado ya dibujada. Enrique ha triunfado en el mundo de la música y sigue cosechando éxitos en todo el mundo. Mantiene un matrimonio estable y no hay por qué pensar que su relación con Anna Kournikova pueda naufragar. Exactamente igual que la pareja Boyer-Verdasco, que han formado una unidad familiar potente con la llegada del que será su tercer hijo.

No hace falta ser adivina para saber que el más veleta emocionalmente es Julio José. Un matrimonio, un divorcio y varias novias con parecido perfil le avalan. Como ya he explicado anteriormente, el primogénito Iglesias Preysler es el más parecido a su padre, con lo que esto significa en cuestión de amores y relaciones públicas. Chábeli no es de dar sorpresas. La que seguirá dando contenido igual que hizo su madre en sus años de enamoramiento y embarazos sucesivos es Tamara. Si cumplirá su deseo de ser madre es algo que depende de la naturaleza. Según sus propias palabras, «todo depende de lo que Dios quiera». Aunque, como ya le aconsejamos los periodistas cada vez que sale este tema en presentaciones y *photocalls*, para fomentar la natalidad lo mejor son los encuentros amorosos con su marido.

Agradecimientos

La página de agradecimientos es quizá la prueba de fuego de los afectos en este mundo de la escritura. En mi caso y después de treinta y tres años, que son los que han pasado desde que se editó por primera vez *Isabel Preysler, reina de corazones*, la mayoría de los que aparecían en los agradecimientos originales siguen en mi vida. Algunos, los menos, tomaron otros caminos y no hay necesidad de nombrarlos.

En primer lugar, mi agradecimiento a Ana Milena Estrada y Francesc Asens, que son las dos personas favoritas que hacen felices a los que más quiero, Daniel y Julia. A mis primos queridos Miguel Ángel y Lola, y al resto de la familia Barrientos y González Suárez. Y a Jacobo Cárdenas.

Sí quiero mantener el recuerdo de mis padres, Carmen y Sebastián, y de aquellos que ya no están conmigo porque se fueron por causas naturales. Desde allá donde quiera que estén, ya sea el ciclo o el universo, me siguen sacando una sonrisa cuando aparecen en mis recuerdos.

Empezaré por las nuevas incorporaciones que entraron en mi vida, como Ariane Ruiz de Apodaca y Gonzalo Eltesch, grandes profesionales de Ediciones B, capaces de mantener el tipo aunque sus plazos de entrega y los míos no hayan coincidido.

Quiero recordar también a Héctor Chimirri, que fue el primero que me dijo: «Escribe esta biografía, aunque no sepas». Ser joven también me hizo ser audaz.

En mi vida he estado rodeada de compañeros que se convirtieron en familia, como Cristina Rubio y Miguel Morer. El grupo de la revista *Tiempo*: Marisa Perales, Roseta Campos, J.L. Roig, Miguel Ángel del Arco. Las incombustibles de cine y viajes: Paloma, Marga, Marisol, Jana. Mi querida Almudena Poveda, la mujer de las grandes batallas, no todas ganadas, pero siempre recordándome que cada día sale el sol.

Los que siempre estuvieron conmigo: Lilian di Carlos, Enrique Yeves, Tomás Blanco, Emilio, Charo Dago, José Abella, Felicidad Marcos de León, Martín de Campos, Beatriz Cortázar, Carlos Pérez Jimeno.

Y dos nombres importantes en una nueva etapa profesional, con quienes empecé la gran apuesta que fue *El Confidencial*, capitaneado por JAS (José Antonio Sánchez) y Nacho Cardero. También me gustaría mencionar al sector joven de *Vanitatis*, que son el futuro de la profesión: Nacho, Cote, Marga, Fruela, José, Marina, Bárbara, Patricia, Álvaro, Ángela, Nuria, Silvia y Paula. Y a la Crónica Rosa de Federico Jiménez Losantos, liderada por Isabel González con Dani Carande, Emilia Landaluce, Alaska y Beatriz, que es aire fresco ante tantos egos en ese mundo donde hasta los gatos quieren zapatos, como decía mi añorada abuela María Luisa.

Cronología

1831

Se instala en Cádiz, procedente de Centroeuropa, la rama Preysler.

10 de octubre

Nace Isabel II, que otorgará el primer título de marquesa de Griñón a María Cristina Fernández de Córdova, antepasada de
  Carlos Falcó.

1860

Joaquín y Natalia Preysler emigran a Filipinas.

1861

Nace Carlos Preysler, hermano del abuelo de Isabel Preysler.

1863

Nace Fausto Preysler, abuelo de Isabel.

1880

Joaquín Preysler, bisabuelo de Isabel, encarcelado en Manila.

1883

El patriarca Zobel emplea al bisabuelo Joaquín Preysler en su
  negocio tras salir de la cárcel.

1895

Valentín Arrastia abandona el pueblo navarro de Estella y emigra a Filipinas.

1905

Enrique Arrastia, abuelo de Isabel, se casa con la indígena Teodorica Ramos.

1937
3 de febrero
Nace Carlos Falcó en Sevilla.

1939
5 de febrero
Nace en San Juan de Luz Miguel Boyer Salvador.

1943
23 de septiembre
Nace Julio Iglesias.

1944

Se casan en secreto y sin el consentimiento familiar Carlos Preysler Pérez de Tagle y Betty Arrastia Ramos, padres de Isabel.

1951
18 *de febrero*
Nace en Manila Isabel Preysler Arrastia. A los diez días la bautizan en la iglesia del barrio de San Lorenzo.

1963

Boda de Carlos Falcó con Jeannine Girod.

1964

Boda de Miguel Boyer con Elena Arnedo.

1969
21 de febrero
Isabel Preysler se instala en España, en casa de sus tíos.

1970
Carlos Falcó se separa de su mujer.
Mayo
Pase de modas benéfico para presentar el color «azul Picasso».
Isabel Preysler la estrella del desfile. Julio Iglesias se queda
impresionado con Isabel en un fiesta social.
Junio
Isabel y Julio Iglesias son presentados en una *soirée* organizada
por la familia Terry. Empiezan a salir.

1971
20 *de enero*
Isabel Preysler y Julio Iglesias se casan en Illescas. Viaje de novios
a Canarias. A la vuelta se instalan en un piso alquilado. Ese
mismo año muere el hermano mayor de Isabel en Hong Kong
en extrañas circunstancias.
Abril
El padre de Julio Iglesias les regala el piso de San Francisco de
Sales. Giras musicales por Latinoamérica. Isabel acompaña al
cantante.
3 de septiembre
Nace Chábeli en Cascaes, Portugal. Bautizan a la niña en Madrid.
Padrinos: Victoria Preysler Arrastia y Carlos Iglesias de la
Cueva.

1972
8 *de marzo*
Se casa Carmen Martínez Bordiú con Alfonso de Borbón Dampierre.

1973

25 de febrero

Nace Julio José Iglesias Preysler en Madrid. Dos meses después le bautizan.

1975

8 de marzo

Nace en Madrid Enrique Miguel Iglesias Preysler.

1976

Isabel Preysler propone la separación a Julio Iglesias. Se arregla la situación. El cantante compra una casa en California en la que nunca vivirán Isabel y los niños.

1978

Marzo

Reencuentro con Carlos Falcó en el estreno de *Fiebre del sábado noche*. Detienen a la marquesa de Villaverde en la aduana del aeropuerto de Barajas al intentar sacar fuera de España medallas y joyas.

21 de julio

Isabel Preysler y Julio Iglesias se separan. Empieza a salir con Carlos Falcó a todas horas. Navidades clandestinas en el Caribe.

1979

29 de julio

Isabel Preysler obtiene la nulidad de su primer matrimonio en Brooklyn. Meses después vende su piso de San Francisco de Sales y compra el chalet de Arga 1.

1980

23 de marzo

Isabel Preysler se casa con Carlos Falcó en Malpica. Viaje de Novios al Caribe. Ese mismo año visitan Manila. La presidenta Imelda Marcos les recibe en su palacio.

1981
20 de noviembre
Nace Tamara Isabel Falcó Preysler.
27 de diciembre
Secuestran en Madrid al doctor Iglesias, padre de Julio.

1982
16 de enero
Liberan al padre de Julio Iglesias.
9 de enero
Rumores de amor entre Isabel Preysler y Miguel Boyer.
Mayo
Isabel Preysler se convierte en asidua de «las lentejas» políticas de
    Mona Jiménez.
2 de diciembre
Miguel Boyer es nombrado ministro de Economía y Hacienda.

1983
Enero
Rueda de prensa en Arga 1 para desmentir la separación de los
    marqueses de Griñón. Ese mismo mes coinciden Miguel Boyer
    e Isabel Preysler en la entrega de los Premios Naranja y Limón.
Febrero
Isabel Preysler se va a París a estudiar. Encuentros con el miste-
    rioso «señor García».
23 de febrero
Expropiación de Rumasa.

1984
Marzo
Isabel Preysler se convierte en entrevistadora de lujo para la re-
    vista *¡Hola!*
24 de junio
Onomástica del rey. Miguel Boyer no esconde su enamoramien-
    to por la marquesa de Griñón.

Diciembre
Isabel Preysler, anuncianta de Porcelanosa.

1985
7 de marzo
Orden de busca y captura en Filipinas contra Carlos Preysler, hermano de Isabel.
2 de julio
Miguel Boyer dimite como ministro de Economía.
14 de julio
Isabel Preysler abandona al marqués de Griñón.
Agosto
Miguel Boyer se va a vivir a Arga 1.

1987
Ruiz-Mateos se querella contra Isabel Preysler y Miguel Boyer por la venta de Loewe. Los enamorados viajan a Egipto con Chábeli. Compra de «Villa Meona», el palacete de Puerta de Hierro.

1988
2 de enero
Isabel Preysler y Miguel Boyer se casan en los juzgados de la calle Pradillo.
7 de mayo
Muere el padre de Miguel Boyer.

1989
18 de abril
Nace Ana Boyer Preysler

1990
Enero
Rumores de un supuesto intento de suicidio de Miguel Boyer.

17 de enero
Demanda contra Isabel Preysler por parte de Gracia Bergese, ex-cuñada de Miguel Boyer.
1 de febrero
Bautizo de Ana Boyer Preysler.
Julio
Arrestan a tía Estela Arrastia por tráfico de drogas.

2001
Enrique Iglesias Preysler comienza su relación con Anna Kournikova.

2011
Octubre
Fallece Beatriz Preysler, hermana de Isabel.

2012
27 de febrero
Miguel Boyer ingresa en el hospital Ruber a causa de un ictus.
3 de noviembre
Boda de Julio José Iglesias Preysler y Charisse Verhaert.

2014
29 de septiembre
Fallece Miguel Boyer.

2015
Septiembre
Inauguración de la tienda de Porcelanosa en la Quinta Avenida de Nueva York con la asistencia de Isabel Preysler y Mario Vargas Llosa. Posteriormente hubo un reportaje de ambos en la revista *¡Hola!*

2017
7 de diciembre
Boda de Ana Boyer Preysler con el tenista Fernando Verdasco.

2018
Marzo
La revista *Vanity Fair* publica una entrevista que le hace Tamara Falcó a Mario Vargas Llosa a raíz de la publicación de su libro *La llamada de la tribu*.

2019
Noviembre
Tamara Falcó gana la final del programa *MasterChef Celebrity* con la asistencia al plató de Isabel Preysler y Mario Vargas Llosa.

2020
20 de marzo
Fallece Carlos Falcó, marqués de Griñón.

2021
Divorcio de Julio José Iglesias Preysler y Charisse Verhaert.
Agosto
Fallece Beatriz Arrastia, madre de Isabel Preysler, a los noventa y ocho años.

2022
22 de septiembre
Tamara Falcó publica en su Instagram una foto donde anuncia su compromiso con Íñigo Onieva.
23 de septiembre
Se filtra un vídeo de Íñigo Onieva besando a otra mujer.
24 de septiembre
Tamara sale de la casa que había compartido con su novio y se refugia en la mansión de su madre.
28 de diciembre
Isabel Preysler confirma la ruptura con Mario Vargas Llosa en la revista *¡Hola!*

2023
8 de julio
Boda de Tamara Falcó Preysler con Íñigo Onieva.
Diciembre
Se publicaba que Ana Boyer Preysler participará en el *reality* de la televisión pública *Bake off: famosos al horno.*